宗教文庫

伊斯蘭教與中國社會

葛　壯　著

東大圖書公司

自 序

　　伊斯蘭教雖說在初唐就傳入中國，但其融入中國社會的過程卻很漫長，由於長期處於「僑民宗教」的狀況，以致在唐宋時期，連絕大多數通曉知識的士大夫，對這個稱雄於當時世界歷史舞臺的世界性宗教都懵懂無知，更遑論社會上一般的老百姓了。而適值中國社會歷史上儒、佛、道三家達到完全合流的重要階段，又有誰會在意那相對封閉的「蕃坊」居民所信仰的宗教文化呢？此外，人們更不會去注視發生在遙遠的西陲邊地的宗教戰爭及其對本地區造成的深遠影響。可它們又確實是組成中國社會發展的重要歷史環節，實在不容忽視。

　　及至蒙元帝國時期，一方面是西域東下的穆斯林在中原內地定居繁衍生息開來；另一方面則是伊斯蘭教在天山南北的傳播覆蓋面更加得到了擴延和鞏固。與此同時，伊斯蘭教也開始了其自然的土著化過程。歷明、清兩代到民國肇建，伊斯蘭教與中國社會的關係愈加緊密，無論是在政治、經濟、文化；還是民族、宗教等各個不同的方面，大量史實都表明：在歷經初傳、衝突、適應、交彙和融攝等漫長的文化整合後，作為一種能夠深刻影響信仰者個人的思維與生活方式，包括他們的心理情趣和行為準則的

社會意識，伊斯蘭教已深深地溶入中國傳統社會的文化之中，成為其不可分割的重要組成部分。那種將伊斯蘭教排斥在中國傳統社會文化之外的偏頗論斷，顯然不合乎真實的原貌。

　　本書所要闡述的內容，大致上可以視作伊斯蘭教在中國社會不同歷史階段發展的主要軌跡，我相信它將幫助讀者增長這方面相關的知識。為此，我要特別感謝東大圖書公司為我本人提供這樣一個難得的出版機會，同時還要對在合作中予以具體配合的編輯表示個人誠摯的謝意。

葛　　壯

2002年4月25日於上海

伊斯蘭教與中國社會

目　　次

第一章

伊斯蘭教初傳時期的穆斯林

這年正是怛邏斯戰役發生之年，
唐與阿拉伯勢力在中亞地區的消長以此為標誌，
伊斯蘭教在聖戰的刀光劍影輝映下，
也同樣在中亞廣袤之地迅速地傳播開來……

第一節　「蕃坊」中的僑民

一、「會昌法難」的倖免者

　　唐武宗於會昌五年（西元845年）頒布廢佛詔令，當其時，全國佛教遭到巨大的打擊，佛教界稱之為「會昌法難」。這位「頗好道術修攝之事」❶的皇帝廢佛的一個重要理由，如其身邊受寵道士趙歸真所言，佛教「非中國之教」，屬於「異俗」。受此牽連，那些流布於波斯、中亞一帶地區，並傳入華夏，在唐朝頗受統治者禮遇的外來宗教如祆教、景教和摩尼教等，也難免池魚之殃，和佛教同遭禁止。會昌五年七月，在佛教被「拆寺四千六百餘所，還俗僧尼二十六萬五百人」❷的同時，這些在中土傳習的外來宗教也共有僧侶二千餘人被勒令還俗。值得一提的是，早在此前近二百年就已傳入中國的伊斯蘭教，雖然也是經由大食（唐朝時對阿拉伯的稱呼）、波斯等異域流入的外來宗教，但它卻能安然無恙地躲過「會昌法難」這一大劫。

---

❶　《舊唐書‧武宗本紀》。

❷　同上。

有個名叫蘇萊曼的阿拉伯商人於唐宣宗大中五年（西元851年）時曾到過唐代外商雲集的廣州，在其遊記中作如斯記載：

> 中國商埠為阿拉伯人麇集者曰康府。其處有回教掌教牧師一人，教堂一所。……各地回教商賈既多聚於廣州，中國皇帝因任命回教判官一人，依回教風俗，治理穆斯林，判官每星期必有數日專與穆斯林共同祈禱，朗讀先聖戒訓。終講時，輒與祈願者共為回教蘇丹祝福。判官為人正直，聽訟公平，一切皆依《古蘭經》、《聖訓》及回教習慣行事。故伊拉克商人來此方者，皆頌聲載道也。……中國至是時，仍無一人信回教者。❸

武宗滅佛後次年即告駕崩，宣宗上臺後改變國策，又下敕恢復佛教，但祆教、景教和摩尼教等卻都一蹶不振，畢竟它們不像佛教那樣根基扎實，勢力雄厚，其中祆教在中國的流傳，到南宋後已不再見於史籍；景教更是因這次滅頂之災，竟在中國內地無法存身；摩尼教雖於五代、北宋時，在民間還有些影響，終究也是元氣大傷，以後傳到江南等地，由於

---

❸　劉複譯，《蘇萊曼東遊記》，登載於民國十七年《語絲》，134～151期。本文轉引自張星烺，《中西交通史料彙篇》（第2冊）《古代中國與阿拉伯之交通》，頁201。

更加漢化，且又走上了祕密結社的發展路子，更多的是與歷代多次農民起義攪和在一起，已非其宗教文化之原貌。反觀當時在華的伊斯蘭教狀況，唐宣宗大中五年（西元851年）距會昌廢佛只有幾年時間，可在蘇萊曼這位外商眼中，至少在穆斯林聚居的廣州一地，伊斯蘭教似乎毫無半點剛剛遭受過劫難的痕跡，是地穆斯林社區中的宗教生活，相當有序順暢，以致讓來華做生意的異國商賈「頌聲載道」。作為外國商人，無須在自己的遊記中對別國政府大加溢美之辭，上述描寫，當屬較為客觀的記載。其實，這段文字所顯露的信息，還清楚地表明了伊斯蘭教在當時的中國純屬「僑民宗教」，全然不與中國本地民眾發生任何關聯，而這也正是伊斯蘭教作為一種「異俗」類的域外宗教文化，為何能夠在晚唐盡失盛唐氣象（即沒有了以前那種恢宏氣度，不再對異域文化兼收並蓄，反而加以取締的關口），而不被驅逐出國門的奧祕所在。不惟如此，當時的人們對來華經商的外國人，不分他們來自何方，一律冠稱以「賈胡」、「蕃商」；至於這些人信仰哪種宗教，更是雲山霧罩，無從知曉了。

二、怛邏斯戰役

　　伊斯蘭教究竟於何時傳入中國？向來就說法不一。中國人最早從書面記載中知道有關伊斯蘭教的介紹，當屬唐人杜佑的傳世著作《通典》了。過去做學問的人有句口頭禪：「士不讀『三通』，是謂不通」。所謂「三通」，乃指唐人杜佑的《通

典》；宋人鄭樵的《通志》；以及元人馬端臨的《文獻通考》。
這三部書的確給封建時代的知識階層帶來莫大的便利，只有
讀過這些中國古代的百科全書，方能在中古時代真正達到「秀
才不出門，全知天下事」的意境。例如，杜佑的族侄杜環所
著的《經行記》一書雖然付諸闕如，但在《通典》中還輯存
一些該書的內容，而它們正是有關伊斯蘭教的最早也是最正
確的漢語文獻記載。

杜環個人的經歷奇特，他曾是唐朝安西四鎮節度使高仙
芝屬下的隨軍書記。其命運與歷史上一次重要戰事聯繫在一
起。唐玄宗天寶十年（西元751年）農曆七月，高仙芝率領數
萬蕃漢軍士與大食國軍隊在怛邏斯城（Talas，今哈薩克斯坦
的江布爾城）遭遇，雙方相持五日，由於高仙芝所統部眾中
的葛邏祿部陣前叛敵，與大食軍前後夾攻，使高仙芝軍隊慘
敗，「士卒死亡略盡，所餘才數千人。」❹

此役實非唐朝與阿拉伯之間的首次交戰，據《資治通鑑》
載稱，玄宗開元三年（西元715年）時，西域小國拔漢那（今
錫爾河一帶）為吐蕃、大食所侵，拔漢那王兵敗，向唐朝安
西都護府求救，唐將張孝嵩發兵援之，取得大捷，「威震西域。
大食、康居、大宛、罽賓等八國皆遣使請降。」❺兩年後，突
騎施酋長引大食、吐蕃圍大石城，謀取安西四鎮之地，唐兵
往擊，雙方再次兵戎相見。此時大食政權是倭馬亞王朝，但

---

❹　《資治通鑑》，〈唐紀32〉，玄宗天寶十年（西元 751年）。

❺　《資治通鑑》，〈唐紀27〉，玄宗開元三年（西元 715年）。

715年，哈里發瓦立德一世死，新立哈里發蘇萊曼（西元715～717年）政權不穩，國中發生叛亂，錫爾河與阿姆河流域大部分地區都推翻了阿拉伯人的統治。因此這兩年大食軍隊與盛唐時期的中國軍隊交戰，未獲勝績，也是其實力對比的正常結果。可到了天寶十年，大食與大唐二者間的軍力差距顯然有了重大變化。西元750年，倭馬亞王朝被阿巴斯王朝替代，後者在中國史書上被稱為「黑衣大食」。這年，唐安西節度使高仙芝攻打石國，俘其王車鼻施，送長安後斬首。石國王子走奔新興的阿拉伯政權，向其乞兵，於是在第二年發生了這場大決戰，怛邏斯戰役後果，除陣亡者外，唐軍被俘者兩萬人，足見當時阿拉伯軍隊的軍力之強。在許多被俘送到大食國的唐人中，就有杜環。可能出於職業習慣，擅長文字工作的杜環到大食後，歷行各地，注意觀察和記錄。到唐代宗寶應元年（西元762年），他才搭船由南海回到故國。其著《經行記》對伊斯蘭教的教義，有較詳和準確的記錄：

　　（大食）一名亞俱羅。其大食王號暮門，都此處。其士女瑰偉長大，衣裳鮮潔，容止閑麗。女子出門，必擁蔽其面。無問貴賤，一日五時禮天。食肉作齋，以殺生為功德。繫銀帶，佩銀刀，斷飲酒，禁音樂。人相爭者，不至毆擊。又有禮堂，容數萬人。每七日，王出禮拜，登高坐為眾說法。曰：「人生甚難，天道不易。姦非劫竊，細行謾言，安己危人，欺貧虐賤：

有一於此，罪莫大焉。凡有征戰，為敵所戮，必得生
天。殺其敵人，獲福無量。」率土稟化，從之如流。
法唯從寬，葬唯從儉。❻

……其大食法者，以弟子親戚而作判典，縱有微過，
不致相累。不食豬狗驢馬等肉，不拜國王父母之尊，
不信鬼神，祀天而已。其俗，每七日一假；不買賣，
唯飲酒，謔浪終日。❼

從此至西海以來，大食波斯參雜居止。其俗禮天，不
食自死肉及宿肉。以香油塗髮。❽

　　上引諸條中，所謂「亞俱羅」者，即阿巴斯王朝境內重
要城鎮庫法(Kufa)，是為利亞文(Akula)的對音。❾倭馬亞王朝
的都城是大馬士革，而被中國史書稱為黑衣大食的阿巴斯王
朝，事實上並未選擇什葉派居民集中的庫法為都城，庫法是
位於伊拉克中部的歷史名城，原為軍事營地，由第二任哈里
發歐麥爾下令建造，遂成新興城市。第四任哈里發，穆罕默
德的堂弟、女婿阿里曾將它作為首都。在阿巴斯派尚未奪取
政權之前，庫法一度是該派活動中心。當新王朝建立後，統
治者阿布‧阿巴斯出於政治上的考慮，將都城暫定於幼發拉

---

❻　《通典》卷 193所引《經行記》。

❼　同上。

❽　《通典》卷 194所引《經行記》。

❾　白壽彝，《中國伊斯蘭史存稿》，頁100。

底河左岸，位於伊拉克北部的安巴爾。直到762年，哈里發曼蘇爾才命令在底格里斯河右岸建造新城，此即阿巴斯王朝的著名都城巴格達。此時的杜環，已身在故鄉，並無眼福看到帝國的新都。至於他把庫法這個新朝當權者的發祥地視為都城，亦在「想當然」的情理之中，故稱大食王「都此處」。

因阿拉伯婦女有戴面紗的風俗，伊斯蘭教教法也要求婦女在公開場合遮蔽面部，所以杜環稱「女子出門，必擁蔽其面」。

關於伊斯蘭教真主獨一的信仰，以及每日的「五番拜」，和主麻日聚禮，齋戒和宰牲，哈里發領導禮拜時的講道（呼圖白），與講道中倡導的「聖戰」精神，包括有關的飲食禁忌等，在杜環的筆下也都提及，這些都含蘊著伊斯蘭教的內容。另據歷史學家白壽彝的分析，杜環文中的「不買賣，唯飲酒，謔浪終日」似為「不買賣飲酒，唯謔浪終日」之誤。意思為聚禮日中，大家都停止生意，也不飲酒，只玩耍一天罷了。❿

751年的怛邏斯戰役作為阿拉伯伊斯蘭文化與中國文化交流碰撞的標誌性歷史事件，它為杜環個人提供了親歷見聞伊斯蘭文化的機遇，也由此給中國人留下了有關伊斯蘭教的最早而又較正確的漢字記錄。不過，它的文化影響及歷史意義主要反映在中國的境外，如通過唐軍俘虜中的工匠，使先進的中國造紙術和其他技術西傳阿拉伯半島乃至歐洲大地。在伊斯蘭教早期傳入中國的歷史上，類似的文化交流融彙之

---

❿　同上，頁103。

例，當然還不止此而已。一百年前的高宗永徽二年（西元651年），第三任哈里發奧斯曼遣使來華，已被學術界視為伊斯蘭教正式傳入的重要標誌。從另一方面來說，有唐一代近三百年間，大量阿拉伯、波斯、中亞各國穆斯林通過海道陸路進入中華帝國，更將伊斯蘭文化資訊傳遞到他們的足跡所至之處。當年唐朝首都長安和東南沿海一些城市，都曾聚居著來自各國的穆斯林僑民，這些異國遊子才是真正的文化使者。

三、唐代社會中的穆斯林

伊斯蘭教於西元7世紀上半葉興起於阿拉伯半島。伊斯蘭教創始人穆罕默德約在610年開始在麥加傳教，622年他與信徒遷往麥地那，建立了政教合一的宗教組織——穆斯林公社。630年，穆斯林軍隊以武力佔領麥加。631年，穆罕默德在麥地那接受幾乎所有的阿拉伯部落遣派代表團的致敬和歸順，及至632年穆罕默德去世時，伊斯蘭教基本上在阿拉伯半島確立了支配地位。反觀同時期的東方大唐，正處於貞觀年間（西元627～649年），唐太宗李世民本人也在630年被四裔君長擁奉加尊號為「天可汗」，可謂志得意滿。在以後的歷史進程中，阿拉伯哈里發國家和唐帝國都發展成為當時世界上最強大的國家。國勢的強弱往往在其對外的開放程度大小上顯露端倪。地處東西兩端的大帝國很快就建立了彼此間的聯繫。據中國史書記載，自高宗永徽二年（西元651年）到德宗貞元十四年（西元798年）的一百四十八年中，阿拉伯方面遣使節於唐者，

共計三十九次之多。❶在交通不便的當時，雙方間友好往來的次數完全可以「頻繁」二字來形容。政府間的正式使者無論在次數和人數上均要受到一定限制，而民間的往來，尤其是控制西亞與中國海上交通權的阿拉伯、波斯商賈，卻全然可自由出入中國，其中海道比陸路更為普遍，這些熙熙攘攘地奔波於海上通道的「蕃商」，自波斯灣啟程，經過印度，繞馬來半島而至中國廣州，或嶺南的交州（今越南）、福建的泉州、浙江的杭州與江蘇的揚州等東南沿海城市。在蕃商中，從7世紀中葉後，大多是信仰伊斯蘭教的穆斯林，即便是波斯商人中，也不例外，因為西元642年時，波斯薩珊帝國基本上已被穆斯林軍隊佔領，是故來華的波斯賈客中也多已皈信伊斯蘭教。蕃商中的一些聰明人，還會出於經濟目的，巧借使節之名義，為自己在華的商業活動尋求方便。據阿拉伯商人艾卜·宰德·哈桑記載，其友伊本·瓦哈卜曾在880年前去長安見過唐僖宗（西元874～888年在位），並與僖宗作過長時間談話，唐帝賜其物品，並允許他乘政府的交通工具為驛馬去廣州。❷當時正逢黃巢起義，義軍在879年還一度攻佔廣州。據阿拉伯方面的有關記載稱，黃巢軍隊攻陷廣州後，外國的

---

❶　參見《冊府元龜》、《舊唐書》、《資治通鑑》等記載有關大食國之史料，轉引自金宜久主編，《伊斯蘭教史》，中國社會科學出版社，1990年8月第1版，頁429。

❷　參見楊懷中，《回族史論稿》，寧夏人民出版社，1991年8月第1版，頁53。

回教徒及異教徒被屠者竟有十二萬人之多。❸此數顯然有誇大之嫌，但由此亦可確定廣州是當時蕃商聚居的重要之地，前引蘇萊曼遊記中，對此業已提及。

蕃商從與中國朝廷的交往中，所得好處還不僅是在進貢後得到的回賜，有時他們還獲得一些名譽性的官銜稱號，如「郎將」、「左金吾衛將軍」、「中郎將」等等。在非常時期，如「安史之亂」（西元755～763年）以後，因河西隴右之地早已淪陷於唐政權的宿敵——吐蕃之手，古已有之的「絲綢之路」阻斷不通，即中原與西域各國，包括波斯、大食的陸路已告關閉，許多蕃商也和曾被借來平定安史之亂的回紇兵及大食軍士一起，留居京城長安而不歸國。他們多達數千，有的穿起華裝，開店牟利，真的「樂不思蜀」了。唐代宗李豫大曆十四年（西元779年）七月，剛即位不久的德宗李適還下令禁止回紇不得效仿華人服飾。到了德宗貞元三年（西元787年），針對那些以貢使名義僑居的蕃商大多在中國有了家室的情況，大臣「李泌知胡客留長安久者或四十餘年，皆有妻子，買田宅，舉質取利，安居不欲歸。命檢括胡客有田宅者，凡得四千人。……胡客皆詣政府訴之。泌曰：……豈有外國朝貢者留京師十餘年不聽歸乎？今當假道於回紇，或自海道，各遣歸國。有不願者，當於鴻臚自陳，授以職位，給俸祿，

---

❸　劉鳳五，〈回教傳入中國的時期〉轉引自李興華、馮今源編，《中國伊斯蘭教史參考資料選編（1911～1949）》（上冊），寧夏人民出版社，1985年8月第1版，頁106。

為唐臣……於是胡客無一人願歸者。」❹李泌是中唐時較有作為的朝廷重臣，他所採取的這一舉措，用時下的眼光來看，無非是敦促外僑加入中國國籍（「為唐臣」），不願者可遣返歸國。李泌將檢括的胡客分隸左右神策兩軍，按其地位分別授官，「王子使者，為散兵馬使或押牙，餘皆為卒。」❺由於以前胡客生活統統由政府部門「鴻臚寺」所包養，自然成為唐朝一大經濟負擔，經過李泌這番改革，「鴻臚所給胡客才十餘人，歲省度支錢五十萬緡。」❻看來，檢括的目的在於節流，許多蕃商賈胡就此編入軍卒身分，失去外賓國客的待遇，國家當然也著實省了一大筆開支。從這段史料來看，這些當年的僑民已娶妻買田購宅，他們中定有不少人是穆斯林，這是毋庸置疑的。

　　除廣州、長安以外，東南沿海的城市如揚州、泉州等也均有唐代蕃客的蹤跡。《新唐書・田神功傳》稱：「神功兵至揚州，大掠居人，發塚墓。大食、波斯賈胡死者數千人。」其時間為唐肅宗上元元年（西元760年），當時尚為「安史之亂」未靖的多事之秋，僅揚州一地被殺的蕃商達數千，另外生存於世者，其數之多，亦可想見。唐代宗大曆元年（西元766年），詩聖杜甫曾作有「商胡離別下揚州」的詩句，這亦生動地映照了當時蕃商賈胡們在唐代各地經濟活動中的活躍程度。

---

❹　《資治通鑑》，〈唐紀48〉，德宗貞元三年（西元787年）。

❺　同上。

❻　同❹。

1980年，揚州城北郊蜀崗地帶，唐代牙城遺址以東不遠處發現有唐代殘墓。其中出土文物中有一件高十八點五釐米的灰青釉綠彩背水壺,其上花紋經阿拉伯學者辨認為阿拉伯文字，意為「真主至大」。此亦唐代穆斯林在是地的實物佐證。**❼**

泉州也是唐朝重要的商業貨物集散地，從海路來華的穆斯林商人當不在少數。泉州東南郊外有「靈山聖墓」。明人何喬遠著《閩書》,其卷七中稱「嗎喊叭德聖人門徒有四大賢人，唐武德中來朝，遂傳教中國。一賢傳教廣州，二賢傳教揚州，三賢四賢傳教泉州。卒葬此山，然則二人唐時人也。」由於武德年間（西元618〜626年），即阿拉伯尚未在伊斯蘭旗幟下統一之前，穆罕默德顯然無暇向中國派出傳教士，因此墓主不太會是傳聞中的「三賢、四賢」。然而有關專家所作的考證認為，該墓回廊簷柱的造形屬於唐代流行的柱式，**❽**說明墓主確屬唐時之人，此與後世傳聞相符合。若從聖墓的規模與氣派來看，可以斷定墓中所葬之人生前在當地穆斯林社區中有很高的社會地位。該墓亦成為重要的伊斯蘭教紀念遺址，連明朝初年航海家鄭和第五次下西洋之前，還專門到此行香並勒石紀念。

唐代進入中國的穆斯林，大量是上述蕃商，及以官方貢使名義來華的賈胡，也有一部分人是戎裝在身的軍士。據《冊

❼ 馮今源、沙秋真，《伊斯蘭教歷史百問》，今日中國出版社，1989年11月，頁106。

❽ 同上，頁105。

府元龜》、《新唐書》等史書記載，肅宗至德二年（西元757年），為平定「安史之亂」，二月，唐政府引入從西域諸國來援的各路軍隊，其中有朔方、安西、回紇、大食之兵，他們全歸入天下兵馬元帥、廣平王李俶（次年被冊立為太子，更名豫，即唐代宗）的麾下，這支蕃漢聯軍號稱二十萬眾，九月克西京長安，十月收復東京洛陽，其戰鬥力未容小覷。該軍隊中的大食兵人數多少，史未明載。倒是在民間傳聞中有所謂「三千回兵」的說法。值得注意的是，在西京收復的第二年九月，遠在南方的廣州就發生了「大食國、波斯國兵眾攻城，刺史韋利見棄城而遁」❶❾的突發事件。據《資治通鑑》稱，在廣州刺史韋利見逾城逃走後，「二國兵掠倉庫，焚廬舍，浮海而去」。❷⓿看來這些穆斯林軍卒因無法由已經阻斷不通或不太安全的陸路歸國，改由蕃商往來大食與中華的主要通道海路返回故土，臨行前順手牽羊，搶掠了一回。根據三十年後李泌清理戶籍的結果，檢括出來的胡人也有四千人之多，我們可以推知當年大食兵並也不是全部選擇從海路返國，至少有相當一部分人，是以僑居身分，即所謂的「住唐」，留居於京城長安等地，並且娶妻購宅置業。大食兵留居中國的事例在德宗貞元十七年（西元801年）還發生過，是年唐劍南節度使韋皋部將杜毗羅潛襲吐蕃險要，此役大勝，「於時康、黑衣大食等兵及吐蕃大酋皆降。獲甲二萬首。」❸㉑其中向唐朝投降的穆

❶❾　　《舊唐書》卷10。

❷⓿　　《資治通鑑》卷220。

斯林士兵也當留居在中國境內。

　　不論唐代社會中的穆斯林數量多寡，根據穆斯林的宗教信仰需要和伊斯蘭教教法的規定，凡有穆斯林聚居的地方，必定有清真寺、穆斯林公共墓地的出現。以蕃商數量相對密集的廣州來說，唐宣宗大中五年（西元851年），蘇萊曼在其遊記中所稱廣州有清真寺、伊斯蘭教教職人員、教法官等現象，可為佐證。伊斯蘭教傳入廣州一地的重要標誌尤推清真寺的建造，據中外史籍記載及考古資料，不少學者認為，目前坐落於廣州市越秀區光塔路的懷聖寺，當為唐代廣州所建的第一座清真寺。該寺佔地面積二千九百六十六平方公尺，由看月樓、東西長廊、禮拜殿、藏經室、光塔等建築物組成。其寺內高達三十六點三公尺的光塔，具有典型的阿拉伯建築風格，此即宣禮塔，專供召集穆斯林做禮拜之用。❷

　　綜上所述，伊斯蘭教在唐代已傳入中國內地，主要是京城長安和東南沿海城市已出現了穆斯林社區，這些僑居在中國的蕃客仍恪守著自己的伊斯蘭教。儘管有部分穆斯林也曾入籍中國（「為唐臣」），但他們信仰的宗教仍屬於「僑民宗教」，一般的民眾對之極其陌生，所知甚少。恰如蘇萊曼所說的，「中國至是時，仍無一人信回教者」。也正是這種完全封閉式的宗教生活特徵，才使伊斯蘭教纖毫無損地躲過會昌年間的

❷　《新唐書》卷222上，〈南蠻傳上·南詔國〉。

❷　馬建釗，〈伊斯蘭文化對廣州回族社區形成發展的作用〉，文載《海上絲綢之路研究》(1)，福建教育出版社，1997年10月第1版，頁53。

厄難。從另一方面說，初傳入唐的伊斯蘭教所具有的這種「僑民宗教」之屬性，也使該教不易與中國社會佔主導地位的儒家思想相融合，而這對伊斯蘭教得到真正的發展，即完全地植根於中國社會來說，又是十分不利的。這種情況，在宋朝時開始有了改變。

第二節　宋代蕃商穆斯林的宗教生活

一、宋代優待蕃商的政策及其影響

那場曾讓居住在廣州的蕃商們死傷大半的唐末黃巢農民起義狂飆，最終摧垮了唐朝帝國大廈的基業。雖說唐政府鎮壓了黃巢之亂，但882年從黃巢軍中投降過來的大將朱溫，還是將唐末兩個皇帝昭宗和哀帝都送上西天，並取而代之，自己在907年建立後梁政權，隋唐恢復的中國大一統局面又被打破。繼後梁而起的後唐、後晉、後漢、後周幾個在黃河流域的政權，和長江流域先後出現吳、吳越、前蜀、後蜀、南唐、南漢、楚、閩、南平（荊南）等九個政權，以及盤踞河北地區的北漢，合稱五代十國。直到西元960年趙匡胤經「陳橋驛兵變」後黃袍加身，建立起宋朝，才使中國又進入局部統一

的相對穩定階段，並令封建社會經濟得到新的發展。引人注目的是，這種發展同樣也反映在中西交通和內外貿易的擴大上。由於阿拉伯及波斯商賈扼控東西海路交通和商貿途徑的形勢並未發生改變，因此在中國南海對外貿易路上，即十分有名的「香料之路」（或稱「海上絲綢之路」），在宋代仍為穆斯林蕃商所壟斷。從唐末、五代至宋朝，如何發展中國的對外貿易，使國家增闢新的財路，加強對活躍在「香料之路」上的蕃商賈胡之控制，是關鍵所在。北宋那位勵精圖治的神宗皇帝就悟出個中奧妙。他指出：「東南利國之大，舶商亦居其一焉。若錢、劉竊踞浙、廣內足自富，外足抗中國者，亦由籠海商得法也」。故此神宗也要求廷臣們「創法講求」，以期「歲獲厚利」。[23]

宋神宗熙寧九年（西元1076年），「杭、明、廣三司市舶收錢、糧、銀、香藥等五十四萬一百七十三緡、匹、斤、兩、段、條、顆、臍、只、粒。」[24]其實，這種全力推動海外貿易，以增稅來補國用不足的做法，宋初太宗雍熙年間（西元984～987年）已付諸實施。史稱：「雍熙中，遣內侍八人，齎敕書金帛，分四路招致海南諸蕃商。」[25]

及至金兵南侵，趙宋偏居江左之後，國庫收入更主要仰仗海稅收入，如明末學者顧炎武所言：「南渡以後，經費困乏，

---

[23]　《續資治通鑑長編拾補》卷5。

[24]　《宋史》卷186，〈食貨志・互市舶法〉。

[25]　同上。

一切倚辦海舶。」❷宋高宗趙構也曾在紹興七年（西元1137年）時說過：「市舶之利最厚，若措置合宜，所得動以百萬計，豈不勝取之於民？朕所以留意於此，庶幾可以寬民力爾。」在紹興十六年（西元1146年）的上諭中，他也提到「市舶之利，頗助國用。宜循舊法，以招徠遠人，阜通貨賄。」❷由此可見，兩宋重視市舶之利的想法，是一脈相承的，而具體落在實處，則集中地體現在宋廷對遠來蕃商的優待政策上，主要表現在以下幾個方面：

其一，設有專門的政府部門來管理執行相關的外貿之事。《宋史》卷一七六〈職官志〉中稱「提舉市舶司，掌番貨、海舶、征榷、貿易之事，以來遠人，通遠物。」另外，宋朝在禮部下還設有「主客」之職，「掌以賓客禮待四夷之朝貢。」❷

其二，增闢通商港口，以廣中西交通聯繫渠道。宋在唐代廣州、泉州等通商海港的基礎上，又增闢了明州（寧波）、杭州等城市，作為招誘舶舟來華的入口處。

其三，對辦事得力者授以官職或提前升轉，甚至對蕃商本人封官酬獎。官方規定「諸市舶綱首，能招誘舶舟、抽取物貨，累價至五萬貫、十萬貫者補官有差。大食番客羅辛販乳香直三十萬緡，綱首蔡景芳招誘舶貨物息錢九十八萬緡，各補承信郎。閩廣舶務監官抽買乳香每及一萬兩轉一官。」❷

---

❷ 顧炎武，《天下郡國利病書》卷120，〈海外諸蕃條〉。

❷ 《粵海關志》卷3引〈宋會要〉。

❷ 《宋史》卷 163，〈職官志〉。

另據《宋會要輯稿》稱，北宋仁宗天聖八年（西元1030年）十二月二十一日（其時為西元1031年年初），「三司言：左班殿直趙世長，先遣廣州押香藥綱上京，三遣了當各有出剩，各依敕酒酬獎，詔減一年磨勘。」❸❶南宋高宗趙構也表示：「廣南市舶司遞年有番商息錢，如及額，許補官。此祖宗舊制。」❸❶

其四，向以進貢為名來中國經商的蕃客直接提供各種優待措施，如免去進貢者物品的沿途商稅，連進貢者個人私帶的貨物，有時也可得到減免其半的優待。那些以進貢使節名義上京城的蕃商，沿途可以吃公家的，亦可享受乘轎、騎馬待遇，甚至享受妓樂迎送，和以客禮見知州、通判、監司的待遇。❸❷宋廷對外商的優待，遠較唐代為甚，這從宋人記載中亦可見諸。如周去非的《嶺外代答》卷三云：「歲十月，提舉市舶司大犒蕃商而遣之。」岳珂《桯史》卷二稱：「嘗因犒設，蕃人大集。」此指每年十月，當來華外商歸國之時，中國官方都會擺設宴席為之餞行，以示犒勞之意，這種外商雲集於官家宴席的熱鬧場面，從側面反映了宋室意欲結好於外商的主動性，況且，酒酣耳熱之餘，能讓貿易對手間的接觸多增添幾分人情味。看來，注重市舶海貨之利的宋廷上下，可說是深諳個中的商機。

---

❷❾　同❷❹。

❸❶　《宋會要輯稿》，〈食貨〉四二之一八。

❸❶　《宋會要輯稿》，〈職官〉四四之二五。

❸❷　白壽彝，《中國伊斯蘭教史存稿》，頁130。

　　兩宋朝廷君臣重視海舶收入、優撫蕃商的政策在落實貫徹中還是頗具實效的，「海舶歲入，象犀、珠寶、香藥之類，皇祐中，五十三萬有餘。治平中，增十萬。中興歲入二百餘萬緡。」❸可見，南宋時較之北宋仁宗皇祐年間（西元1049～1054年）及英宗治平年間（西元1064～1067年）的海舶收入，已有數倍之盈餘。

　　宋代優撫海外蕃商的政策，在客觀上直接影響到伊斯蘭教在中國傳布的果效，此即穆斯林商人的大量來華和「蕃坊」制度的完備化。

二、蕃商穆斯林大量來華

　　宋代優撫蕃商的政策旨在促進中西貿易，增加海舶歲收之利，其結果必然導致大量的「蕃商」、「賈胡」由境外湧入。由於兩宋時在各國來華商賈中佔據主導地位的是「大食」商人，因此來華的穆斯林數量較之唐代更有增加，其絕對數量雖無法估計，但其在華的社會地位，包括他們的活動能量和影響，對後人評估早期伊斯蘭教文化在中國社會的浸潤、滲透和傳承，還是很有參照價值的。

　　中古時代受航海、造船等技術條件的局囿，從遙遠的阿拉伯、波斯等地來到中國，往返一次約需兩年時間。同時，為了方便在中國採購收集各地物產，外商中除了定期於冬季前（如農曆十月）啟錨返國外，也有不少人留華不歸，成為

---

❸　李心傳，《建炎以來繫年要錄》卷183，〈紹興二九年九月條〉。

名副其實的「坐賈」，此種現象唐已有之，時人謂之「住唐」。
五代、兩宋時期，這種「住唐」現象不僅沒有改變或減少，
只有繼續擴大的趨勢。如像治史者經常提及的五代時經營藥
材業的波斯李姓商人，已是落籍中國的「土生波斯」，其先人
約於唐末懿宗或僖宗朝來華。五代十國時期，祖籍波斯的李
氏三兄妹因受漢文化薰陶染習之故，皆為詩賦能手，其中李
洵、李舜弦尚有詩集傳世，舜弦本人還被前蜀後主王衍納入
宮中，成為昭儀。及至兩宋，大食商人在華的地位更較過去
顯赫。南宋人周去非所著《嶺外代答》卷三中稱：「諸蕃國之
富盛多寶貨者，莫如大食國。其次，闍婆國。其次，三佛齊
國。其次，乃諸國耳。」周氏還具體解釋說：「大食者，諸國
之總名也，有國千餘，所知名者數國耳。」在「大食諸國」中，
較著名者有麻嘉（沙烏地阿拉伯的聖地麥加）、勿斯里（埃及
首府開羅）、弼斯羅（伊拉克的歷史文化名城與最大港口城市
巴士拉）、層拔（坦桑尼亞的第二大城市桑給巴爾）、弼琶羅
（索馬利亞最北部、濱臨亞丁灣的柏培拉）等。❸❹中古時期
的阿拉伯世界，尤其是阿巴斯王朝時曾一度成為高舉人類文
明火炬的最先進國家，在與各國的商貿往來中，也是當然的
執牛耳者。在美國學者希提的著作中，對此不吝筆墨：

> 阿巴斯王朝興盛時期的一般文化水平，　無論如何是
> 不低的。帝國遼闊的版圖和人民高度的文化水平，都

---

❸❹　周去非，《嶺外代答》卷3，〈外國門下‧大食諸國〉。

要求大規模的國際貿易。初期的商人，是基督教徒、猶太教徒和祆教徒，但是，這些人後來大部分被穆斯林和阿拉伯人所代替了，因為他們雖然輕視農業，卻不輕視商業。巴格達、巴士拉、西拉夫、開羅、亞歷山大港等口岸，　不久就發展成活躍的陸上貿易和水上貿易的中心了。穆斯林的商人，向東方遠征，直達中國。㉟

　　希提還提到在阿巴斯王朝初期，「有些穆斯林已在中國安居樂業。這些穆斯林起初以『大食』的名義出現，隨後又以『回回』（回教徒）的名義出現。」㊱比照唐、宋、元三代史書所載有關在華穆斯林的情況，可知希提的描述還是頗為正確的。

　　兩宋時來華的「大食」商人中，那些名頭響亮的巨商富賈見於史載者不乏其人。如白壽彝所言：「宋時，在中國的巨商，不限於大食商人。但如就巨商有名可考者之多，及其地位之重要來說，不能不說以大食商人為第一。這一點，也可使我們看出大食商人在蕃商之中居有領導的地位。」㊲他列舉了蒲希密（太宗時期）、蒲押陀黎父子、辛押陀羅（神宗時期），

㉟　希提著，馬堅譯，《阿拉伯通史》（上冊），商務印書館，1979年12月第1版，頁401。

㊱　同上，頁402。

㊲　白壽彝，《中國伊斯蘭教史存稿》，頁122。

以及南宋初期的蒲亞里、屍羅圍、蒲羅辛和紹熙三年（西元1192年）的番禺蒲姓等人，他們所經營的多為各種香料、象牙、蕃錦、藥材、珠寶，其中尤以香料為最。值得一提的是，在各種香料中，還有大食名為「薔薇水」。在阿拉伯地區，人們早就知道「用薔薇、睡蓮、橙子花、紫花地丁等香花製造香水或香油，在大馬士革，設拉子、朱爾和其他城市，是一種興旺的工業。法里斯的朱爾或菲魯茲阿巴德，以特製紅薔薇香水著名於世。朱爾出產的薔薇水，大量出口，遠銷到東方的中國和西方的馬格里布。」❸

　　根據《阿拉伯通史》的記載，薔薇水在10世紀到12世紀（這兩個世紀正是中國的北宋與南宋前期）受到人們的重視，美麗的薔薇花甚至與先知穆聖登霄之夜的美好故事聯繫在一起，「據說穆罕默德曾說道：『白薔薇是登霄的夜間由我的汗水造成的，紅薔薇是由迦伯利的汗水造成的，黃薔薇是由葡拉格飛馬的汗水造成的。』」❹ 在《宋史·大食傳》中提到太宗淳化四年（西元995年），蒲希密和其子蒲押陀黎向太宗呈獻的物品中，就分別有「薔薇水百瓶」和「薔薇水二十琉瑠瓶」的記載。事實上，宋代統治者對薔薇水並不陌生，《新五

---

❸　同❸，頁412。

❹　同上。傳說穆罕默德曾在西元621年太陰曆的7月27日夜間乘葡拉格飛馬，大天使哲布勒伊來（即天使長迦伯利）登上雲霄，遨遊七重天，會見古代先知，並觀察天園、火獄，黎明時重返麥加。以後每年伊斯蘭教曆的7月27日即成為穆斯林紀念的登霄節。

代史》卷七四〈古城傳〉云：後周世宗顯德五年（西元958年），
即宋代周祚前二年，有個名為蒲訶散的人來朝「貢猛火油八
十四瓶，薔薇水十五瓶。……薔薇水云得自西域，以灑衣，
雖敝而香不滅。」曾為周臣的宋太宗趙光義，繼其兄趙匡胤之
後坐上龍椅，而產自大食，名傳遐邇的「薔薇水」，對他來說，
畢竟也算是一種擋不住的誘惑。阿拉伯名貴香水和其他物品
運抵中土後，雖說最初只可能在宮廷貴族中物盡其用，而對
其需求的擴大必然成為一種趨勢，以致廣州都有仿製品上市，
中外貿易的擴大，也將加速不同地區異質文化間的交流。已
故著名回族學者馬堅曾描繪過阿拉伯與中國的文化交流情
況：

> 據宋神宗熙寧十年（西元1077年）的外國貿易統計，
> 廣州，明州，杭州三州市舶司所收購的乳香達三十五
> 萬四千四百四十九斤之多。8世紀時，巴格達城裡有
> 專賣中國磁器的市場（葉孤比地方誌）。……阿拉伯
> 人輸入中國的許多藥材已在中國土地上繁殖起來。
> 許多香料和珠寶的中國名稱是阿拉伯名稱的譯音或
> 者譯義。例如：「乳香」是譯Lubàn的義。「沒藥」和
> 「末藥」是murr的譯音，本義是「苦」的。……「祖
> 母綠」和「助木剌」是譯 zummurrud（翡翠）的音。
> ……輸入阿拉伯各國的中國貨物的名稱也在阿拉伯
> 語文裡生了根，如shai（茶葉）就是最常用的名詞。

阿拉伯人稱中國為al-Sin （秦），故稱磁器為sini（中國的，中國男人），稱托盤為siniyyah（中國的，中國女人）。……阿拉伯人每天使用磁壺、磁杯和托盤做茶具，無論男女老幼，天天都要說到或者聽到shai、sini、siniyyah等等名詞，他們提到中國或者遇見中國人是十分親切的。❹

　　隨著外國物質文化的傳習流布，源自域外的精神文化生活——伊斯蘭教也相應地因其載體，即信奉這一宗教的人群滲流交匯於中國的傳統社會。由於兩宋時期進入華夏之地的穆斯林人數遠較唐朝、五代十國時期為甚，這使伊斯蘭教在中國的覆蓋面也比以前的朝代擴大了許多。1127年，康王趙構在「靖康之難」後，匆匆在南京組建臨時政府，二年後又在南侵金兵的進攻下狼狽退奔杭州，並最終擇定是地為政治中心。根據《西湖遊覽志》卷十八稱：「宋室徙蹕，西域夷人安插中原者多從駕而南。……杭州尤夥。」若將這些早已落籍中原地區的穆斯林南遷入浙者，與大量留居於更南方的蕃商穆斯林聯繫起來看，可知南宋時，東南沿海地區的穆斯林在數量上遠高於當時的北方內地，這與後世伊斯蘭教在中國主要覆蓋於西北地區的情況恰好相反。這對伊斯蘭教在中國傳統社會中的發展走向當然也產生了無可避免的歷史影響，具

<hr>

❹　馬堅，〈中國與阿拉伯悠久的傳統友誼關係〉，文載《回族史論集》(1949～1979)，寧夏人民出版社，1984年12月第1版，頁49。

體分析將在以後的章節中提及，此處不再贅述。

三、宋人眼中的伊斯蘭教

在安置留居中國的蕃商問題上，從政府層面上來說，宋代比唐朝有了很大的進步，主要表現在「蕃坊」制度的完備上。唐代時的蕃坊只是表示蕃人聚居地的稱謂，並非出自於政府專門的政治建制行為。宋代的蕃坊因受朝廷重視海舶之利及優撫招誘蕃商來華政策的影響，已成為朝廷有意識加以控制和掌握的目標，為加強對主要是穆斯林集中居住的地方即蕃坊的管理，宋廷在廣州專設名為「蕃長司」的行政機構，從而將蕃坊制度固定下來。該行政機構同時兼有一部分司法權力，設有「蕃長」（或稱「都蕃長」），如宋人朱彧《萍洲可談》卷二所記，「廣州蕃坊，海外諸國人聚居。置蕃長一人，管勾蕃坊公事，專切招邀蕃商人。貢用，蕃官為之。巾袍履笏如華人。蕃人有罪，詣廣州鞫實，送蕃坊行遣，縛之木梯上，以藤杖撻之，自踵至頂，每藤杖三下折大杖一下。蓋蕃人不衣褲，以杖臀為苦，反不畏杖脊。徒以上罪，則廣州決斷。」蕃長一職由蕃商中挑選，由宋朝政府任命。根據明末清初學者顧炎武的說法，蕃長司的設置，當為北宋仁宗登基後之事，「天聖（西元1023～1032年）後，留寓益夥。夥首住廣州者，謂之蕃長，因立蕃長司。」❹

由上述可知，宋代蕃長的設置，主要就是為朝廷招邀外

---

❹　顧炎武，《天下郡國利病書》。

商的政策服務，同時還代表政府管理留居在華的蕃商間的事務，包括在地方政府授權後，可以處理刑事案件或直接執行司法判決權。宋神宗熙寧年間（西元1068～1077年），就有大食巨商辛押陀羅向政府「乞統察番長司公事」，朝廷「詔廣州裁度」。❷這表明蕃長可由蕃商中具有號召力、德高望重或財富豐饒者自薦，然後經中央和地方兩級政府核准，即可上任。這個辛押陀羅還曾請求出銀錢助修廣州城，但未獲朝廷准許。顯然此舉意在使用經濟手段來達到自己的政治目的。時在北宋，統治者對海外蕃商的倚重程度，尚未像後來南宋那樣深，故朝廷並不想領他的情。不過後來他向新府學捐資、贈田還是被接受了。到南宋時，據明人陽思謙的《泉州府志》卷四稱，也是蕃商麕集的泉州城，在南宋寧宗嘉定四年（西元1211年）時，蕃商出資修城之舉，卻並沒給打回票。「嘉定四年，守鄒應龍以賈胡簿錄之貲，請於朝而大修之，城始固。」日本學者藤田豐八引南宋葉適的《水心文集》，還提到南宋林湜為泉州晉江縣時，得泉州諸蕃之助，並造沿海警備戰艦。❸這些現象，多少從側面反映了南宋時蕃商在中國地位的升高，也表明這一特殊的社會群體同官方的關係較北宋時更熱絡些。

　　宋代蕃坊中的居民由世居中國的「土生蕃客」或「五世蕃客」、留居中國的第一代蕃客，以及只作短暫居留的僑居蕃

---

❷　《宋史》卷490，〈外國傳‧大食傳〉。

❸　轉引自桑原騭藏，《蒲壽庚考》，頁72。

客等組成。他們中不少人也與當地居民之間發生通婚之事，如北宋哲宗元祐間（西元1086～1094年），「廣州蕃坊劉姓人娶宗女，官至左班殿直。劉死，宗女無子，其家爭分財產，遣人撾登聞鼓。朝廷方悟宗女嫁夷部，因禁止三代須一代有官，乃得娶宗女。」❹另如南宋紹興七年（西元1137年），廣州有個位居右武大夫的官員，因看中大食巨商蒲亞里的財富實力，竟將自己的妹子嫁給蒲亞里，蒲亞里因此留在廣州不歸。此事居然驚動高宗，他特地派人勸誘蒲亞里「歸國，往來幹運蕃貨。」❺看來趙構不想讓這個大食富商因納妻而「金盆洗手」，這會間接減少南宋政府的市舶之利。

　　宋代穆斯林蕃商在加強與社會生活聯繫的同時，仍然堅持恪守自己的伊斯蘭教信仰，這從宋人留下的文獻資料中不難得到印證。一方面，這些歷史見證是宋人眼中伊斯蘭教的真實寫照；另一方面，它們又清晰地暴露出伊斯蘭教在中國初傳時期仍保持了其部分「僑民宗教」的屬性，由於相對封閉，只在蕃坊內和穆斯林社區中進行的宗教生活，令當地非穆斯林學者無法得窺伊斯蘭教真貌，以致在描述中不乏謬誤之處，在準確性和全面性方面，甚至遜色於唐人杜環的《經行記》。

　　宋人留下相關伊斯蘭教的記載可見於周去非的《嶺外代答》、朱彧的《萍洲可談》、岳珂的《桯史》、鄭所南的《心史》、

---

❹　　朱彧，《萍洲可談》卷2。

❺　　《宋會要輯稿》，〈職官〉四四之二十。

方信孺的《南海百詠》、趙汝適的《諸蕃志》等，限於篇幅，不可能一一列出相關的記載，茲擷取幾例，可知伊斯蘭教給予宋人的印象。

其一，宋代關於伊斯蘭教記載中，往往將漢地盛行的佛教來比照穆斯林信仰的宗教。如方信孺的《南海百詠》在敘述廣州懷聖塔時，稱「番塔始於唐時，曰懷聖塔，凡六百五十丈。每歲五六月，夷人率以五鼓登其絕頂，叫『佛』號。下有禮拜堂。」周去非的《嶺外代答》云「麻嘉是『佛』麻霞勿出世之處，有『佛』所居方丈，以五色玉結成牆屋。每歲遇『佛』忌辰，大食諸國王，皆遣人持寶貝金銀施捨，以錦綺蓋其『方丈』」。趙汝適的《諸蕃志》則說「大食王與官民皆事天，有『佛』名麻霞勿」。岳珂《桯史》和鄭所南《心史》也都有類似的記載。這些是因為他們不知道穆斯林有信真主、信天使、信經典、信使者、信後世等基本信仰，才會將佛教中的「佛」去形容他們所看到的伊斯蘭教。

其二，宋人記載中也含有部分正確的內容。如《諸蕃志》已提到「每日五次拜天」。其說中拜「天」之提法不準確，應當是禮拜安拉，但穆斯林每日堅持的「五番拜」，從次數上講與該記載倒是相吻合的。該書還提到「清齋念經一月」，這是指穆斯林在伊斯蘭教曆九月（萊麥丹月）即「齋月」中的封「天命齋」，這些文字介紹讓人們了解到穆斯林基本功修的重要方面。

其三，有關伊斯蘭教的宗教活動、教規及大食的風俗習

慣，也可從宋人的記載中得到反映。如《萍洲可談》稱:「廣
州蕃坊，蕃人衣裝與華異，飲食與華同。或云其先嘗事瞿曇
氏，受戒勿食豬肉，至今蕃人，但不食豬肉而已」。《程史》
中注意到清真寺內沒有偶像的特點:「有堂焉，以祀名，如中
國之佛，而實無像設」。《心史》中提到「回回事佛，創叫『佛』
樓，甚高峻。時有一人法重誓，登樓上，大聲叫『佛』不絕」。
作者鄭所南看到的，其實就是宣禮塔，亦稱邦克樓，上樓的
是穆安津 （宣禮員），他是在宣禮樓上念誦帶節奏的專門經
文「安拉至大，安拉至大……」，以召喚大家到清真寺來禮拜。

其四，詳細記錄了在華蕃商穆斯林的情況。如《程史》
卷十一記:「番禺有海獠雜居，其最豪者蒲姓。……歲益久，
定居城中。」又說:「泉亦有舶獠，曰屍羅圍，貲乙於蒲。」作
者岳珂在書中分別提到了廣州、泉州兩城的蕃商大戶，以及
他們的來歷和財力、地位等情況。蘇轍的《龍州志略》卷五
中指出「蕃商辛押陁羅者，居廣州數十年矣，家資數百萬緡」。
《萍洲可談》提到廣州蕃商在華娶妻一事，前已述之。這些
書都從不同側面向世人展示介紹了宋代穆斯林的情況。當然，
書的作者們在心中還是將蕃、漢之別劃得很清楚的，從這個
意義上說，伊斯蘭教雖在當時的中國，業已生存下來，穆斯
林也已有不少人定居於中國，甚至生於斯而長於斯，有的還
成為顯宦，然而在宋人的眼中，他們畢竟仍是蕃人，即外國
人，而非華人；伊斯蘭教也依然是與中國關係不大的域外宗
教文化而已。

而在五代初到南宋中葉，出現在新疆西北部及鄰近的中亞地區，出現了一個信奉伊斯蘭教的封建王朝，即喀喇汗朝，我國史書上稱為「阿薩蘭回鶻」，如著名史學家陳垣所言，《遼史》中的「阿薩蘭回鶻」當為「改從阿薩蘭教之回鶻」。❹在長達三百多年的時期裡，伊斯蘭教逐漸成為是地回鶻人的國教，這與伊斯蘭教在同期的中國內地被視為外國人的「洋教」，恰成鮮明的對照。

第三節　伊斯蘭教在中國西部邊境的傳播

一、漫長而又殘酷的宗教戰爭

在怛邏斯戰役中臨陣倒戈，和大食軍隊前後夾攻唐軍，令高仙芝這位名將落敗的葛邏祿部，之所以會叛離高仙芝統領的蕃漢聯軍，一個重要原因就是他們與大食人有著共同的宗教信仰。有的學者指出，伊斯蘭教於8世紀初已「到達楚河畔的葛邏祿駐地」。❹葛邏祿又作「骨侖屋骨」，是唐初回紇

---

❹　《陳垣學術論文集》（第1集）中華書局，1980年6月第1版，頁552。
❹　李泰玉，〈新疆佛教由盛轉衰和伊斯蘭教興起的歷史根源〉，載《新疆社會科學》，1983年第1期。

「外九部」之一。唐天寶年間（西元742～756年），「徙西突
厥故地，統治七河流域，建庭於碎葉城，居民從事畜牧，兼
營農業和狩獵。」❹該部所徙居的地區，確已受到伊斯蘭教文
化的浸潤，自伊斯蘭教興起於阿拉伯半島後，穆斯林征服史
上的第一時期，是在第二任哈里發歐麥爾和第三任哈里發奧
斯曼時代，當時征服了敘利亞、伊拉克、波斯和埃及，即西
亞和北非的一部分。伊斯蘭教擴張的第二時期，是在倭馬亞
王朝的阿卜杜·馬立克（西元685～705年在位）與瓦立德（西
元705～715年在位）的時代。「在這兩位哈里發任期內，所有
輝煌的軍事成就，都集中在兩個人的名義之下，在東方的是
哈查只·伊本·優素福，　在西方的是穆薩·伊本·努賽
爾。」❹後者努賽爾在西方一直致力於征伐北非廣大地區的戰
爭，進而發展到對西班牙半島的征服，直到732年，才被當
時的法蘭克宮相查理·馬特擋住進攻的勢頭。而前者哈查只
原是投筆從戎的青年教師，功勳卓著，他在平定鎮壓了轄區
內的反叛後，開始向東方各地區，主要是對中亞進行大規模
的征服。704年，他推薦古太白·伊本·穆斯林（中國史籍亦
名其為屈底波）為呼羅珊（現代伊朗的霍臘散省，地處伊朗
的東北）的長官，以橫掃千軍之勢，先後征服布哈拉、撒馬
爾罕、花剌子模等中亞地區。在軍事征服的同時，古太白也
著手摧毀當地的佛教文化。哈查只的侄子卡西木則在710年

---

❹　《民族詞典》，上海辭書出版社，1987年，頁1047。

❹　希提，《阿拉伯通史》（上冊）頁238。

之後到713年，征服佔領了印度河下游的河谷和三角洲，使信德和南旁遮普等地區歸併到伊斯蘭旗幟之下。據說哈查只曾應許他手下的這兩個大將——古太白或卡西木，「誰首先踏上中國的領土，就任命誰做中國的長官，但是他倆都沒有能跨過中國的界。」❺⓪儘管阿拉伯文史學名著《塔百里史》（亦稱《使者與帝王史》）宣稱古太白曾攻入喀什噶爾和中國其他一些地方，而且中國新疆南部有些地區的維吾爾族群眾至今還在津津樂道地講述著古太白在當地作戰的故事，然而大多數中外學者均對之持否認態度。因為，古太白和哈查只的侄兒卡西木均在715年去世，他倆的恩主哈查只則在714年已辭世，由於次年即715年朝廷中哈里發更疊，新上臺的哈里發蘇萊曼器重也門人（凱勒卜人），原來以哈查只為代表的蓋勒人勢力則大受打擊，　有彪炳功勳在身的卡西木身陷囹圄後瘐死獄中；❺①古太白曾試圖擁兵自重，想在費爾幹納造反，但卻遭到士兵強烈反對。這位名震中亞的阿拉伯戰將，最後竟被自己的士兵殺死在居室裡，其下場也夠悲慘的。❺②古太白雖未完成對楚河流域和塔里木盆地的征服，但哈里發希沙姆（724～743年在位）時任命的外藥殺河區（河中府）的首任長官奈斯爾，在738年到740年間，還在繼續這種軍事征服。到阿巴斯王朝興起後，「751年，阿拉伯人還佔領了撒馬爾罕東北的赫

---

❺⓪　同上，頁244。

❺①　《伊斯蘭教辭典》，上海辭書出版社，頁364。

❺②　《新疆宗教》，新疆社會科學院宗教研究所，頁140。

時（即塔什幹），就這樣在中亞細亞明確地建立了伊斯蘭教堅固的最高權力，以致中國人也不再與之爭雄了。」❺❸

　　這年正是怛邏斯戰役發生之年，唐與阿拉伯勢力在中亞地區的消長以此為標誌，伊斯蘭教在聖戰的刀光劍影輝映下，也同樣在中亞廣袤之地迅速地傳播開來，前述葛邏祿部民眾接受伊斯蘭教信仰，當屬阿拉伯軍事勝利造成的直接結果。這對以後北宋初年喀喇汗王朝開始的伊斯蘭教化，有著內在且又必然的歷史聯繫。

　　喀喇汗王朝，又稱葱嶺西回鶻或哈拉汗王朝，喀喇一詞係突厥語音譯，意譯為「黑」、「偉大」，或「寬廣」等，故又稱「黑汗王朝」。該王朝是歷史上中國西北邊疆的一個地方性王朝，時間跨度約於西元840年左右到1211年，控轄地域為塔里木盆地的西部和帕米爾以北地區，是由一些突厥語系各族建立的政權。其中主要由葱嶺西回鶻、葛邏祿、樣麼、九姓烏古斯等突厥語的游牧部族或部落構成王朝統治層。

　　眾所周知，回鶻民族即今維吾爾族，其前身為回紇。唐德宗貞元四年（西元788年），其部首領向唐政府要求，請改稱「回鶻」，唐政府許之，並加可汗號為「長壽天親可汗」。唐文宗開成五年（西元840年），居處蒙古高原上的回鶻發生內訌，汗國為點戛斯人（今柯爾克孜族前身）所破，盧駆可汗被攻殺，諸部逃散，一支西遷至河西走廊各地，西元10世紀時，該支回紇又發展到三十萬人左右，史稱「甘州回鶻」，

----

❺❸　同❹⑨，頁243。

其後裔發展成為現在的裕固族。另一支西奔吐魯番地區和吉木薩爾一帶，史稱「西州回鶻」，後建高昌回鶻政權。還有一支有烏介可汗在內的十三個部落，向南遷徙，曾奔唐朝天德軍求內附，後轉奔幽州。848年，又依附室韋，再遭黠戛斯攻破，該支回鶻遂散。引人關注的是，840年回鶻散逃時，還有主要的一支共十五個部落，由宰相馺職保護龐特勤等五位汗族成員向更西之地，即楚河以南的中亞地區遷徙，並與回鶻的近族葛邏祿部匯合。到五代後晉年間（西元936～947年），這支被稱為蔥嶺西回鶻的部族，又和楚河、喀什間的屬九姓烏古斯的樣麼人（又稱「亞格瑪人」）匯合。

有的學者指出:「西遷的一支維吾爾進入中亞草原地帶的時候，比他們早先來到這裡的葛邏祿人，以及比他們稍後進入這一地區的亞格瑪人中間，都有信仰伊斯蘭教的。」❺應該說，在這種游牧民族間的匯合交融中，包括宗教信仰在內的文化習俗上的磨合、衍變，也肯定會潛移默化地同時進行，這也應視為以後喀喇汗王朝形成後，將伊斯蘭教定為國教的一個重要的社會基礎。當然，評述和強調喀喇汗王朝統治者蘇圖克・布格拉汗皈依伊斯蘭教之前，楚河流域和喀什一帶已有伊斯蘭教的初傳，並不意味著我們忽視布格拉汗接受伊斯蘭教的重要歷史意義，因為不管怎麼說，蘇圖克・布格拉汗個人的文化選擇，對伊斯蘭教在喀喇汗政權所統轄的廣袤境域中加大傳播的力度，還是具有無可替代的歷史意義。

❺　劉志霄，《維吾爾族歷史》(上編)，民族出版社，1985年版，頁149。

　　以龐特勒後裔宗族為主而建立起來的喀喇汗王朝，其統治在「極盛時期的疆域包括今塔里木盆地的中部和西部、伊黎河流域和巴爾喀什湖以南、楚河流域和伊塞克湖周圍，錫爾河中游和阿姆河中游的以東地區」。❺這些地區即唐朝時北庭和安西兩都護府的大部分轄區，故此也可說是中國舊時邊疆之地。喀喇汗王朝實行的是所謂的「雙汗制」，長子為大汗，駐巴拉沙袞（今吉爾吉斯共和國托克馬克以東四十公里），大汗稱阿爾斯蘭汗（意為獅子汗）；幼子為副汗，稱布格拉汗（意為公駝汗），駐怛邏斯，由於西元893年受到以布哈拉為首府的薩曼王朝的攻擊，公駝汗的駐地不得不從怛邏斯遷至喀什噶爾。蘇圖克是汗族的成員，他七歲時喪父，因母改嫁其叔父——時為公駝汗的奧古勒恰克，他就在叔父身邊長大。在喀什噶爾，奧古勒恰克曾保護過從薩曼王朝逃來的納賽爾·曼蘇爾王子，據說蘇圖克曾受這位穆斯林的影響而皈依了伊斯蘭教。蘇圖克後在喀什噶爾發動宮廷政變，殺死了其叔父奧古勒恰克並登上公駝汗之位。蘇圖克·布格拉汗接著發動了對薩曼王朝的戰爭，收復了怛邏斯城，又打敗了阿爾斯蘭汗，奪取巴拉沙袞。此後，他仍然保持「布格拉汗」的稱號，駐地也仍在喀什噶爾。大權在握後的蘇圖克·布格拉汗並沒閒著，而是高高舉起征伐異教國家的「聖戰」，目標就是信仰佛教的于闐國和原為同胞民族的高昌回鶻政權。最後約於955年死在對高昌回鶻作戰的戰場上。蘇圖克·布格拉汗死後，

❺　《維吾爾族簡史》，新疆人民出版社，1991年4月第1版，頁73。

　　喀喇汗王朝的宗教戰爭並沒結束，其後裔繼續進行了這場旨在傳播伊斯蘭教的聖戰。汗族成員中死於戰場者不乏其人。穆薩·本·阿布達勒·克里木統治時期，在全汗國境內不遺餘力地推行伊斯蘭教。西元960年，有二十萬帳突厥人皈依了伊斯蘭教，如以每帳五人計算，這些新加入穆斯林隊伍的人數就達百萬之巨，以當時人口數量的發展水平來看，該數位可謂驚人。至此，伊斯蘭教成為黑汗王朝的國教也是水到渠成之事了。從伊斯蘭教在世界範圍內的發展來看，以喀什噶爾為統治中心的喀喇汗王朝，是突厥語民族中第一個以伊斯蘭教為國教的封建王朝。

　　喀喇汗王朝主要的敵人就是信奉佛教的于闐國家和高昌回鶻政權。穆斯林軍隊在最初的聖戰中並不佔上風，喀什噶爾還曾被號稱「小西天」的于闐佛國軍隊攻佔過。于闐國在對喀喇汗作戰時，還能得到同樣信奉佛教的高昌回鶻及吐蕃的支援，其中高昌回鶻雖與黑汗王朝同係一族，然而信仰上的迥異，卻使二者勢同水火。

　　黑汗王朝與于闐之間的軍事拉鋸戰共進行了幾十年之久，直到西元11世紀初，雙方的爭鬥才見分曉。伊斯蘭軍隊最後消滅了于闐佛教政權，將疆域擴展到蔥嶺東的和闐與葉爾羌等地。當然，伊斯蘭聖戰勝利的代價也是驚人的，有不少汗族成員、將領及更多的士卒死在戰場上，至今人們還可看到南疆喀什到和闐，尤其到英吉沙一線所存在的無數麻札，成千上萬個麻札足以說明當時這場宗教戰爭的慘烈程度，也

清楚地昭示著伊斯蘭文化在中國西部邊疆地區的傳播途徑、方式上和內地所存在的巨大反差。

二、伊斯蘭文化影響下的輝煌成就

喀喇汗王朝在11世紀初獲得對佛教國家的聖戰勝利，在同一個世紀裡，這個中國西北邊疆地區崛起的伊斯蘭教王朝還取得令後世各國學者推崇備至的文化成就。可以斷言，該王朝的文學藝術在維吾爾族文學藝術史上是空前絕後的輝煌時代，這種輝煌主要聚集在文學的發展上，其代表作即為《福樂智慧》、《突厥語大詞典》等。它們的出現從某種程度上說明，從意識型態領域的思想觀念、倫理道德準則，到社會經濟活動和城市文化生活方式，整個喀喇汗王朝境內的各個層面，都已完全受到伊斯蘭教文化那水銀瀉地般地浸潤和影響。

以《福樂智慧》而言，它是作者巴拉沙袞人優素甫・哈斯・哈吉甫在喀什噶爾（今新疆喀什市）用回鶻語（古代維吾爾語）寫就的長篇韻文巨著。成書時間為教曆462年，此時的北宋王朝正是王安石變法時期，即神宗熙寧二至三年（西元1069～1070年）。該書由二篇序言、八十五章正文和三個附篇組成，共一萬三千二百九十行。是書韻文體序言中提到，當時用阿拉伯文和波斯文寫就的書籍流傳甚多，但用「母語」即作者所屬的突厥語系民族的語言撰寫的書，卻是絕無僅有。前蘇聯學者Ａ・Ｈ・科諾諾夫據此認為，「這種意見證明，皈依了伊斯蘭教之後（8世紀末～9世紀初）用突厥語寫成的佛

教、摩尼教和基督教文學作品已被遺忘了，更確切地說是被嚴禁了。」他還指出：「優素甫・巴拉沙袞的長詩正如其標題《福樂智慧》所表明的那樣，是一部道德訓諭之作，目的在於使人領悟賢明治國之途和待人處世之道。……優素甫・巴拉沙袞的《福樂智慧》是唯一的一部最古老的突厥語作品，它以穆斯林精神為基礎，並宣傳這種思想。」❺❻

　　若從該書所具有的時代影響來看，是很值得一提的。該書長詩散文序言不無自豪地稱：「此書極為尊貴。它以秦地哲士的箴言和馬秦學者的詩篇裝飾而成。秦和馬秦的哲士學者一致認為，在東方各地，在突厥斯坦各族中，從來沒有人用布格拉汗的語言，突厥人的辭令編撰過一部比它更好的書。由於此書無比地優美，無論傳到哪位帝王的手裡，無論傳到哪個國家，那兒的哲士和學者們都很賞識它，並為它取了不同的名字和稱號。秦人稱它為《帝王禮法》，馬秦人稱它為《治國指南》，東方人稱它為《君王美飾》，伊朗人稱它為《突厥語諸王書》，還有人稱它為《喻帝箴言》，突厥人則稱之為《福樂智慧》。」❺❼從中我們也不難看出被稱為秦地和馬秦的中國的北方和南方，與遠在西北邊陲的喀喇汗王朝之間，確實存在著文化上的交流和影響關係，從喀喇汗王朝統治者喜歡自稱「桃花石汗」（意指中國之王）來看，他們同樣沒把自己看

❺❻　A・H・科諾諾夫，〈優素甫・巴拉沙袞的長詩《福樂智慧》〉，載《福
　　樂智慧研究譯文選》，新疆人民出版社，1991年5月第1版，頁54～55。
❺❼　同上，頁55。

成是游離於中國文化之外的異族文化。正如科諾諾夫所言，
「文化同各種思想也許首先同以宗教思想為基礎的倫理道德
思想的相互聯繫，無可非議的是真實存在的。」❸與喀喇汗王
朝疆域相連的周邊各個政權，包括中原內地的知識階層對《福
樂智慧》會予以首肯和欣賞，也從側面反映了不同民族間在
倫理道德方面存在著相通之處。

　　《福樂智慧》的情節均為勸喻性的。書中塑造了反映其
主題思想的四個主要形象，即象徵公正法律的國王日出；象
徵幸福的大臣月圓；象徵智慧的大臣之子賢明；象徵來世的
隱士，也是大臣的兄弟覺醒。故事主要情節為月圓聞悉汗王
日出公正而強大，便去謁見日出，成為日出信任的近臣。月
圓死後由兒子賢明承襲其位，賢明盡忠效力並敦請親戚覺醒
出來供職，但遁世已久的覺醒再三拒絕。後賢明萌生厭世之
念，覺醒勸他多興善舉而造福於民。覺醒死後，國王日出和
賢明哀悼斯人，頌揚死者覺醒的高尚品德。對作者的敘述意
圖，前蘇聯學者 C·H·伊萬諾夫的一番話頗有見地。他說：

　　　　《福樂智慧》中四位主人公中兩位的逝世未必是偶然
　　　的。象徵幸福和隱逸的月圓和覺醒離開了人世，而活
　　　者是象徵正義和智慧的日出和賢明。由此可以看出
　　　作者的意圖。作者認為後兩種特徵最為重要，因而是
　　　不朽的；幸福和隱逸產生於智慧和正義，其本身沒有

❸　同上。

永恆的價值。❺❾

　　《福樂智慧》經輾轉傳抄，目前存有三種抄本。一為費
爾幹抄本（又稱納曼幹抄本），現存於烏茲別克斯坦科學院東
方學研究所。它用納斯赫體阿拉伯文字母抄成，是迄今為止
最古最全的抄本。二為維也納抄本，又稱赫拉特本，現存於
奧地利維也納國立圖書館。三為開羅抄本，藏於埃及開羅開
迪溫圖書館，用蘇魯斯體阿拉伯文字母抄成。該書現已譯成
俄、德、匈、土幾種文字，現代維吾爾語和漢語的節譯本及
全譯本也都分別問世。

　　《突厥語大詞典》是另一部反映古代維吾爾族在伊斯蘭
文化影響下所取得之成就的語言學巨著。作者是馬赫穆德·
喀什噶裡，約在宋神宗熙寧五至七年（西元1072～1074年）
完成，略晚於《福樂智慧》的成書時間。作者的家鄉是喀什
噶爾烏帕爾地區的阿孜克村，他曾自豪地介紹自己：「我是個
善於辭令的突厥人，我比大家更善於理解，懂得更多，我天
性勇敢和大膽，是他們當中的佼佼者。加之我走遍了突厥人
的所有部落、阿吾勒和草原，深入研究和學習了突厥人、土
庫曼人、烏古斯人、處月人、樣麼人和點戛斯人的語言，我
如此精通，以致熟練掌握了各部落的語言特點。經過長期研
究後編纂了我的這部詞典……並起名為《突厥語大詞典》。」❻⓪

---

❺❾　C·H·伊萬諾夫，〈論優素甫·巴拉薩袞之《福樂智慧》〉，《福樂智
　　慧研究譯文選》，頁75～76。

該書是中國古代新疆地區第一部用阿拉伯文注釋的突厥語辭書。由於喀喇汗王朝在11世紀對于闐佛國政權的宗教戰爭取得完勝，伊斯蘭教在其統治區域確立了佔壓倒性的優勢，而各突厥語系民族的融合及語言的溝通，以及回鶻民族原有的文化與當時盛行的阿拉伯－波斯文化的交匯合流，使這部被後世譽為有關11世紀新疆和中亞的百科全書應運而生。它較詳盡地介紹了11世紀時突厥語系各個民族的歷史、天文、地理、文學、醫學、農業、軍事、政治、宗教、邏輯、習俗等各方面的知識。全書分八卷，約七千五百個詞條。其書原稿已佚，最早的手抄本於1916年發現於土耳其伊斯坦布爾的民族圖書館。1981年，該書的三卷本維吾爾文第一卷已經出版，以後另外兩卷及漢譯本也將陸續刊行。

除上述二者外，《真理的入門》也是中國新疆著名的詩作。作者阿合買提·本·馬赫穆德·玉格乃克針對王朝的動亂和社會上道德的淪落之現象，譴責人們背離了伊斯蘭教教法，作者試圖以穆斯林身分來勸誡世人依循教規和社會公德，以此來恢復社會的秩序和安寧，其中不乏維吾爾民族傳承的道德觀念。是書現存也有三種抄本，即撒馬爾罕甲本（回鶻文抄本），現存土耳其首府的阿亞索非亞博物館。藏在同一個博物館中的還有伊斯坦布爾乙本（回鶻文與阿拉伯文對照本）。第三種抄本稱伊斯坦布爾丙本，又稱五卷本，是阿拉伯文字

---

❻　阿·葉戈烏巴耶夫，〈哲人的芳名和學者的著作流傳千古〉，文載《福樂智慧研究譯文選》，頁222。

母的抄本，亦存放在土耳其首府伊斯坦布爾的托布卡甫圖書
館。1981年該書的漢文譯本在中國出版。

《真理的入門》的作者所處時代已是喀喇汗王朝的末年，
其時的汗國早已威風不再，且淪為西遼的屬國。當時的喀喇
汗王朝已分裂為東西兩部。1132年，遼朝宗室耶律大石率領
契丹部眾西進到阿姆河中下游，征服花剌子模等國後稱帝，
建立西遼王朝。1134年，又應東喀喇汗之請，進駐巴拉沙袞，
並定都於此，號「虎思斡耳朵」。東喀喇汗王朝也臣屬於西遼。
在以後幾年的征伐中，曾在北中國被女真軍隊擊敗並因此失
國的契丹人，居然在中亞一帶稱雄，連連獲捷，打敗西部喀
喇汗，又助葛邏祿人抗擊塞爾柱汗國，獲勝後入駐中亞名城
撒馬爾罕，至此西喀喇汗王朝也歸屬西遼帳下。就西遼情況
而言，作為統治階層的契丹人雖信奉佛教，但對境內各民族
所信仰的各種宗教如伊斯蘭教、景教、摩尼教卻挺寬容，並
不用行政手段來除滅佛教以外的其他宗教。此種格局到乃蠻
部的王子屈出律篡奪西遼權位後才為之一變。這個被蒙古軍
隊打敗後前來投奔西遼，一度寄人籬下的屈出律上臺後，改
變西遼遠來的政策，實行極其苛暴的統治，在宗教上更是倒
行逆施，尤其對伊斯蘭教進行迫害和壓制。這些暴政激起的
民變從根基上動搖了西遼的政權基礎。這也使13世紀初新崛
起的蒙古軍隊得以相當順利地完成了剪滅屈出律的軍事任
務。

三、屈出律政權的倒行逆施

客觀地說，當初消滅在西遼倒行逆施的屈出律政權時，成吉思汗的軍隊還是以伊斯蘭教保護者的身分出現的。在此之前，即乃蠻王子出身的屈出律篡奪西遼王位後的七年統治期間內，在喀什噶爾、和闐等地逼迫當地穆斯林，或令其改宗佛教，禁止穆斯林的宗教活動，甚至殺害伊斯蘭教領袖人物。有的史書提到：

> 穆斯林的事業陷入悲慘的境地，甚至它給全毀了，無休止的苦難和惡孽籠罩著主的奴僕。……因此，在武力下，他們被迫穿戴罪過的服裝和頭飾；禮拜和愛合馬惕被取締，祈禱和塔克必爾遭禁止。[61]

正因為西遼地區維吾爾族的穆斯林身處水深火熱狀態，他們才會簞食壺漿地迎接蒙古大軍的到來。喀什噶爾的穆斯林甚至表示：「蒙古軍一支接一支到來，除屈出律外不向我們要什麼東西，允許念塔克必爾和阿贊，並且派一名使者在城內宣布，人人均可信仰自己的宗教，遵守自己的教規。我們方明白，蒙古人的存在正是真正的一種慈悲，神恩的一種仁愛。」[62]

---

[61] 志費尼著，何高濟譯，《世界征服者史》(上冊)，內蒙古人民出版社，1980年5月第1版，頁73，81。

　　屈出律本為景教徒（即基督教聶斯脫里派信徒），來到西遼後和渾忽公主成婚，就此改宗佛教，按照穆斯林史家的說法，是公主迫使他成了偶像教信徒。❻但宗教信仰的不同卻並非屈出律與穆斯林為敵的主要原因，事實上，他在握持大權之初，還曾向國中的伊斯蘭教重要人士伸出過橄欖枝。只是在其政治拉攏未達目的後，方才向西遼境內的穆斯林露出猙獰的面容。

　　在成為西遼國主直魯古的東牀快婿後，憑藉著陰謀手段，屈出律從昏憒無能的泰山手中奪取了權柄。史稱屈出律利用中亞河中地區的動亂，「他對四面楚歌的古兒汗變了心。」❻

---

❻　同上，頁91。

❻　如《史集》中稱渾忽公主「掌握著大權，……她讓古失魯克放棄基督教，迫使他信奉了偶像教。」見於拉施特著，余大鈞、周建奇譯，《史集》漢譯本第1卷（第2分冊），商務印書館，1983年9月第1版，頁248。筆者以為，由於屈出律（該書譯稱為古失魯克）在其父太陽汗戰死後，即逃到叔父不亦魯黑汗處，後者被成吉思汗的軍隊殺死，這個乃蠻部的王子其時猶如喪家之犬，只是帶著幾個隨從逃匿於哈剌契丹（黑契丹之意，即西遼）古兒汗（又稱菊兒汗，意為大汗）直魯古統治地區，在勢單力孤的境遇中，屈出律能夠迅速躋身於崇奉佛教的西遼王室，改宗的抉擇當是他在西遼政壇上騰挪身手的重要先行步驟，其中主動性成分也許更多些，說其被「迫使」改變信仰，只怕未必。這從後來屈出律大權獨攬後並未重新皈依基督教之事上，亦能得到印證。

❻　拉施特著，余大鈞、周建奇譯，《史集》漢譯本，第1卷（第2分冊），商務印書館，1983年9月第1版，頁249～250。

屈出律將昔日被蒙古軍擊潰的殘部重新納集於麾下，待軍力強大後又與花剌子模的馬合謀算端（即蘇丹）聯手，共同向直魯古進攻。馬合謀蘇丹在塔剌思地區（即怛邏斯，今哈薩克斯坦的江布爾城）擊敗西遼主力並擒獲統軍大將塔陽古，而當屈出律「得知古兒汗處於逆境的消息以後，便作好戰鬥準備，馬上出兵，乘古兒汗軍隊分散的時候向他進攻，將他包圍起來。由於古兒汗沒有〔別的〕出路，便要向他屈服稱臣。」❻在這種時候，屈出律卻要惺惺作態地表示不許，仍尊其為父親，但直魯古名下的屬土和王位都落入他的手中。兩年後（1213年），直魯古憂傷而死，屈出律名正言順地成為西遼的國主。

出於收買人心的動機，屈出律曾將信奉伊斯蘭教的東部喀喇汗王朝首領穆罕默德·本·玉素甫從監獄中釋放出來，讓其返回喀什噶爾，企圖以此來爭取西遼境內伊斯蘭教方面對他的支持。孰料當地的穆斯林貴族並不領情，他們將其刺殺於城門洞內，此即「城門事件」，東喀喇汗王朝就此告亡，而西遼各地穆斯林也因此開罪了屈出律這個篡政者。除喀什噶爾、和闐等地的貴庶不向屈出律表示歸順外，阿力麻里（今新疆霍城縣水定鎮西北）的統治者乾脆和屈出律兵戎相見，這更激起屈出律對穆斯林的仇恨，他轉而對伊斯蘭教實行高壓政策，處處為難、迫害穆斯林。據13世紀的波斯史學家志費尼記載，在「城門事件」後，「每逢收穫季節，屈出律便派

---

❻　同上，頁251。

兵去毀壞他們的莊稼，用火把莊稼燒光。三四年來，他們都收不到莊稼，發生大饑饉，百姓為飢餓所困；這時他們服從他的命令。他率領軍士上可失哈耳，凡有主子的人戶，他都派一名士兵居住，因此他們全都跟居民共聚一堂，同住一屋。處處看得見姦淫燒殺；而且異端的偶像教徒隨意大肆胡作非為，誰都阻止不住他們。」❻

　　屈出律在對喀什噶爾的居民施以淫威的同時，還將魔掌伸向和闐地區的穆斯林。他下令進兵該地區，攻佔其地後，立即實施宗教迫害。他強迫那裡的居民放棄伊斯蘭教，強迫他們在兩件事中間進行選擇：或者信奉基督教三位一體說；或者信奉偶像教，改穿契丹人的服裝。這種宗教歧視和逼迫並未奏效，屈出律又變本加厲地直接打擊伊斯蘭教的教職人員，《史集》稱「他想利用暴力和政權用證據和道理來揭發〔伊斯蘭教〕教長。他通過傳令官在城內宣布，要將穿學者和篤信宗教服裝的人全部趕到野外去。按照〔這個〕命令，忽炭的教長們一下子全部出了〔城外〕。」❼據說當天郊外集中了三千多位著名的伊瑪目，屈出律挑釁地說：「你們這群人中，誰個膽敢跟我辯論有關宗教和國家的事，而且膽敢不向我讓步，不怕懲罰和酷刑?」❽他想以權勢的威懾力來壓服穆斯林上層人士，但人群中站出大伊瑪目阿老丁·穆罕默德，他勇

---

❻　同❻，頁73。

❼　同❹，頁252。

❽　同❻，頁81～82。

敢地和屈出律展開了有關宗教的辯論。當後者口中吐出褻瀆
穆聖的下流話時，阿老丁在宗教熱情的激勵下，大聲地喝斥
站在自己面前的世俗統治者：「住你的鳥嘴，你這信仰的敵人，
你這該死的屈出律！」⑥這樣做的後果可想而知，惱羞成怒的
屈出律將其關入監獄，還剝光阿老丁的衣服，加上腳鐐，又
接連幾天都不給他飲食，在飽嘗酷刑後，阿老丁被殘忍地釘
死在他本人在和闐所創立的經學院大門上，成為一個真正的
殉教者。面臨如此惡劣的宗教迫害環境，伊斯蘭教在新疆的
發展也由此受阻，如上文所述，當時連穆斯林正常的宗教活
動都受到禁止，這也正是喀什噶爾等地的穆斯林居民最初會
對外來的征服者──蒙古大軍表示歡迎的重要原因。在蒙古
鐵騎的秋風掃落葉般地打擊下，屈出律及其隨從就像喪家之
犬，以往曾經在穆斯林民眾面前威風八面的西遼兵士，被奮
起反抗的穆斯林殺死，屈出律本人被蒙古軍迫至巴達哈傷的
邊境，在撒里黑綽般山谷被擒殺，西遼政權的統治也就此劃
上句號。

---

⑥　同⑥，頁82。

第二章

穆斯林大批進入中國

由於元代來華的穆斯林數目太多，
像唐、宋那樣設有專供他們居住的「蕃坊」，
以及相關規定或法度早已不復存在。
色目人地位的實際狀況，
更使他們躋身於統治階層，
並因而在居住、婚姻等方面不受任何限制。

第一節　蒙古西征與伊斯蘭教在中國的大規模傳播

一、無情的征服和有情的政策

　　鏟滅西遼屈出律政權的蒙古大軍，並沒停止西征的步伐，在中亞其他各伊斯蘭教地區也都留下了自己征服的足跡。對東方伊斯蘭世界來說，這不啻一場毀滅性的災難，人為的大屠殺，伴隨著社會經濟的破壞，以及文化景觀的毀滅，到處是瘡痍滿目，屍橫遍野。餘悸尚存的人們能看到的僅僅是些殘垣廢墟。可怕的蒙古大軍，就這種意義上而言，猶如吞噬歷史文明的「蝗蟲」，它的身後只留下瓦礫一片，曾經輝煌燦爛的東方伊斯蘭文明也因此黯淡了許多。從美國學者希提的描述來看，血腥的屠殺似乎成了蒙古軍隊的嗜好，「深紅色的河流，標誌著他們的鐵蹄的蹤跡。有十萬人口的赫拉特（希拉特），只剩下四萬人口了。」❶穆斯林肉體的被消滅還只是一個方面，對伊斯蘭教信仰者的精神踐踏，則表現在直接摧毀了東方伊斯蘭教各國家的堂皇宮殿或圖書館，甚至包括莊嚴肅穆的清真寺也未能倖免。「以虔誠和學術著名的布哈拉的

---

❶　希提，《阿拉伯通史》（上冊），頁577–578。

各清真寺，被用作蒙古人的馬廄。」❷蒙古鐵騎的蹂躪還給人
們留下了深深的心理創傷。希提的《阿拉伯通史》還提到撒
馬爾罕和巴里黑的許多居民，不是被屠殺，就是被俘虜。花
剌子模遭到了完全的破壞。而蒙古帝國的締造者成吉思汗據
說在1220年攻克布哈拉的時候，曾在公開的演說中自詡他是
「被派來懲罰罪人的天鞭」。看來歷史上的游牧民族因習慣於
逐水草而居的生活方式，故此馬背上的民族對自己駕馭牲畜
的鞭子相當看重。這種形象的比擬，不僅讓人們回想起西羅
馬帝國臨近崩潰之前，歐洲大地上也曾出現過不可一世的匈
奴鐵騎，其首領阿提拉一度在西元452年兵臨羅馬城下，還是
當時的羅馬主教利奧一世出城與其訂立城下之盟，才保住城
池不失。當時的阿提拉就有一個極其響亮的名號流傳於世上，
即「上帝之鞭」。成吉思汗把自己視為「長生天」所揮動的天
鞭，相信自己肩負的天命才使蒙古的軍隊戰無不勝。只是這
支「天鞭」可怕的揮舞，竟讓同時代的穆斯林史學權威伊本
‧艾西爾在稍後「敘述這些恐怖時候，還不寒而慄，他但願
母親沒有生他才好。甚至在百年之後，伊本‧白圖泰訪問布
哈拉、撒馬爾罕、巴里黑和河外地其他城市的時候，還發現
那些古城大部分仍然是廢墟。」❸

　　蒙古大軍這種可怕的軍事征服，意在使各民族承認蒙古
的最高主權。然而，以無情的暴力手段在短時期內迅速構築

---

❷　同上。

❸　同❶，頁578。

自己帝國的蒙古統治者們，包括成吉思汗本人和他的子孫們，如窩闊臺汗、察合臺汗、貴由汗、蒙哥汗等，以及元王朝的實際締造者忽必烈汗，他們在統治被佔領地區，尤其是廣大的穆斯林世界時，所執行的宗教文化政策卻是相當寬容溫和的。一旦統治權確立之後，無情的軍刀不再高高舉起，一度讓穆斯林戰慄不已的蒙古異教徒，終於露出了頗具溫情的政治笑臉。對其中的奧妙，英國學者克里斯托弗・道森曾作過精闢而又令人信服的闡釋：

> 從太平洋伸展到黑海和波羅的海並統治著儒教徒、佛教徒、穆斯林和基督徒的這一新的世界帝國還沒有歸屬於任何特殊的宗教和文化。蒙古人的原始的薩滿教，不能夠提供精神統一的任何原則，正如他們原來的部落組織不能夠帝國的行政提供基礎一樣。然而，大汗們儘管缺乏文化，卻充分注意到宗教因素的重要性，並遵循一種普遍寬容的寬大政策。成吉思汗親自規定，一切宗教都應受到尊重，不得偏愛，對於各種教士都應恭敬對待，把它作為法令的一部分。這項原則，所有他在東方和西方的後裔歷代都忠實地予以遵守。❹

在蒙古大汗的「斡爾朵」裡，活動著各種宗教教職人員

❹　道森編，呂浦譯，《出使蒙古記・緒言》，中國社會科學出版社，1983年10月第1版，頁18。

的身影，由於蒙古軍西征的地區是伊斯蘭教國度，故此是地伊斯蘭教文明所受破壞也最嚴重，但蒙古軍消滅的只是伊斯蘭教國家的世俗政權，對伊斯蘭教還是相當重視的。是故蒙古大汗的麾下也有不少穆斯林。

　　成吉思汗本人對穆斯林就很倚重，他派往花剌子模的三支使團及由四百五十人組成的商隊皆為穆斯林，只是花剌子模把來者視為蒙古的奸細，並把他們悉數殺害，逃脫者僅一人，此人趕回去報告後，成吉思汗大怒，遂發兵攻打花剌子模及其他伊斯蘭教國家。而在無情的征服過程中，屠城掠地雖是事實，但蒙古諸汗並不像西遼末主屈出律那樣強迫人們改變自己的伊斯蘭教信仰。這種「道是無情卻有情」的做法，隨著時日的推移，愈加在成吉思汗的後繼者們身上得到反映，有才幹學識的穆斯林在大汗那兒得到的是禮待和重用，有時連平民百姓也能同樣得享君王恩澤。

　　據史書記載，蒙古滅宋之前，有漢地人在窩闊臺（後追諡為太宗）前作皮影戲表演，「影中有各國人，其間有一老人，長髯，冠纏頭巾，而其頸被繫於馬尾者。可汗問：『此為何人？』作戲者答曰：『是為蒙古士卒所繫之回教俘虜。』窩闊臺即命停止演戲。命人取波斯及漢地之寶物，以示作戲之漢人曰：『汝國之寶物，不足與他國比也。我國中之回教富人，至少各有漢地奴婢數人；而漢地貴人並無一人置有回教奴婢者。且汝應知成吉思汗法令：殺一回教徒者罰黃金四十巴里失，而殺一漢人者，其賞值僅與一驢相等。然則汝何故侮回教徒

歟?」」❺

　　窩闊臺的這番話，再也清楚不過地表明了他個人對穆斯林與漢人（此處係指稱西域地區的穆斯林與中國北方地區的漢人、契丹、女真等各族）的看法，這實際上也是封建君王個人最高意志在民族宗教政策上的直接反映。對蒙古君主來說，那些更早承認蒙古人統治權的西域回疆「色目人」，包括穆斯林、景教徒及摩尼教徒在內的各民族成員，與北方漢地的民族相比，顯然要更可靠些。及至元朝代宋後，將南宋故地上的新附之民排在最末一等的「南人」位置上，其地位尚不逮北方地區的契丹、女真和漢人。如此看來，朝廷制定這種苛待「南人」的政策，其指導思想實可溯源至大蒙古國時優待「色目人」的政策上，二者的出發點其實是一致的。

　　總之，從大蒙古國到元朝，蒙古統治階層主觀上對色目人的倚重，在很大程度上，對伊斯蘭教及佛教、基督教在中國的發展，起到了積極的促進作用。《元史·太祖本紀》中稱成吉思汗一生曾「滅國四十」。其中除了他所攻滅的蒙古草原上的各部落之外，蒙古大軍所征服的西域各國亦在其內。這支巨大而又可怕的「鐵流」對西域造成的巨大破壞，是不爭的歷史事實；然而另一方面的事實尤須強調，那就是蒙古軍隊的鐵帝，也把橫亘在東西方之間的此疆彼界掃得一乾二淨。東西陸路交通大道上的暢通，特別是蒙古人開闢「驛路」，設置「驛騎」、「鋪牛」和「郵人」等，給東西方各族人民的互

---

❺　《多桑蒙古史》，馮承鈞譯本（上卷）頁343。

相交流往來創造了較以往便利得多的客觀條件。「蒙古西征」從主客觀兩個方面給伊斯蘭教在中國的大規模傳播提供了充分的前提，其最重要的結果就是：穆斯林大量進入中華內地。

二、遍布各行省的「回回」

　　與唐、五代到兩宋時期來華的穆斯林大多為商賈的情況相比，蒙元政權中進入中原內地包括南方邊陲的穆斯林，主要是那些隨從蒙古大軍東征和南下滅宋的西域各族信奉伊斯蘭教者，即史籍上所稱的「回回」或「回教人民」。他們就是祖居新疆地區和中亞各國的民族，有的直接加入蒙古軍隊，有的則因匠人出身而隨軍征伐，除了參加蒙古大軍的攻城掠地之外，也有不少經商世家進入中原各地尋覓新的商機。作為文化載體的穆斯林成群大批地湧入中華，必然會給伊斯蘭教在中國社會的傳播打開全新的局面。這在伊斯蘭教的發展史上來說，實在也有點「西方不亮東方亮」的味道，即如白壽彝教授所指出的那樣，「中國回教之發達正由於西亞回教國之殘破。蓋因西亞回教國殘破之結果，遂有不可名數之回教人因被擄或降附，先後隨蒙古人以東來。」❻在《元史》有關西域人物的本傳中，類似「國兵（指蒙古軍）下西域，舉族來歸」，「率眾歸降」，以及從軍攻戰征伐的，也屢屢見於記載。

　　由於元代來華的穆斯林數目太多，像唐、宋那樣設有專供他們居住的「蕃坊」，以及相關的規定或法度早已不復存在。

---

❻　白壽彝，《中國伊斯蘭史存稿》，頁170。

色目人地位的實際狀況，更使他們躋身於統治階層，並因而在居住、婚姻等方面不受任何限制。元人周密的《癸辛雜識》續集（上）稱：「今回回以中原為家，江南尤多。」事實上，今天的華北燕趙之地，西北陝、甘、寧、青、新等地區，以及長江下游諸省和中原腹地，以及西南滇、桂之域，到處都有元時「回回」聚居的記載。

以雲南而言，是地大部分原屬大理國統轄，元朝建行省後，有大批穆斯林來此居住。《多桑蒙古史》卷三附錄一引拉施特《史集》稱：「第十省在今哈剌章，自成一國。省在押赤大城中，其居民盡回教徒。」另外，元人王禮《麟原文集》卷六〈義塚記〉云：「惟我皇元，肇基龍朔，創業垂統之際，西域與有勞焉。洎於世祖皇帝，四海為家，聲教漸被，無此疆彼界。朔南名利之相往來，適千里者，如在戶庭，之萬里者，如出鄰家。於是西域之仕於中朝，學於南夏，樂江湖忘鄉國者，眾矣。歲久家成，日暮途遠，尚何屑屑首丘之義乎?」平心而論，投身軍旅或出仕報效朝廷，還不是西域「回教人」來華後的全部選擇。素有經商傳統的穆斯林，亦為蒙元時代最活躍的社會經濟活動家。許有壬《至正集》所錄〈西域使者哈只哈心碑〉就提到這點：「我元始征西北諸國，西域最先內附，故其國人柄用尤多。大賈擅水陸利，天下名城巨邑，必居其津要，專其膏腴。」由此可知，有元一代掌握全國各地商貿大權的，大多為西域大賈，這些人主要也都是穆斯林。

當然，從來華穆斯林在中原內地分布的情況來看，唐、

宋時聚居點主要集中在東南沿海通商口岸的情況也有了很大
的變化，元時西北地區穆斯林明顯增多。《明史》卷三三二〈西
域傳·撒馬爾罕〉上稱：「元時，回回遍天下，及是居甘肅者
尚多。」明人陸深《溪山餘話》也說「甘肅地近西域，多回回
雜處。」及至清中葉，已有「甘省回多於漢」，甚至流傳所謂
的「回七漢三」之說。另外《多桑蒙古史》三卷五章記蒙古
王族阿難答鎮守唐兀，其地區為寧夏全境，甘肅北部和青海
的東北部。史載當阿難答皈依伊斯蘭教信仰後，所部士卒十
五萬人中「聞從而信教者居其大半。」這在當時絕非一個小數
目，它表明元時西北地區的穆斯林在人數密集程度上已非同
時期的東南沿海地區可比擬。

　　穆斯林的大量來華，在伊斯蘭教學者的眼裡，是阿拉美
意的安排。元時中國各地伊斯蘭教也進入相對興盛和蓬勃發
展的重要階段。「蓋今在此種東方地域之中，已為回教為人民
不少之移殖，……而在偶像祠宇之側設置禮拜堂與修院者，
為數亦甚多焉。」[7]可見，穆斯林社區擴大的後果必然導致宗
教活動場所 —— 清真寺的落成。各地一些重要的清真寺，也
大多在元時的不同年代中建成，儘管朝廷最高統治者篤信的
是佛教，但為色目人信奉的伊斯蘭教和基督教也同樣得到相
當大的重視和發展機遇。這從元時有關宗教與民族政策的制
定及頒行上即可得到印證。

　　[7]　此為《多桑蒙古史·敍言》引回教作家志費尼之評述，轉引自白壽
　　　　彝，《中國伊斯蘭史存稿》，頁171。

三、蒙元帝國的回回政要

　　從西元13世紀初崛起於蒙古高原的成吉思汗到1368年元順帝北遁開平，元朝殘餘勢力退至漠南為止，一百六十多年間，在蒙元帝國的政治舞臺上，始終活躍著信仰伊斯蘭教的「回回人」，他們的存在及其活動，是蒙古民族得以成為「世界征服者」的重要原因；也直接地保證了伊斯蘭教能夠堂而皇之地在華夏大地上散播開來。如若探研這段歷史時期的伊斯蘭教在中國的傳播發展狀況，這些曾在蒙元帝國國家大事的計議定奪上有舉足輕重之影響力的穆斯林群體，理所當然地應成為研究的重要對象。事實上，蒙元帝國作為一個不穩定的政治軍事聯合共同體瓦解後，由昔日的「黃金家族」所統治的幾個蒙古汗國多程度不等地出現了伊斯蘭教化，許多蒙古族人成為虔信阿拉的穆斯林，中國邊疆及周邊地區在元亡後數百年所出現的這種「文化征服」過程，與當年「回回政要」在政治上享受優禮，及伊斯蘭教長期來所處的相對寬容的文化氛圍也不無關聯。至於穆斯林與蒙古統治階層在政治上的共生互惠關係，從成吉思汗創業之初已見端倪。

　　西元1226年出生於波斯的穆斯林學者，同時擔任蒙古人派駐烏滸水以西諸省長官阿兒渾祕書的阿老丁·阿塔蔑力克·志費尼，曾根據親見親聞，撰寫過完整而又具權威的《世界征服者史》一書。其中提及成吉思汗曾在伊斯蘭教教曆599年，即西元1203年時，遭到克烈部首領汪（王）罕軍隊的襲

擊，由於汪罕手下有兩個人向成吉思汗告密，令克烈部的軍
隊未能全殲成吉思汗部隊。據說兩軍在一個叫班朱尼(Balju-
na)的泉水（在今克魯倫河下游呼倫湖西南）處展開激戰，最
後，「成吉思汗和他的小股人馬打敗了汪罕及他的大軍，虜獲
無數戰利品。……所有參戰的人，不論貴賤，上起諸王，下
至奴隸、張幕者、馬夫，突厥人、大食人和印度人，都名在
史冊。」❽

　　此次事件發生在成吉思汗尚未統一蒙古各部之前，有著
十分重要的意義。在拉施特所撰的《史集》中，對此亦有一
番不同的描述，拉施特稱：「在蒙古諸部中，這次戰役以『合
刺阿勒只惕—額列惕之戰』聞名，迄今人們還不斷地講述它，
這個地方在乞臺邊境上。由於〔客列亦惕部〕（克烈部）人多，
成吉思汗抵擋不住，便退卻了。當他後退時，大部分軍隊已
離開了他，他就向巴勒渚納（班朱尼河）退去。這個地方有
幾條水不多的泉，泉水不夠他們和牲口喝。因此他們從汙泥
中擠出水來喝。……當時跟隨成吉思汗一起到過巴勒渚納的
人不多。他們被稱為巴勒只溫惕，這是同他一起到過這個地
方、沒有背棄他的人。他們享有確定的權利，與眾不同。」❾

　　上述之事即所謂的「班朱尼誓約」，當時鐵木真面臨非常
形勢，為加強部族間的凝聚力和鼓舞士氣，毅然飲下渾濁的

---

❽　《世界征服者史》（上冊），頁39。

❾　拉施特著，余大鈞、周建奇譯，《史集》，第1卷（第2分冊），商務印
　　書館，1983年9月第1版，頁171–172。

班朱尼河水，並發誓：「使我克定大業，當與諸人同甘苦，苟
渝此言，有如河水！」隨行眾人皆感而泣之。參與飲水者即蒙
古歷史上的「飲渾水」的功臣。❿另據《元史·札八兒火者
傳》稱：「從行者僅十九人，札八兒與焉。」此人出自穆聖後
裔，甚為成吉思汗所器重。同飲班朱尼河渾水的功臣還有回
回商人阿三。根據楊志玖先生參照中外學者研究所得結論，
克烈部中信仰伊斯蘭教的哈散納、原籍西域的回回人玉速阿
剌等人也都有可能躋身於飲渾水功臣之列。⓫

　　儘管有不同的故事版本，但有一點可以確定，即在其時
其地，成吉思汗最初的忠實隨行伴從者中，已不乏穆斯林的
身影。這些來自西域的回回人，在以後追隨大汗西征的征伐
中也鞍前馬後地效力，有的甚至賠上自己的性命。如前述回
回商人阿三，即《世界征服者史》書中所提到的哈散哈只，⓬
從其名字來看，此人是去聖城麥加朝覲過的穆斯林。成吉思

---

❿　楊志玖，〈回回人與元代政治〉(一)，文載《回族研究》，1993年第
　　4期。

⓫　同上。

⓬　該書英譯注援引俄國著名學者巴爾托德看法，認為哈散哈只(Hasan
　　Hajji)可能是阿三(Asan)，即蒙古人在班朱尼河(Baljuna)遇到的那個
　　回回商人。《元朝祕史》182節中稱他為「阿三名字的回回」，身分是
　　商人，由汪古部(居地在今內蒙古陰山北部)帶著羯羊千隻，白駝一
　　頭，到今黑龍江額爾古納河一帶易換貂鼠、青鼠，至巴泐渚納海子
　　飲羊時，與鐵木真相遇，遂歸附。阿三和哈散、合散、阿散均是伊
　　斯蘭教名哈桑的不同譯法。《世界征服者史》(上冊)，頁103。

汗的長子術赤所率蒙古大軍在1219年逼近速格納黑城（遺址
在哈薩克斯坦的圖門阿魯克郵站以北六、七哩）時，他被派
去向守城者勸降，「因為他跟居民熟識，且係同族，他打算給
他們發警告，召諭他們投降，以此可以保全他們的生命和財
產。」❸然而城中居民還未等他發出警告，就將其殺死。被激
怒了的蒙古軍士不分晝夜地連攻七天，破城後為替哈散一人
報仇，幾乎殺光所有的城民。當地的政事被委付給遇害的哈
散哈只之子去治理，由他去召集殘留之民。此事在蒙古軍攻
打氈的城（遺址在錫爾河右岸的克孜爾奧爾達）時，還被援
引為前車之鑑，以警告該城之民不要傷害勸降使者和放棄抵
抗。當蒙古軍進入氈的城後，因無傷亡，也就未開殺戒。術
赤委派管治氈的城的官員是名為阿里火者(Ali Khoja)的穆斯
林，其名亦表明此人出自聖裔。史稱：「這個阿里火者是不花
剌（即布哈拉）附近吉日杜萬（Gizhduvan，今烏茲別克斯坦
的吉日杜萬）的土著，早在蒙古人興起前已經為他們效勞了。
他在這個職位上坐得很牢固，極受敬重，迄至死神要他離任
的旨令從冥宮發出時，他一直擔任此職。」❹同樣的事例在成
吉思汗於1220年親征布哈拉的途中也曾發生，在經過匝兒訥
黑鎮（Zarnuq，位於錫爾河左岸）時，答失蠻·哈只不就以
穆斯林的身分曉諭該堡寨中的穆斯林居民，說服他們歸附征
服者。布哈拉和撒馬爾罕這兩座中亞重鎮在被攻克後，最後

---

❸　　《世界征服者史》（上冊），頁103。

❹　　同上。

也都由花剌子模人牙老瓦赤及其兒子麻速忽畢加以掌管，並在較短的時期內「恢復了該地的損毀」。**⑮**

　　上述這些計載清楚地反映了回回政要在大蒙古國初期所扮演的重要角色，在蒙古大軍西征的道路上，倘若缺少了他們所擁有的管理才幹，蒙古西征遭遇的挫折將會大大增加，西域之地也不會在歷經蒙古人毀滅性破壞後又較快地恢復繁榮景象。根據志費尼的描述，在蒙古所派的丞相牙老瓦赤和其子的有效治理下，「那些流散到窮鄉僻壤的人，為他的公正、仁慈所吸引，返回故里，人們從世上各地到那裡去；因他的誠摯，該城日趨繁榮，甚至達到它的頂峰，其領域成為名門望族的家園，貴人黎庶的聚集地。……伊斯蘭國家中沒有城市可與不花剌（布哈拉）相匹敵。」**⑯**

　　在窩闊臺被擁戴為合罕（即元太宗）後，曾在西域主事的牙老瓦赤仍然受到朝廷的重用。1241年時，他還奉命調職，到中國北部地區主持漢民公事。元定宗貴由和以後元憲宗蒙哥在位時期，他都位居重臣之列，尤其是在蒙哥登基後，牙老瓦赤和兒子麻速忽畢似乎較前更受大汗的倚重，只是當年在西域治理時遊刃有餘的牙老瓦赤，由於漢地的歷史文化背景和社會經濟皆迥別於他所熟悉的故國，曾經行之有效的「回回法」在是地很難取得真正的成就，無怪乎有關其任官政績的評價會毀譽參半。**⑰**

---

⑮　同**⑬**，頁114，117。

⑯　同**⑬**，頁123–124。

　　除了牙老瓦赤父子在蒙古諸汗朝中地位甚高之外，同時
活躍在蒙古政壇上的穆斯林顯要人物還有不少，如在元太宗
窩闊臺及其後乃馬真氏稱制攝政時期，商人出身的奧都剌合
蠻與被俘女奴法蒂瑪曾權傾一時，前者在元太宗時已擔任提
領諸路課稅所官，是負責徵收漢地課稅的頭領，乃馬真皇后
甚至將禦寶和空紙交付於其人，允其隨意填寫頒行；後者為
蒙古西征時從呼羅珊（今伊朗東北部）地區所俘獲，因其十
分狡黠而取得乃馬真皇后寵信，也有任意發號施令的大權。
大概是宮闈內侍的緣故，其權勢似乎更在前者之上。史稱：
「所有的朝政都委付給她的主意和才智。她提拔奧都剌合蠻，
把他派到契丹去代替馬合木（即牙老瓦赤）」。[18]只是在感情
天平上更傾向於基督教的元定宗貴由汗即位後，這兩人才因
東窗事發而被處以極刑。奧都剌合蠻的罪名據說是盜用公
款。[19]法蒂瑪則被另一個名為失剌的穆斯林官員告發，說她
以妖術蠱害貴由的弟弟闊端。[20]當闊端病染沉屙後，曾專門

---

[17]　《元史・姚樞傳》稱「辛醜，賜(樞)金符，為燕京行臺郎中。時牙
　　　魯瓦赤行臺，惟事貨賄，以樞幕長，分及之。樞一切拒絕，因棄官
　　　去。」在同書《劉敏傳》中，對牙老瓦赤亦頗多微詞。楊志玖先生認
　　　為有關的漢文記載帶有一定的敵視西域人士的心理和偏見(參見其
　　　文〈回回人與元代政治〉(一)，載《回族研究》，1993年第4期)，筆
　　　者贊同其說。

[18]　《世界征服者史》(上冊)，頁285。

[19]　同[12]。

[20]　《世界征服者史》(上冊)，頁288–289。此人原籍撒馬爾罕，據說是

遣使向貴由告知此事，稱自己若有閃失，貴由應向其尋仇。
等到闊端死訊傳來，朝中秉政者，基督教徒鎮海向貴由提醒
闊端當初的這個要求，貴由汗為逮捕法蒂瑪，為此還與其母
后乃馬真氏的關係變得十分惡化，最後他派撒馬爾罕人失刺
帶著旨令將法蒂瑪強押過來，而乃馬真后不久即撒手人寰，
再也充當不了法蒂瑪的保護傘了。在用各種酷刑折磨了法蒂
瑪後，貴由命人「把她（身體的）上下之口都縫住，裹在一
塊大氈裡拋進了水中。」㉑

　　貴由汗個人對不同宗教的好惡，不僅表現在令上述兩位
權勢人物在政治舞臺上消失影蹤，自幼所受身邊基督教徒影
響的因素，使他極其尊敬基督教徒和神甫，史書還稱「他自
然傾向於摒斥穆罕默德的宗教信仰。……他在位期間，基督
教徒的事業興旺發達，沒有一個伊斯蘭教徒膽敢對他們發怨
言。」㉒

　　1248年，貴由在做了近三年的蒙古大汗後死去。其后海
迷失稱制，立皇子失烈門為汗位繼承人，蒙古諸王大多表示
不服。1251年，蒙古為貴族共立成吉思汗四子拖雷之子蒙哥

　　第四任哈里發，即穆罕默德的堂弟、女婿阿里的後人，當時為朝中
　　另一個當權人物合答（基督教徒）的侍臣。失刺本人不久也被另一
　　個名為阿里火者的穆斯林指控犯下和法蒂瑪同樣的妖術蠱害罪，在
　　被監禁近兩年後，也被拋入河裡，其妻兒被處斬。

㉑　拉施特著，余大鈞、周建奇譯，《史集》，第2卷，商務印書館，1985
　　年4月第1版，頁213。

㉒　同㉑，頁224。

為大汗，是為元憲宗。朝中原來一度由基督教徒官員執掌大權的局面為之一變，除重用回回官員外，蒙哥汗個人對穆斯林也很友善。按照穆斯林史家的記載，「在一切有宗教團體的部落和民族之中，他最尊敬伊斯蘭教徒，對他們作過布施。」❷❸1253年，蒙哥汗之弟旭烈兀奉命西征，元憲宗自己則與另一個同母弟忽必烈大舉侵宋。1258年，旭烈兀在平定十餘國之後，最終佔領巴格達，命人將前來投降的阿巴斯王朝的末代哈里發穆斯坦爾綏姆裹入毛毯，置於路上，讓騎兵們活活將其踩死。曾經在世界歷史上稱雄一時的「黑衣大食」——阿巴斯王朝宣告終結，曾作為遜尼派伊斯蘭教象徵的阿巴斯哈里發制度也徹底覆滅。次年，蒙哥汗自己卻在圍攻南宋合州的戰役中斃命軍中，忽必烈在開平登上大汗之位，是為最終完成統一中國大業的元世祖。在以後大一統的蒙元帝國政壇上所活躍的各族顯要人物中，回回政治家始終佔居著相當重要的分量。

忽必烈統治時期的政策與往昔的蒙古諸汗有很大的區別。例如重視儒教，就是其統治漢地，施行漢法的重要內容之一。忽必烈親自出任儒教大宗師，不僅為以後的儒士們津津樂道，成為其他宗教無可企及的一種名譽性恩寵，在當時戰亂甫定之際，也確有不少儒生因此重登科場，踏上仕途。諸如祭祖拜宗，修建太廟和尊封孔子，弘揚儒學等歷史傳統，也都在世祖時期得到了恢復，並作為成憲而被嗣後的元代諸

❷❸　同❷❶，頁261。

帝所遵行。

　　在大一統的政治新格局下，北方中原漢地及吐蕃之地，以及南宋故地佛、道教均受到不同程度的眷顧。例如僧海雲及其弟子僧子聰（還俗後復名為劉秉忠）成了忽必烈的座上嘉賓，後者還是其帳下的重要謀臣。至於藏傳佛教的薩迦五祖，年輕的八思巴，更成為忽必烈所皈信和倚重的一代國師；而膽巴國師的弟子桑哥，也是忽必烈時的一位秉政大臣。南方的正一道教亦成為忽必烈維護統治而加以利用的政治工具，張天師及其侄子皆蒙召見或留於京師，在穩定新附地區的民心方面，扶持南方的正一教，顯然對元室有益。

　　縱然在元世祖時代宗教政策有上述新的變動，但信仰基督教與伊斯蘭教的「色目人」仍舊受到重用。有元一代，在地方官職的安排上，達魯花赤由蒙古人充任，而漢人任總管，回回人當同知，此乃傳世沿襲的官方制度。在朝廷中央，亦不乏回回官員與信仰基督教的大臣受到寵信和重用的歷史記載。如阿合馬、賽典赤、馬可波羅等。其中阿合馬尤以忽必烈的理財專家的特殊身分而名噪一時。

　　必須指出的是，包括回回人在內的「色目人」之社會地位在元代後期有一定的下降，此與當時的元王朝的宗教政策不無關係，具體反映在以下方面：

　　其一，統治層崇佛傾向的加重以至弊極。藏傳佛教在元王朝成為具壓倒性優勢之國教，「西僧」即藏傳佛教的喇嘛們在社會上跋扈橫行。皇室成員們以競相營建大型寺廟及興辦

大規模的佛事為樂，費用頻增。特別是越到後期，朝廷賜給寺廟的田地也越發增多。極端崇佛的惡果使社會經濟秩序大壞，政治動亂加劇，具有歷史諷刺意義的是，挖掘元代墳墓的起義者們打的正是佛教的旗號。

其二，蒙古帝王對伊斯蘭教與基督教有所壓制。安西王阿難答皈依伊斯蘭教以後，曾遭人非議，元成宗本擬處治，後因考慮到唐兀地人多為穆斯林，民心難附這一點，方才不予以過問。基督教亦受到來自佛教勢力方面的排抑，權臣楊暗普就曾攻擊過也里可溫。專門負責國中伊斯蘭教事務的回回掌教哈的所在成立後又遭撤銷，伊斯蘭教及穆斯林的社會政治地位亦隨著朝中執掌國政的回回高官的宦海浮沉而起落不定，並沒受到真正的保護與尊重。管理基督教的崇福司有所變化，各地機構亦受到相對的影響。

綜上所述，伊斯蘭教雖與蒙元帝國君主的信仰相左，但仍因歷任統治者的相對寬容和禮待，以及活躍於政壇的穆斯林顯宦所具影響力而獲得較大自由發展的空間。以「色目人」身分而享有的社會特權，更是其他朝代中的穆斯林無法企及的，正是憑藉著這種難得的歷史機遇，伊斯蘭教在被譽為「黃金時代」的蒙元帝國時期，在中國廣大的內地得以大規模地傳播開來，並由此奠定以後在明代完全形成穆斯林民族的歷史基礎。

第二節　元代穆斯林的文化貢獻

一、回回人傳入的「西學」

　　元代出現的伊斯蘭教大規模發展的局面和一個新型的民族共同體雛形 —— 回回民族的初步形成，不僅使中華民族大家庭增加了新成員，同時也使伊斯蘭文化影響播散至全國各地。回漢雜居的狀況，既反映了不同民族間有了接觸，也令伊斯蘭教對社會所具有的文化影響與廣大漢族居住地區的傳統文化有機地揉合起來。從元代著名回回人士遺留下來的詩詞、文章、碑記等來看，已鮮見阿拉伯文，幾乎全用漢文撰寫，這種現象顯示出作為社會主體文化的漢族文化對回回人士，尤其是位居顯要的穆斯林貴族階層的影響力。元史專家陳得芝先生在《中國大百科全書》有關元史的條目中提到，元代的回回人「習漢語，讀儒書，並仿效漢人的姓氏名號定姓立名，自元中葉以後逐漸普遍。」可以說，這一部分穆斯林的「漢化」集中地體現了元代不同文化互相融彙的狀況。

　　客觀地說，歷代穆斯林在中國傳統文化的領域中都有許多重要的建樹，它們產生了深遠的歷史影響。從不同朝代的

情況來看，其中尤屬元代突出，入官為政，治理國是，參與文化建設事業的伊斯蘭教達官貴人不勝枚舉，無數的穆斯林學者、工匠們更是將有別於中國傳統儒、佛、道諸學的回教西學引入，可以說是大大豐富了中國文化的寶庫，如天文曆法算學、藥物學、造炮學等原來不見於華夏的「西學」，令人耳目一新，不啻為中國的傳統文化注入新的血液。與此同時，元代眾多的穆斯林知識分子通過自己的創作，亦給後人留下了寶貴的精神文明財富。

至元八年，已經在蒙古大汗寶座上坐了十二年之久的忽必烈，在農曆十一月十五日（西元1271年12月18日）將祖輩創用的「大蒙古國」的國號改為「大元」國號。在以後不到十年間，元軍以摧腐拉朽之勢，消滅偏居江南一隅的南宋小朝廷，使大江南北重為一域。至此，忽必烈統治的元朝，終於結束了中國歷史上自唐中葉以來長達五個世紀的分裂割據局面，也令中國歷史上第一次出現包括滇、藏和西域地區在內的大一統版圖。正是這個我國歷史上第一次由少數民族建立的統一王朝，給各民族的科學文化交流、發展創造了極其有利的政治前提，尤其是中國歷史上其他朝代所無法比擬的優勢：即元王朝與境外四大蒙古汗國的天然聯繫，給迥然有別於中國傳統文化的西域文化輸入華夏神州之域開闢了暢通的渠道，而在「西學」傳播過程中付出貢獻最多者，就是來自西域諸國的穆斯林學者。曾有學者稱：

蒙古時代，波斯人仍如往昔，為自古世界商業樞紐之
中間人。自回教化行，阿拉伯人之勢力亦深入亞洲內
部……，回教勢力盛極一時。忽必烈臣僚中有阿拉伯
天算家，彼等之科學知識，在當時之中國很佔勢力。❷

　　還在忽必烈尚未登上汗位之際，這位年輕時並不以超群
的武功而見重於伯父窩闊臺汗和堂兄貴由汗的蒙古王子，在
當時周圍崇尚騎射的氛圍中，已對文治表示了極大的重視和
興趣。如史所言，忽必烈「思大有為於天下，延藩府舊臣及
四方文學之士，問以治道。」❷在眾星拱月似地活動於忽必烈
王子身邊的諸多人士中，科學成就最大者，非回回人札馬魯
丁莫屬。其人在《元史》中沒有專傳，但這部史書還是有幾
處提到他。《元史》卷九○稱：「世祖在潛邸時，有旨征回回
為星學者札馬剌丁以其藝進，未有官署。」同書卷四八稱：「世
祖至元四年，札馬魯丁造西域儀象。」該書卷五二則稱同一年
裡，「西域札馬魯丁撰進《萬年曆》。」札馬魯丁以天文學見長，
他原本供職於波斯馬拉加天文臺，在忽必烈即位前已來到中
國，至元四年（西元1267年）造回回天文儀器七件，並向朝
廷呈進所撰《萬年曆》，可見他在這方面的貢獻之大。

　　元初，由於海宇一統，政府開始將修改舊曆和天文觀測

---

❷　引自於李興華、馮今源編，《中國伊斯蘭教史參考資料選編(1911～
　　1949)》（下冊），寧夏人民出版社，1985年8月第1版，頁988。

❷　《元史》卷4，〈世祖本紀〉一。

之事擺上議事日程。當時沿用的是金朝所遺儀器，而它們又是原來北宋時所造的天文儀器。具體參與修造新曆的郭守敬就在至元十三年（西元1276年）指出：

> 曆之本在於測驗，而測驗之器莫先儀錶。今司天渾儀，宋皇佑中汴京所造，不與此處天度相符，比量南北二極，約差四度；亦複欹側。❷❻

鑒於宋人在二百二十多年前製造的天文儀器過於陳舊，郭守敬就在以後三年裡，創造過一些新的儀器，以應使用。至元十七年的三月初三（西元1279年4月15日），忽必烈同意郭守敬的請求，東起高麗，西極滇池，南逾朱崖，北至鐵勒，在全國範圍建立了二十七所天文觀測臺站，進行了大規模的天文觀測活動。在此基礎上，郭守敬與名儒許衡等人方在是年冬至修成名為《授時曆》的新曆。如此看來，從時間上來說，札馬魯丁在至元四年所獻的幾種回回天文儀器，當如回族史專家楊懷中先生所說的，「是當時我國觀象臺的新式設備，是以前中國天文學界所沒有過的。這些儀器，對中國天文學界的觀測，有很大的幫助。」❷❼

《元史·天文志》曾載有這些儀器之名，它們主要由以下七件構成：

---

❷❻　《元史》卷164，〈郭守敬傳〉。

❷❼　楊懷中，《回族史論稿》，寧夏人民出版社，1991年8月第1版，頁206。

1. 漢譯多環儀的「咱禿·哈剌吉」，《元史》譯作「渾天儀」。該銅製儀器平設單環，上刻周天度，畫十二辰位，其北極仰角36度，有照準器，此儀器用於觀測太陽運行的軌道。

2. 漢譯方位儀的「咱禿·朔八臺」，《元史》稱為「測驗周天星曜之器」，此係觀測星球方位的儀器。

3. 漢譯斜緯儀的「魯哈麻·亦·渺凹只」，《元史》稱作「春秋分晷影堂」，這是用來觀測日影，以定春分、秋分的儀器。

4. 漢譯平緯儀的「魯哈麻·亦·木思塔餘」，《元史》稱作「冬夏至晷影堂」，是用以觀測日影，為定冬、夏二至的儀器。

5. 漢譯當為天球儀的「苦來·亦·撒麻」，《元史》譯作「渾天圖」。根據「即渾天儀而不可運轉窺測者也」的記載，可知此件實為不能旋轉的渾天儀。

6. 漢譯地球儀的「苦來·亦·阿兒子」，《元史》將其譯作「地理志」。

7. 漢譯觀象儀的「兀速都兒剌不定」，《元史》譯作「晝夜時刻之器」。

在英國學者李約瑟所著《中國科學技術史》中，對札馬魯丁所造儀器中的地球儀的歷史價值十分推崇，因為在西方世界，除了西元前2世紀馬洛斯的克拉特斯古地球儀(已失傳)以外，現存最早的是德國紐倫堡國家博物館的馬廷·貝海姆於1492年所製造的地球儀，但中國元朝的札馬魯丁的地球儀

（即「苦來·亦·阿兒子」）卻比貝海姆的記錄要提早二百二十五年。可以想見，札馬魯丁從伊利汗國帶來的包括地球儀在內的「西域儀象」，對漢地的天文學家肯定有很大的助益。至於札馬魯丁所撰進的《萬年曆》，同樣為後來的新曆制定及頒行創造了有利的前提條件。由《元史》卷五二〈曆志〉可知，札馬魯丁的《萬年曆》在新的《授時曆》頒行天下前，已在中國通用了十四年。札馬魯丁在至元八年（西元1271年）朝廷設立的回回司天臺中擔任過提點，他吸收了不少西域的天文學者在其處工作。他與也是這方面的奇才郭守敬同在大都供職，兩人進行業務上的交流在所難免，郭守敬對自成體系的阿拉伯天文曆法也應相當熟悉。據專家認為，在前蘇聯境內的普爾科沃天文臺保存有兩本都從1024年算起的「日月與五大行星運行表」的手抄本，一本是阿拉伯文和波斯文，另一本是漢文，它們很有可能就是札馬魯丁與郭守敬共同合作的成果。

也許是考慮到回回人和中國漢人在天文學專業領域中所具有的時間上的因果聯繫，19世紀的外國學者古斯塔夫·勒朋指出：

> 蒙古人敬重科學家，不亞於塞爾柱人。西元1259年，旭烈兀汗曾召阿拉伯最優秀的科學家到他的宮廷去，並且在麥拉額建立一座偉大的模範天文臺。旭烈兀汗的哥哥忽必烈汗曾將巴格達和開羅兩城的科學

家所著的天文學書，傳入他所征服的中國。現在我們
知道，中國的天文家——特別是郭守敬（西元1280
年）——曾由那些天文學書中獲得他們的天文學知
識。因此，我們可以說，阿拉伯人實在是將天文學傳
播與全世界的人。㉘

　　19世紀後期曾在上海山東路麥家圈的「墨海書館」長年
進行文化傳播工作的傳教士偉烈亞力，也直截了當地提到大
蒙古國初期中原天文學家從穆斯林學者那裡獲得的補益。他
說：

　　　　耶律楚材隨成吉思汗西征中央亞細亞時，曾從事於
　　　　日月食的計算，他與波斯的天文家交游之際，曾獲得
　　　　許多天文知識，毫無疑義。㉙

　　這是指耶律楚材當年於西征途中所作的「庚午元曆」參
考回回曆法和汲取討教回回學者學問之事。儘管「庚午元曆」
並未頒用，但它同札馬魯丁的「萬年曆」一樣，都是後來《授

㉘　Gustave Le Bon: *La Cirilisationdes Arabes*, p.495, Paris, 1884.轉引自
　　馬堅，〈回回天文學對於中國天文學的影響〉，載《回族史論集》，寧
　　夏人民出版社，1984年12月第1版，頁183。

㉙　Alexander Wyle: *Chinese Researches*, p.15, Shanghai, 1897. 轉引自馬
　　堅文章，同上。

時曆》制定時所參照的藍本。俞正燮《癸巳存稿》卷八稱：
「先是耶律文正麻答巴法，增益庚午元法、萬年法，而為授
時所本。」長期以來，在國內大多數論著介紹元朝初年郭守敬
修訂《授時曆》時，總不忘津津樂道地大談該曆法與地球繞
太陽一周只差二十六秒的精妙之處，卻往往隻字不提穆斯林
天文學家與回回曆對其人其曆法所具有的重要影響。倒是外
國學者頗為客觀，古斯塔夫·勒朋說得十分透徹：

> 伊本·優努斯（西元1007年卒）在開羅天文臺製作一
> 部偉大的曆書，稱《哈克慕曆》，曾代替了自古以來
> 的一切曆書，後來的一切天文學書，都參考《哈克慕
> 曆》；西元1280年中國郭守敬所編的曆書，也曾參考
> 它。❸

　　著名的回族學者馬堅教授認為，郭守敬就是天才學者，
也不可能在短短的六年中（至元十三年至十八年），做到「測
驗之精，遠逾前代」（《新元史》卷四一上所載贊語），馬教授
指出：

> 回回人傳入中國的《積尺諸家曆》四十八部、《速瓦
> 里可瓦乞必星纂》四部、《海牙別窮曆法段數》七部
> 等著作（《元祕書監志》卷七），大概是郭守敬的重要

---

❸　同❷。

參考。因此，我們可以說，郭守敬所憑的實測，大部分是回回人的遺產，郭守敬實集中回曆之大成。❸

回回人在元代傳入的「西學」，還集中地表現在其時中國數學的突然進步上。數學本來就是天文學的基礎，元時天文曆算學領域的發達與之有密切的相連關係。郭守敬在制定新曆時，在實測的基礎上，進行了精準的計算，此即清代學者阮元所稱道的「垛疊、招差、勾股、弧矢之法」──所謂「密算」。是郭守敬率先在中國採用了「弧三角法」，並以此「割圓術」推進了幾何學在實踐中的運用，而這個在中國數學研究上相對薄弱的環節也因此得到補充。飲水思源，郭氏之功，仍不能不歸因於回回人學者傳入的「西學」。馬堅教授曾介紹過幾個致力於該領域研究的國外學者之論斷，有助於我們增強在這個問題上的認識，現轉引如下：

19世紀末，旅居滬上的英國傳教士偉烈亞力指出：

元朝初葉，約在1300年時，郭守敬曾將前人所採用的計算法加以重要的改革。弧三角學是從他開始採用

❸ 馬堅，〈回回天文學對於中國天文學的影響〉，載《回族史論集》，頁185。按馬堅解釋，「積尺」(Zidj)，譯云天文曆表，「諸家曆」是譯意。「速瓦里可瓦乞必」(suwali kawaib)，譯云星辰答問，「星纂」是譯意。「海牙剔」(Hayati)，譯云生活，這是書名的簡稱，後面可能還有字，但已不可考，「窮曆法段數」是譯意。

的。他的著作，現在雖已散佚，但還有明版的弧矢算術，都是定理與說明混為一體的。

元時，李冶曾發表《測圓海鏡》，書中用一種代數學的方法解釋三角學上的問題。當元朝極盛時代，阿拉伯人或許曾將許多改革的方法傳入中國，因為我們知道在那個時代，他們與中國常有往來。

在1910年發表的題為〈來自遠東的數學論文〉一文中，日本學者三上義夫也認為：

中國與阿拉伯的交通，始於唐代。蒙古人入主中國後，曾任用阿拉伯人為司天監，故阿拉伯各種科學自由傳入中國，這是不容否認的。

他還進一步指出：

宋末元初，乃中國與西域交涉頻繁之時代。元置回回天文臺，使回人主其事，西域之天文器械，亦多傳入，《授時曆》即作於如斯事情之中，採用新方法，而與歷代之曆法不同。故《授時曆》可謂承受阿拉伯之曆法而後成。如《授時曆》中使用類似球面三角法，恐視為傳阿拉伯之知識，亦無不可。蓋古算書中無其痕跡，古曆法中亦無其法，至是乃忽然使用，謂為根據

外來知識，原無不合也。故《授時曆》之受阿拉伯影響，必然無疑，惟其影響至如何程度，實一疑問也。

1922年，德國學者康脫爾則稱：

> 幾何學在中國數學上是最脆弱的一環，中國人對於幾何學的應用，可以說只限於直角三角形（勾股形）最基本的命題。西元1300年前後，元朝郭守敬首先採用的弧三角學，雖為有明一代的學者所稱道，但似乎只是阿拉伯弧三角學的漢文譯本。

哈佛大學科技史專家喬治·薩敦在1931年出版的論著中指出：

> 郭守敬曾將伊斯蘭教徒所發明的弧三角學傳入中國，這是很可能的，割圓術導源於伊斯蘭教徒，郭守敬的著作雖已散佚，不能加以證明。但這可能性是很大的。❸❷

從上述幾位外國學者的論斷來看，儘管人們已無法詳細評估和確證元時中國學者在數學上所受阿拉伯的影響程度，

---

❸❷　轉引自於馬堅，〈回回天文學對於中國天文學的影響〉，載《回族史論集》，頁186–187。

但隨著穆斯林學者的來華定居，諸如弧三角學之類的原屬阿拉伯世界的先進知識輸入中國，當屬確定無疑之事。

　　談到元代穆斯林學者輸入的新穎計算方法時，還應提及「土盤算法」，這是一種曾廣泛應用於阿拉伯、波斯等伊斯蘭教國度的計算方法。近代中國數學家李儼指出：

> 其法以沙代紙，用沙土散於地面或盤上，以竹或鐵書之。此法始為印度算家所用，流傳至阿拉伯，更為伊斯蘭教徒所採用，因而世守其法。回回曆法傳入中國之時，土盤算法亦連帶輸入，清初算學家王錫闡、梅文鼎徑稱回回曆為「土盤曆」。語見《曉庵遺書》及《梅氏曆算全書》。[33]

　　由此可知，該演算法當在回回司天臺的穆斯林科學家們推算驗核曆法時起過重要的作用。李儼在〈伊斯蘭教與中國曆算之關係〉一文中，分別舉例介紹了土盤乘除法、土盤平方、立方法和土盤開平方、開立方法。《明史》卷三七稱，明朝時期已有漢族學者習用土盤算法，並有發展。如唐順之、陳壤、袁黃等數學家還撰有論著，自成一家之言。只是有關其法的翻譯原著不行於世，是故在漢文書籍中不見詳載，李儼先生還是通過國外學者達生氏所著《印度算學史》內所載

---

[33]　引自李興華、馮今源編，《中國伊斯蘭教史參考資料選編(1911～1949)》(下冊)，頁978。

其法，才得以窺其一斑。

　　按白壽彝的劃分，「元回教人之西學，嚴格言之，多為應用技術，而學理方面者甚少。其一，為天文曆算學。其二，為藥物學。其三，為造炮學。其四，為語言文字學。」❸❹如同蒙古統治者重視回回人的天文曆算技術，並因而設回回司天監專署一樣，回回人的醫藥技術也很受大汗們的青睞，元朝設有廣惠司和回回藥物院等專門機構，以掌管有關製藥、醫療諸事。回回醫官在《元史》卷三四有本傳者是原籍高昌的答里麻，其人於大德十一年（西元1307年）授御藥院達魯花赤，後遷回回藥物院。

　　其實，穆斯林在中國懸壺行醫的活動，早在五代時期已有記載。著名史學家陳垣認為《舊唐書·李漢傳》有波斯賈人李蘇沙獻沉香亭子材事，而五代時以「鬻香藥為業」的李洵、李泫兄弟可能是這個李蘇沙的後人。❸❺只是由於元時穆斯林的大量來華，才帶來回回醫藥學在元代陡然興盛的氣象。此與穆斯林向來就有重視醫術的傳統有關，在伊斯蘭教各國，直到今天，人們仍把醫生叫做「哈基木」，「相傳先知說過，學問有兩類：一類是教義學，一類是醫學。這句話說明，阿拉伯人對於治療科學是感到興趣的。醫生同時是玄學家、哲學家和賢人，哈基木（hakim，哲人）這個頭銜，無論就這幾

---

❸❹　白壽彝，《中國伊斯蘭史存稿》，寧夏人民出版社，1983年8月第1版，頁192。

❸❺　參見《陳垣學術論文集》第1卷，中華書局，1980年6月第1版，頁549。

種身分中的哪一種身分來說，都可以隨便用來稱呼他。」❸這也多少可以解釋回回人中多擅長於醫術的現象。如元代的丁鶴年是著名回回詩人，他也通曉方藥之學，並曾為維持生計而賣過藥。

有關元代回回醫藥學著作主要有《忞必醫經》十三部，在元人王士點和商企翁兩人合著一書《元祕書監志》，其卷七〈回回書籍〉條中就提到這十三部醫書。「忞必」是阿拉伯語"Tibb"的音譯，意為醫學。《回回藥方》是元代穆斯林譯編的回回醫藥方劑彙集。此外，《睿竹堂經驗方》亦為元代穆斯林的醫學著作。這些彙編成為的醫方，反映出當時回回醫藥學業已形成一定規模的理論體系，不能簡單地以應用技術目之。

據文獻記載，回回藥物有的「可治一百二十種證，每證有湯引」，❸至於回回醫生的醫療實踐也頗為當時人所稱道，元人陶宗儀所著《南村輟耕錄》中曾幾次提及廣惠司的回回醫官和民間的回回獸醫為人、畜做外科手術之事，並讚為「西域奇術」。❸

回回製炮學也是元初傳入中國內地的一門新技術。至元八年（西元1271年），在蒙古軍隊猛攻南宋襄陽、樊城之際，因受世祖忽必烈汗的遣使徵召，來自西域的阿老瓦丁和亦思

---

❸ 希提，《阿拉伯通史》（上冊），商務印書館，1979年12月第1版，頁426。
❸ 陶宗儀，《南村輟耕錄》卷7，〈火失剌把都條〉。
❸ 同上，卷22，中華書局，1959年2月版，頁274。

馬因兩人，以炮匠身分從宗王阿不哥處來到京師，開始製造
大炮。回回大炮很快即在滅宋戰爭中發揮了極大威力。據史
載稱，至元十年（西元1273年），「亦思馬因相地勢，置炮於
城東南隅，重一百五十斤。機發，聲震天地，所擊無不摧陷，
入地七尺。宋安撫呂文煥懼，以城降。」❸❾

　　阿老瓦丁和亦思馬因去世後，管理元朝回回炮手的職務
由其後人擔任。如亦思馬因之子布伯襲其父職後屢立奇功，
在至元十八年（西元1281年）佩三珠虎符，加鎮國上將軍、
回回炮手都元帥。第二年又改軍匠萬戶府萬戶，不久遷刑部
尚書。布伯之弟亦不剌金也為萬戶，佩元帥虎符，官廣威將
軍。致和元年（西元1328年）八月，他還率所部軍匠至京師，
與阿老瓦丁後人馬哈馬沙合作造炮。

　　從設立回回炮手總管府（至元十一年）和設置回回炮手
都元帥府（至元十八年），到回回炮手軍匠上萬戶府（至元二
十二年），表明忽必烈在位期間對回回炮製造者的組織機構和
管理的重視程度。到元滅南宋的至元十六年（西元1279年），
史稱元朝「括兩淮造回回炮新附軍匠六百人，及蒙古、回回、
漢人、新附人（南人）能造炮者至京師。」❹❶雖說回回炮傳入
內地尚不逮十年，但已有如此眾多的各族軍匠掌握了製造技
術。及至元英宗至治三年（西元1323年），朝廷又「遣回回炮
手萬戶，赴汝寧、新蔡，遵世祖舊制，教習炮法」，❹❶作為中

---

❸❾　《元史‧方技傳》。

❹❶　《元史》卷98，〈兵志〉。

古時期重要的新型軍事技術，回回炮術進一步在各地傳播開來。

　　來自大漠的彎弓射雕民族在文化上遠遜於被其征服的西域及中原各族，大蒙古國初期，統治民族甚至連文字也沒有，「刻木為信，猶結繩也。」❷在平時生活中，處理事務或傳達使命，仍以口授形式。蒙古滅乃蠻後，得維吾爾人塔塔統阿，「始知符印之用，遂教皇子諸王以畏兀字書國言。」❸這是塔塔統阿以維吾爾字母為基礎創制的文字。至元六年（西元1269年）年初，有「國師」身分的吐蕃人八思巴向忽必烈獻上用藏文字母為基礎創制的蒙古新字（即八思巴字），此舉對蒙古文化的加速發展具有極其重要的意義，為褒獎這位佛教最高領袖的文化貢獻，忽必烈汗將他升為「帝師」，並賜號「大寶法王」。事實上，元朝時還有一種「亦思替非文字」，可充關防會計之用。為傳授此種文字，朝廷在至元二十六年（西元1289年）始設「回回國子監學」，以後到元仁宗延祐元年（西元1314年）復在大都置回回國子學。根據元史專家韓儒林的分析，所謂的「亦思替非文字」可能就是當時伊斯蘭教世界東部通用的波斯文。❹有元一代，回回人遍布各地，穆斯林

---

❹　《元史》卷128，〈阿里海牙傳〉。

❷　陶宗儀，《書史會要》卷7。

❸　屠寄，《蒙兀兒史記·塔塔統阿傳》。

❹　參見韓儒林，《穹廬集——元史及西北民族史研究》，上海人民出版社，1982年11月第1版，頁255–257。陳垣所著《元西域人華化考》中亦認為回回國子學所教習的「亦思替非文字」乃波斯文字。

所使用的「西域文字」如阿拉伯文和波斯文，相當盛行，甚
至在當今仍可看到其影響的歷史遺痕，值得指出的是，這對
伊斯蘭教在中國傳統社會中的發展，具有十分重要的歷史意
義。正如白壽彝所指出的：

> 元代回教石刻之留於今者，大體上皆以阿剌伯文書
> 寫，可見其傳習情形之一斑。至於波斯語文，則在當
> 時之回教人中或更為通行，因當時回教人之來自波
> 斯者為數甚多也。今日中國回教人普通語言中所使
> 用之若干事物名稱均為波斯語，經師所誦之經典以
> 波斯語經典佔三分之一。吾人如追求其源來，除歸之
> 於元代外，似無更適合之解釋也。❹

　　由上述可知，除了社會上一部分回回顯要存在「華化」
的趨向外，元代社會上「西學」的傳習現狀表明，元代統治
階級的一系列重要制度、政策、行政措施，亦為伊斯蘭教的
發展提供了極其有利的政治空間。在相對寬鬆的文化氛圍中，
元代的伊斯蘭教在開始了其和中國儒家傳統文化相容乃至相
互補充、汲取對方文化養分的「中國化」過程之同時，也保
留和發展了伊斯蘭文化所特有的宗教信仰、教規、禮儀、禁
律、習俗、清真寺和穆斯林之間以阿拉伯、波斯語稱謂的宗
教語言，這種在回回穆斯林社區內部始終保持著一種文化上

---

❹　白壽彝，《中國伊斯蘭史存稿》，頁196。

的認同，以及通過共同的宗教信仰與習俗加以強化的民族自
我意識，是使自元代以後帶上了「中國化」特徵的伊斯蘭教
能夠保持其在文化上的向心吸引力，即凝聚回回民族，使之
擁有自身的民族優越感，並且不至於在漢民族汪洋大海般的
包圍中被同化過去的重要原因。

二、穆斯林的「華學」造詣

　　元代穆斯林文人在中國傳統文化上的成就，引人矚目，
這與元世祖忽必烈所推行的優待蒙古、色目人的民族政策有
直接的關係。以欽察、康里、阿速、唐兀、維吾爾、回回、
斡羅思等民族構成的第二等民族「色目人」，本來就在文化上
遠優於以「國人」身分高踞第一等民族的蒙古各部人，而在
號稱有三十一種之多的色目人中，又以回回的文化程度為最
高。除了朝中的理財能手是權力甚大的回回商人外，政府的
許多重要機關還設有回回譯史、令史、掾史等官職，國中最
高學府亦有與蒙古國子學、國子監，以及漢文國子學、國子
監相對應的回回國子學、國子監。此外，朝廷於延佑二年（西
元1315年）三月初行科舉，蒙古、色目人為右榜，漢人、南
人為左榜。有優惠的政策扶持，加上原來就有的文化底子，
色目人榮登進士第者，當不在少數。這種狀況顯然是刺激色
目人，尤其是回回穆斯林「仕於中朝，學於南夏」的重要動
因，接受優秀的中國文化可以讓穆斯林文人順暢地走上仕途，
而源遠流長的華夏文明寶庫中熠熠閃爍的燦爛光輝和歷史傳

統文化遺產所具有的巨大魅力，對於悟性甚高的西域學者們（包括信仰基督教和佛教的色目人）來說，實在又是一種難以抵擋的「誘惑」，事實上，在耳濡目染的文化環境中，他們業已成為典型中國式的知識分子。其中的佼佼者有回回人薩都剌、贍思、丁鶴年，維吾爾人阿魯渾薩理、貫雲石，汪古人馬祖常，西夏人余闕等。據著名歷史學家陳垣先生統計，元代色目人的漢文著作為今人所知者，作者凡三十六人，著書達八十八種。㊻其人其著當之無愧地在我國傳統文化發展史上佔有一席之地。

元代穆斯林學者的「華學」造詣，從其所至境地而言，並不亞於同時期的漢人或其他民族的學者。如回回人贍思，是金朝著名文學家元好問的再傳弟子。據《元史》稱，他不僅精通中國經史各書，就是對有關「天文、地理、鍾律、算數、水利，旁及外國之書，皆究極之」，其著述十分豐富，有「《四書闕疑》、《五經思問》、《奇偶陰陽消息圖》、《老莊精詣》、《鎮陽風土記》、《續東陽志》、《重訂河防通議》、《西國圖經》、《西域異人傳》、《金哀宗記》、《正大諸臣列傳》、《審聽要訣》及《文集》三十卷。」㊼可惜的是，其著大多失傳。

薩都剌是元代著名詩人，字天錫，號直齋，族籍為回回

㊻ 陳垣，《元西域人華化考・附錄》，轉引自匡曄，〈元代色目人對中國經濟和文化的貢獻〉，《回族史論集》，寧夏人民出版社，1984年版，頁199–216。

㊼ 《元史》卷190，〈贍思傳〉。

人。其先世為西域人士，隨蒙古軍東來，以武功鎮守為北大同路一帶，居於雁門（今山西省代縣），後來其詩歌結集即以此為名，即《雁門集》。[48]明末著名藏書家毛晉為之作跋曰：「天錫以北方之裔，而入中華，日弄柔翰，遂成南國名家。今其詩諸體具備，磊落激昂，不獵前人一字。米山云：看是尋常最奇崛，成就容易卻艱辛。余於天錫亦云。」[49]薩氏在文學上的主要成就表現在詩歌方面，其詩風格清婉，多寫自然景物，亦有反映民間疾苦之作。他也以長短句抒發過自己的思古幽情，如其代表作〈滿江紅金陵懷古〉，描寫刻劃了這座六朝古都的滄桑變化。在講究用典故的詞中他巧妙地化用了唐朝詩人劉禹錫的兩首唱咏金陵的七絕，即〈烏衣巷〉、〈石頭

---

[48]　有關薩都剌的族籍，曾有不同說法。元人楊維楨在《西湖竹枝集》中稱其為「答失蠻氏」，陶宗儀的《書史會要》謂薩為「回紇人」，孔齊則在《靜齋至正直記》中說薩都剌「本朱氏子，冒為西域回回人」。其中楊氏與薩都剌且有同年進士之誼（即元泰定帝丁卯四年，西元1327年）。當對薩都剌籍貫族別較為了解。及至清代乾隆年間大學士紀昀在撰寫《四庫全書總目提要》中稱薩都剌「實蒙古人」。陳垣先生在《元西域人華化考》中考定上述朱氏、紀氏之說皆誤，而答失蠻、回紇皆回回之異譯，回回後裔即今回族。另據與薩都剌同時寓居鎮江的俞希魯，撰《至順鎮江志》卷16中載達魯花赤第十六任為薩都剌，名下注明「字天錫，回回人」。以上關於薩都剌族籍的諸種說法，轉引參見於張旭光〈薩都剌生平仕履考辨〉；林松、白崇人〈薩都剌族籍考〉，這兩篇論文均載於《回族史論集》，寧夏人民出版社，1984年12月版，頁226–249，250–264。

[49]　轉引自白壽彝，《中國伊斯蘭史存稿》，頁199。

城〉，寫下「王謝堂前雙燕子，烏衣巷口曾相識。聽夜深寂寞打孤城，春潮急。」接著在下片即景抒情，在「思往事」、「懷故國」的情調中，目中所見，惟有「荒煙衰草」、「亂鴉斜日」、「玉樹歌殘」、「胭脂井壞」等不無悲涼蕭瑟的歷史陳跡，遂以「到如今，只有蔣山青，秦淮碧」作為尾句，把青山依舊、綠水常流的自然山水之「無情」，用來映襯詞人憑弔古代人文社會變遷後流露的悵然心緒。這首詞曾傳誦一時，也許，從這位回回才子為日趨衰落的元王朝提前製作的輓歌中，世人亦會萌生相同的感懷。除擅長詩詞外，據陶宗儀《書史會要》稱，薩氏「有詩名，善楷書」；另故宮博物院舊藏有《嚴陵釣台圖》及《梅雀》各一軸，❺⓿足見斯人在書法、繪畫上也有較高的造詣。

　　元末明初的丁鶴年是回回學者中儒化程度甚深的又一個典型人物。其字亦鶴年，一說字永庚，號友鶴山人。他在元順帝元統三年（西元1335年，是年改元至元）出生於武昌一個回回官僚家庭。其曾祖阿老丁、曾叔祖烏馬兒本為西域巨商，皆在元世祖忽必烈麾下效力，並因建有功勛而躋身朝臣之列。烏馬兒由於招降吐蕃有功，還擢升為甘肅行中書左丞。阿老丁則因年邁，只任朝請大夫之閒職。後又徙居杭州，終老於此地。丁鶴年的祖父苫思丁、父親職馬祿丁擔任過元代的地方親民官，即達魯花赤。苫思丁官至臨川路達魯花赤，而職馬祿丁由於在任職武昌縣達魯花赤期間為官清正，受到

❺⓿　同上。

當地百姓的擁戴，解官後，當地父老為其蓋築「種德」之堂，熱情相挽這位清官留居，是地遂成丁鶴年父親的安家之處。丁鶴年為家中幼子，有兄四人，其中三人進士及第。在家庭文化環境的薰陶下，丁鶴年本人從小就志向高遠，不願依靠襲取祖蔭來苟得祿位，卻要奮身為一介儒生，「以文學知名於世」。㉛這種選擇，又使中國歷史傳統文化的「寶庫」平添了一份精神財富。

　　元末紅巾軍興，各路群豪並起，為避兵燹，丁鶴年曾幾度流浪。元順帝至正末年，丁鶴年留居浙東一帶，其時方國珍在此地擁兵自重。史稱：「至正末，方氏據浙東，深忌色目人。鶴年避禍，遷徙無常居。有句云：『行為不異鳧東徙，心事惟隨雁北飛』，識者憐之。」㉜為躲避方國珍的迫害，丁鶴年不得不在浙東各地漂泊藏匿，有時擇居所於海島，有時乾脆寄寓在禪院佛寺，謀生的手段也或為童子教書，或賣藥以自給。及至明政權建立，社會漸趨安穩，丁鶴年曾兩次回到自己的故鄉武昌。以後他又離開故里，遍遊南方各省，晚年定居杭州。為在曾祖阿老丁墓旁結廬，《武林掌故叢編》稱：「晚習天方法，廬於先人之墓。卒葬其旁，遂為丁氏隴，墓在聚景園今石亭子下。」㉝丁鶴年在明永樂二十二年　（西元

㉛　同㊾。

㉜　瞿佑，《梧竹軒》，錄於《歸田詩話》，轉引自《丁鶴年詩輯注》，丁生俊編注，天津古籍出版社，1987年10月第1版，頁299。

㉝　轉引自《丁鶴年詩輯注》，頁327。

1424年）歸真，享年九十。

　　丁鶴年一生命途多舛，顛沛流離的生活卻並未影響其創
作詩歌的激情。其詩多飽蘸著他愛國戀家的心緒。茲舉其七
言律詩〈九日登定海虎蹲山〉為例：

> 東海十年多契闊，西風九日獨登臨。
> 天高雲靜雁初度，水碧沙明龍自吟。
> 籬下菊花憐我瘦，杯中竹葉為誰深？
> 憑高眺遠無窮恨，志國懷鄉一寸心。

　　與元代其他身世顯達的西域文人相比，命乖運蹇的丁鶴
年在中國詩壇上亦佔有重要的一席之地。正如其摯友戴良所
說：「觀其古體歌行諸作，皆清麗可喜，而注意之深，用工之
至，尤在於五、七言律。但一篇之作，一語之出，皆所以寓
夫憂國愛君之心，愍亂思治之意。讀之使人感憤激烈，不知
涕泗之橫流也。蓋其措辭命意，多出杜子美，而音節格調則
又兼得我朝諸閣老之所長。故其入人之深，感人之妙，有非
它詩人之所可及。」**54** 此外，陳垣也指出：「薩都剌而後，回
回教詩人首推丁鶴年。……至其詩則實為元季詩人後勁。……
今鶴年集通行者有二本：藝海珠塵本三卷，題曰《丁孝子詩
集》；琳琅祕室叢書本四卷，題曰《丁鶴年集》。以餘所考，
二本所收皆明刻。」**55**

54　戴良，〈鶴年先生詩集序〉，轉引自《丁鶴年詩輯注》，頁334–335。

　　在藝術領域中，元代的穆斯林知識分子也作出了特殊的貢獻：其一，表現在將富有西域地域特徵及伊斯蘭文化特色的境外藝術傳入中國；其二，反映在回回人對中國原有的傳統藝術進行獨具特色的再創造上。他們的努力和付出，給後世留下了極其珍貴的古典藝術財富，早已溶入和成為中華傳統文化精華不可分割的一部分。從音樂來看，在蒙古大汗斡爾朵裡，經常會演奏西域各國的音樂和使用該國的樂器，除西夏樂曲外，還包括回回國流行的音樂。《元史》卷七一〈禮樂志〉中提到回回國在中統年間進興隆笙。元朝在禮部下設儀鳳司，「掌漢人、回回、河西三色細樂；每色各三隊，凡三百二十四人。」❺❻其中，該機構所轄的常和署「管領回回樂人」，❺❼擅長於控弦馭馬的蒙古統治者在文化上被自己征服的民族所征服，由此亦可得到證實。

　　回回人在元代繪畫藝術史上的傑出人物首推有「元代六大家」之美稱的高克恭，他出生於元定宗貴由汗三年（西元1248年），其祖先為西域人，隨蒙古軍東來後，落籍燕京（今北京）房山。字彥敬，號房山。元世祖至元十二年（西元1275年）補工部令史，先後在江南、山西、京師任職，累官至刑部尚書，後又任大名路總管。至大三年（西元1310年）在燕

❺❺　選錄於陳垣，《元西域人華化考》。有關丁鶴年個人身世和詩作，可
　　　詳見《丁鶴年詩輯注》。

❺❻　《元史》卷77，〈祭祀志〉。

❺❼　《元史》卷85，〈百官志〉。

京去世，諡文簡，世稱「文簡公」。因其長相具有明顯的回回人特徵，時人贈詩曰：「高侯回紇長髯客，唾灑冰紈作秋色。」❺❽高克恭為官持正不阿，秉公治理政事，當屬頗有清譽的官員。高氏也是元代詩壇上的知名人士，其詩清新明快，別具一格，有《房山集》。但其政績和文學成就都絕對無法與他在山水畫方面所獲得的聲譽及歷史地位相頡頏。

山水畫自唐代流行以來，經五代兩宋時期發展，到元代大盛，成為畫壇主流。其時代表人物有所謂「元四家」，即明代著名畫家董其昌在《容臺別集‧畫旨》中所稱的黃公望、王蒙、倪瓚、吳鎮四人，❺❾亦有將趙孟頫、高克恭及黃公望、吳鎮、倪瓚、王蒙一起合稱為「元六家」的。高克恭擅長於山水和墨竹，筆墨蒼潤，渾然天成。有人稱其「畫墨竹妙處不減文湖洲。畫山水初學米氏父子，後乃用李成、董元巨法，造詣精絕。公卒後，購公遺墨者，一紙率百千緡。其為時見重如此。」❻❿董其昌在《畫旨》中對高克恭評價甚高：「詩至少陵，書至魯公，畫至二米，古今之變，天下之能事畢矣。獨高彥敬兼有所長，出新意於法度之中，寄妙理於豪放之外。

❺❽ 朱德潤，《存複齋集》卷10，〈題高彥敬房山圖〉，引自白壽彝主編，《回族人物志》(元代)，寧夏人民出版社，1985年7月第1版，頁106。

❺❾ 「元四家」主要有二說，董其昌之說較為流行，另有明人王世貞《藝苑卮言‧附錄》中將趙孟頫、吳鎮、黃公望、王蒙四人列為「元四家」。

❻❿ 引見於李興華、馮今源編，《中國伊斯蘭教史參考資料選編(1911～1949)》(上冊)，寧夏人民出版社，1985年8月第1版，頁195。

所謂游刃餘地，運斤成風，古今一人而已。」董氏把高克恭拿來和唐代詩聖杜甫、著名書法大師顏真卿，以及宋代的畫壇巨匠米芾、米友仁父子相提並論，並盛讚高克恭能兼眾家之長和藝術上的創新，可謂推崇備至。對高克恭的讚譽，在清代王原祁《麓臺題畫稿》中也可見諸，該書在列舉唐代王右丞（王維）、五代及北宋的董源、巨然、二米與南宋劉松年、李唐、馬遠、夏圭等諸畫界名家後，指出：「元季趙吳興（趙孟頫）發藻麗於渾厚之中，高房山示變化於筆墨之表，與董、巨、老米精神，為一家眷屬。以後黃、王、倪、吳闡發其旨，各有言外意。吳興、房山之學，方見祖述之虛；董巨二米之傳，益見淵源有自矣。」❻❶

　　元末時曾為回回國子監生丁野夫亦以擅長於畫山水人物而著名。從有關提及其人生平的零星記載中可知，丁野夫也善作詩曲，鍾嗣成的《錄鬼簿續編》小傳稱其「套數小令極多，隱語亦佳。馳名寰海。」其作品有〈俊憨子〉、〈賞西湖〉、〈清風嶺〉、〈江亭〉和〈雙鶯栖鳳〉等，又提到他擅長「丹青小景」。夏文彥《圖繪寶鑒》中亦述其「畫山水人物，學馬遠、夏圭，筆法頗類。」據說就是因為羨嘆錢塘一帶山水之勝，丁氏乾脆築屋於此，在仁和縣（今浙江省杭州市）隱居終老。

　　對中國建築藝術有突出貢獻的是元世祖時期的回回人也黑疊兒丁。他是大食國人，來中原後，其家祖孫四代任職於工部，負責土木工程之事。據說忽必烈在得知同母兄蒙哥汗

---

❻❶　引見於白壽彝主編，《回族人物志》（元代），頁116。

死於四川合州釣魚山下的消息後，當即安排好湖北鄂州一線
的戰事，並馬上北還，為自己登臨大汗之位做準備。其時他
曾光臨也黑疊兒丁的宅第，後者以織有金線的地毯鋪路來迎
迓貴賓，以示對忽必烈的尊敬。然後又剪開地毯，分別贈送
忽必烈的隨從侍臣。❻❷從這件事可推知他與「思大有為於天
下」的忽必烈主臣關係的親密程度。忽必烈在成為大蒙古國
第五位大汗後，即命也黑疊兒丁掌管茶疊兒局，「茶疊兒」是
蒙古語，意為「廬帳」。實際上就是由他來管理所有的土木工
程包括工匠。當忽必烈正式移都燕京後，已被任命為茶疊兒
局諸色人匠總管府達魯花赤的也黑疊兒丁也著手進行興建大
都宮殿建築的工作，歐陽玄《圭齋集》卷九〈馬合馬沙碑〉
詳載也黑疊兒丁及其子馬合馬沙建造元大都的都城、宮殿之
事。其貢獻之大，其實也無須贅言，只要按照陳垣先生在《元
西域人華化考》中所說的：「試登景山一望，當時之泱泱風度，
恍惚猶在目前。」確實，站在雄偉壯麗的北京城郭宮闕面前，
這些中國文明的代表性建築景觀給予四方遊人的震撼力和歷
史美感，對當年在建造大都工程中付出驚人智慧和精力的也
黑疊兒丁來說，不啻為最有說服力的褒獎。

　　綜上所述，元代穆斯林在傳播、發展帶有伊斯蘭文化特
色的「西學」，繼承、充實和推動中國傳統文化的創造性過程

---

❻❷　歐陽玄，《圭齋文集》卷9，〈元贈效忠宣力功臣太傅開府儀同三司上
　　柱國追封趙國公謚忠靖馬合馬沙碑〉，轉引自《回族人物志》(元代)，
　　頁92。

中，才俊風流可謂層出不窮，可以認為，是他們的卓越貢獻，給我國的傳統文化帶來了別開生面的新氣象。

第三節　伊斯蘭教在西域的廣泛傳播

一、蒙古汗國的伊斯蘭化

　　成吉思汗及其後裔對亞歐大陸的征服，使蒙古人興建了疆域廣袤的中華帝國與四大汗國，根據古老的蒙古習俗，鐵木真的四個兒子都得到自己名下的領土和屬民。成吉思汗的長子朮赤因比其父先死幾個月，其統治地區原封不動地留交其子拔都，該領土中心之地為欽察草原，還包括錫爾河（昔渾河或藥殺水）下游及咸海與裏海以北的所有地區，以及伏爾加河與頓河流域及黑海北岸的某些遼闊地區，往北則越過上札牙黑河（烏拉爾河）延伸至西伯利亞的西部。此即「欽察汗國」，亦稱「金帳汗國」，建都薩萊城（今阿斯特拉罕）。

　　成吉思汗的次子察合臺的封地北面和西北面與朮赤的封地相接壤，其地中心為馬維蘭納兒，即河中，主要是在錫爾河與阿姆河（只渾河或烏滸水）之間，其東北境還包括位於錫爾河右岸以外的山脈和草原、欽察草原東部、伊塞克湖和

阿拉湖以西地區。此即「察合臺汗國」，建都於阿力麻里（今新疆霍城縣水定鎮西北）。

　　成吉思汗第三子，即史稱元太宗的窩闊臺在1225年隨父西征東還後受封，領有今額爾齊斯河上游和巴爾喀什湖以東地區，建都葉密立（今新疆額敏縣）。在窩闊臺於1229年即大汗之位後，轉賜其封地給其子貴由（元定宗）。以後蒙哥汗上臺後，以窩闊臺系諸後王屢與朝廷作難，曾將該封地分割，以為其勢。其中窩闊臺孫海都領海押立（今新疆伊犁西）。史稱「窩闊臺汗國」的創建者即海都，他是長期對忽必烈統治地位造成威脅的勁敵，該汗國西至可失哈耳（今新疆喀什）與答剌速河（今塔拉斯河），南至天山南麓諸城，東至哈剌火州（今新疆吐魯番），北至也兒的石河（今額爾齊斯河）上游，其地以伊黎河與答剌速河流域為中心。

　　成吉思汗幼子拖雷按照蒙古傳統的幼子繼承父輩遺產的習慣，得到漠北中心地區的封地和成吉思汗麾下十二萬九千名將士中的十萬一千人（其餘二萬八千人分給了成吉思汗的母親月倫太后、三個弟弟和諸子），這也是蒙古大汗的寶座最終會由窩闊臺系轉入拖雷系的重要原因。拖雷之子、蒙哥汗之弟旭烈兀西征，橫掃伊斯蘭世界諸國，1260年聞悉長兄蒙哥死訊，便回師東返，後又獲悉其兄忽必烈繼任大汗，即表示擁護忽必烈為汗。忽必烈汗也遣使傳旨，將阿姆河以西的波斯國土及其人民劃歸旭烈兀統治。其地東起阿姆河與印度河，西面包括小亞細亞大部分地區，北抵高加索，南至波斯

灣，此即歷史上的「伊利汗國」，又稱「伊兒汗國」，定都於大不里士。

四大汗國雖在名義上尊奉元朝皇帝為大汗，但實際上獨立於元朝皇帝。人們在習慣上把成吉思汗的弟弟搠只哈撒爾、哈赤溫等人及其子孫（封地都在蒙古東境）稱為「東道蒙古宗王」，把封地位於蒙古西境的成吉思汗之子術赤、察合臺、窩闊臺的後代稱為「西道蒙古宗王」。在忽必烈同幼弟阿里不哥爭奪大汗之位時，東道蒙古宗王支持前者，而西道蒙古宗王除伊利汗王之外，大多站在阿里不哥的一邊。特別是欽察、察合臺、窩闊臺三大汗國擁有重兵，令忽必烈不敢小覷。除了與中原朝廷分庭抗禮外，幾個汗國之間也是爭戰不息，互相攻伐，昔日的蒙古大帝國實際上早已分裂成若干個軍事政治實體了。

耐人尋味的是，除卻中華之地的元朝沒有出現大批蒙古統治者皈依伊斯蘭教的境況（安西王阿難答及其部眾改奉伊斯蘭教只是屬於個別現象），幾個蒙古汗國的轄境內，卻都程度不等地先後出現蒙古人和當地居民轉變為穆斯林的現象。如欽察汗國的實際創建者拔都去世後，其弟別兒哥繼位。據說，他在來自布哈拉的著名經師撒菲丁的影響下，成為一名穆斯林。別兒哥也是「黃金家族」中第一個改宗伊斯蘭教的蒙古宗王。在別兒哥的「斡爾朵」中，嚴禁食用豬肉；為了方便欽察汗王及其妻子，以及異密們可以隨時履行宗教功課，他們都擁有自己的伊瑪目和穆安津；汗國中還專門建有學習

伊斯蘭教經文的學校。別兒哥成為穆斯林後，其堂兄弟，即成吉思汗的孫子蒙哥（元憲宗）在登臨大汗之位時，考慮到別兒哥在場，蒙哥汗還特地關照宴飲席上所需牲畜全部按照伊斯蘭教法規的規定屠宰。這也表明大汗本人對伊斯蘭教的尊重。以後統治欽察汗國的脫脫蒙哥等汗也信奉了伊斯蘭教，在第七代君主月即別汗王（西元1312～1340年在位）的大力倡導下，汗國的臣民們紛紛入教，這位拔都的玄孫統治時，國勢一度強盛，伊斯蘭教被定為國教。歷史上亦因其名而有「月即別汗國」、「月即別人」之稱呼，烏茲別克的族名即源於此。

　　伊利汗國的汗王在元世祖忽必烈去世後，同統治中國的大汗的聯繫日漸鬆弛。在合贊汗（西元1295～1304年在位）尚未君臨汗國之前，曾是呼羅珊總督，他放棄了自幼信奉的佛教，率領所統軍隊改信遜尼派伊斯蘭教，以求換取其國伊斯蘭教學者和貴族的支持。上臺後改稱蘇丹，將伊斯蘭教定為國教，1297年，在一次公共集會儀式上，合贊汗和他的屬下露面時，都穿戴著波斯穆斯林的頭巾，而非蒙古人慣常所戴的寬邊帽，此舉表明「草原游牧民族的傳統在指導國家事務中逐漸失去重要性。征服者已為被征服民族的文化所征服。」❻❸合贊汗還以修建漂亮的清真寺、經學院和慈善機構來裝扮首都大不里士。與此同時，他還製造了幾起迫害其他宗

---

❻❸　金宜久主編，《伊斯蘭教史》，中國社會科學出版社，1990年8月第1
　　　版，頁353。

教的事件，這些都顯示其對伊斯蘭教的虔誠。其國由此加強了與中亞諸國和伊斯蘭世界的聯繫，並最終成為一個名副其實的伊斯蘭教王國。

在四大汗國中，「察合臺封地或許是所有封地中最大的」，[64]以後察合臺系後王篤哇與海都多次聯合，屢與元軍作對，終元世祖一朝而未斷，直到元成宗鐵木耳大德七年（西元1303年）始與海都之子察八兒一起歸降元朝大汗。1306年，篤哇擊敗察八兒，盡取昔日盟友海都生前所奪佔的察合臺封地。1310年，篤哇之子怯伯再破察八兒，遂併窩闊臺封地。察合臺汗國在1321年左右發生了最後的分裂，使察合臺諸汗形成東西兩支分立的世系。西部為馬維闌納兒，東部為蒙兀兒斯坦，即「察臺」。後者又稱東察合臺汗國，主要地區為歷史上的喀喇汗王朝轄境，即維吾爾族居民聚居的天山南部地區。是地絕大多數民眾為虔誠的穆斯林。

作為當地社會的主體宗教，伊斯蘭文明最終征服了曾被史家譽為「世界征服者」的蒙古諸汗及其扈從。在《中亞蒙兀兒史（拉失德史）》英譯本緒論的第三章稱：

> 在蒙古軍隊所征服的比較先進的國家中，比如在波斯、馬維闌納兒、突厥斯坦等地，除了在戰爭的過程

---

[64] 米爾咱·馬黑麻·海答兒著，新疆社會科學院民族研究所譯，王治來校注，《中亞蒙兀兒史（拉失德史）》（第1編），英譯本緒論第2章，新疆人民出版社，1983年6月第1版，頁34。

中而外，城鎮並沒有被摧毀，甚至也沒有遭到肆意破壞，人們似乎也沒有回復到游牧生活；但是，蒙兀兒斯坦的情況卻不相同，緊靠東面的草原——蒙古本土——上的游牧部落侵入了這個地方，佔據這塊土地作為自己的家園，並且扎下了根，而在西部低地國家裡，他們只是作為統治者而居住下來。外出征戰的蒙古人一經侵入某地之後，和當權的諸汗或首領一起留在被征服國家，經過一個時期後可能同定居居民通婚，因而很快就被吸收到定居居民之中去了；然而在被稱為「蒙兀兒斯坦」或「蒙古人的家園」（這一名稱有一部分原因，正是由於該地被蒙古人佔為本土而來的）的地方，這些侵略者卻認為是一個相安的家鄉，於是就在這裡住下來，成為這塊土地上的一個民族，至少曾經一度成為這裡的統治民族。幾代過去之後，他們由於同當地人煙少的別的種族通婚，毫無疑問逐漸喪失了本來面貌，但是這種同化過程是緩慢的。至於在西部低地國家，本地人佔絕大多數，而留在其中的侵略者是少數，故其被同化的過程要快得多。❻❺

　　上述蒙古人被同化的情況，印證了馬克思曾經說過那句名言，即「野蠻的征服者總是被那些他們所征服的民族的較

---

❻❺　同上，頁67。

高文明所征服，這是一條永恆的歷史規律。」❻❻當然，這種同
化並非一帆風順，其過程不但漫長，而且往往伴隨著血腥的
暴力衝突。察合臺後汗篤哇在1306年去世後，其子寬闍繼承
了汗位，僅在位兩年，汗王寶座又轉到塔里忽的名下，只是
這位王孫皈依了伊斯蘭教，為其蒙古部眾所不容，他們不惜
犯上弒君，竟處死了這位穆斯林汗王，轉而擁立篤哇的另一
個兒子怯伯為汗，時為1309年。怯伯汗能征善戰，上臺不久
即幾次擊潰以察八兒為首的窩闊臺系成員的同盟軍，並最終
兼併窩闊臺汗國，令該汗國領地上的部族成為察合臺家族的
臣民。然而怯伯汗自己即位不到一年就將汗位拱手讓給其兄
也先不花，後者卻在對外戰爭中屢遭敗績。1321年，當其一
個兄弟和第七世伊兒汗的聯軍來進攻時，也先不花乾脆棄國
而逃。怯伯汗則重新登臨他在十二年前「禪讓」的寶座。就
在這個時期，察合臺汗國發生了前文述及的永久性分裂。也
先不花被邀請到哈實哈兒（喀什噶爾）作為蒙兀兒斯坦的汗，
一直統治到1330年（亦有一說為1318年）。其後有十多年為汗
位虛懸時期。直到禿黑魯帖木兒建立東察合臺汗國以後，是
地才真正自下而上地開始了蒙古部族伊斯蘭化的進程。❻❼

---

❻❻　馬克思，〈不列顛在印度統治的未來結果〉，《馬克思恩格斯選集》第
　　2卷，頁181。

❻❼　關於察合臺汗國從篤哇到也先不花的世系及分裂詳況，可參見《中
　　亞蒙兀兒史（拉失德史）》（第1編），英譯本緒論第2章，頁41–53。

二、君主的允諾

　　自從喀喇汗王朝經過長期的「聖戰」打敗佛教徒，在11世紀初將伊斯蘭教推行到新疆的西南部和南部地區以來，此後的近三百年裡，伊斯蘭教卻始終未有更大的進展，只是停留在喀什、莎車和于闐一帶。這種局面的徹底改變，即伊斯蘭教再度以武力傳播的形式推向新疆的其他地區，與元朝末年出現的東察合臺汗國及以後繼起的葉爾羌汗國君主們有著直接的關係。位於新疆維吾爾族自治區霍城縣的禿黑魯帖木兒汗麻札，就是專為紀念東察合臺汗國創建者而修建的宗教建築。有關其人皈依伊斯蘭教的事跡，頗帶幾分傳奇色彩。

　　東察合臺汗國禿黑魯帖木兒汗（西元1329～1363年）是也先不花汗與其妾蒙力克之子。也先不花汗有一寵妻名撒的迷失可敦，但不能生育。其時也先不花並無兒女，而在其率軍遠征之前，他的另一個名叫蒙力克的小妾業已身懷六甲。按照蒙兀兒的舊例，寵妻有權決定丈夫其餘女人的去留，心懷妒意的撒的迷失可敦趁機將蒙力克分配給大異密都合臺·失剌瓦勒。當也先不花汗遠征歸來，得知已有身孕的蒙力克下落時，雖感不快，也莫可奈何，畢竟此為部族的舊習慣。及至也先不花汗去世後，國中群龍無首，發生混亂。1345年，尚在弱冠之年的禿黑魯帖木兒，被長期實際統治南疆地區的蒙古朵豁剌惕部首領異密播魯只派人從伊犁請到其駐節之地阿克蘇；1347年，播魯只在此地把禿黑魯帖木兒擁上汗位，

從而正式創建了歷史上的東察合臺汗國。

　　根據米爾咱‧馬黑麻‧海答兒所撰《拉失德史》的記述，祖籍中亞布哈拉的伊斯蘭教傳教師沙黑（亦可稱「篩海」或「謝赫」）‧札馬魯丁在1347年，曾與即將為汗的禿黑魯帖木兒邂逅於阿克蘇。當時十八歲的禿黑魯帖木兒正拿豬肉餵幾隻狗。汗向沙黑發問：「是你比狗優越還是狗比你優越？」沙黑答道：「如果我信仰真主，當然是我優越，如果我不信仰真主，這條狗就比我優越。」汗聽了這句話後深為感動。沙黑又向汗解釋什麼是信仰，以及穆斯林的各種義務。禿黑魯帖木兒居然被其一番話感染得痛哭起來，他表示：「如果我一旦做了汗而且具有最高權力，你必須到我這裡來，我答應你，我會皈依伊斯蘭教的。」在汗鄭重其事地作出這番允諾後，他備極禮敬地把沙黑送走了。沙黑‧札馬魯丁本人沒能等到親自為汗舉行入教儀式的日子，會見汗後不久，他就歸真了。其子阿兒沙都丁（又稱額西丁），也是一個極其虔誠的穆斯林。據說沙黑見汗前曾作一夢，夢見兒子阿兒沙都丁帶了一盞燈到山頂上去，燈光把整個東方照得通明。此夢之後沙黑即在阿克蘇向禿黑魯帖木兒汗宣教。沙黑臨終前提及此事，囑託兒子：「我已經是朝不保夕了，有一件事情交給你，如果這個年輕人做了汗，你就要提醒他履行自己的諾言，皈依伊斯蘭教；那樣，這件吉祥的事情可能通過你而成就，這個世界可能通過你而得到光明。」

　　當禿黑魯帖木兒登上汗位後，大毛拉阿兒沙都丁為遵其

父遺囑，千方百計地設法會見汗，好讓他實踐承諾。他在每天黎明都到禿黑魯帖木兒汗的宮帳附近高聲喚拜，終於引起這位蒙古汗的注意，並將他找來詢問。當知悉阿兒沙都丁的來意後，汗表示自從登上汗位以來，一直想到當時向沙黑·札馬魯丁許下的允諾。他當下決定由這位從庫車趕來的大毛拉主持自己的入教儀式，禿黑魯帖木兒汗遂成為東察合臺汗國第一個皈依伊斯蘭教的穆斯林君主。根據記載，他是在二十四歲時那年，即1353年歸信伊斯蘭教的。❻❽

禿黑魯帖木兒汗個人接受了伊斯蘭教信仰後，又決定在王公貴人中用強制性措施進行傳教，如果遭到抵制，就把他們視為異教徒和偶像崇拜者殺掉。據說有十六萬之多的蒙古人剪掉長髮皈依了伊斯蘭教。禿黑魯帖木兒汗自己還行了割禮。穆斯林史家米爾咱·馬黑麻·海答兒以充滿宗教感情的話語對其時蒙兀兒部眾集體改宗的現象進行了謳歌：

> 伊斯蘭教的光輝驅散了不信的暗影。伊斯蘭教在察
> 合臺汗國的這一整個地區傳布開來；並且（感謝真
> 主）在那裡穩固下來，直到現在。❻❾

值得一提的是，禿黑魯帖木兒汗在位時，曾有心一統往日察合臺汗國的全境，為此他幾次出兵中亞的河中地區，即

❻❽ 引見於《中亞蒙兀兒史（拉失德史）》（第1編），頁153–165。
❻❾ 同上，頁177。

馬維蘭納兒（西察合臺汗國），但美夢終未成真。禿黑魯帖木兒於伊斯蘭教曆764年（西元1362～1363年）去世，年僅三十四歲。蔥嶺以西的廣袤之地在1370年落入綽號為「跛子帖木兒」（西元1336～1405年）的蒙古貴族手中，此人一生戰功顯赫，征服許多國家和地區，是世界歷史上著名的「帖木兒帝國」創立者。無獨有偶，和他曾經歸附過的東鄰禿黑魯帖木兒汗一樣，他也是一個虔誠的穆斯林君主，在位期間，定伊斯蘭教為國教。1405年，即明成祖永樂三年，這位野心勃勃的穆斯林君王，竟然發兵二十萬，企圖東侵契丹（指中國本土），途中病死方才息兵。在帖木兒大帝及其後裔的傾全力支援下，中亞地區的伊斯蘭教，特別是宣揚神祕主義思想的蘇非派勢力得到極大的發展，整個中亞宛如蘇非派的大本營，而這對15世紀後，尤其是明、清兩朝的中國西北地區伊斯蘭教的深入發展，同樣具有重要的歷史影響。

那個為禿黑魯帖木兒汗主持歸信伊斯蘭教儀式的阿兒沙都丁大毛拉，也因與這個剛興建的汗國統治者結成特殊關係而一跤跌在青雲裡，阿兒沙都丁及其後裔頓時成為南疆地區的宗教領袖，東察合臺汗國特賜大毛拉以下特權：

1. 世系天山南部伊斯蘭教教長。

2. 在庫車修建一座由阿兒沙都丁親自掌管的大哈尼卡（又譯稱罕卡，即「道堂」，新疆地區依禪派穆斯林舉行集體宗教活動或修道的場所）。

3. 劃分一部分宗教稅供大毛拉本人使用。

　　頒布這些特權的意義不僅是讓大毛拉家族受益，事實上還對伊斯蘭教教職人員勢力的坐大，以及加速天山南部地區政教一體化都具有直接的推促作用和深遠的歷史影響。正如研究維吾爾族歷史的專家劉志霄所指出的：

> 僅「宗教教長」的職務，就足以使這個家族成為這一地區最有權威的勢力。這是因為，當時的伊斯蘭教不只控制著大部分維吾爾部眾的精神生活領域，而且還廣泛地干預著維吾爾人民的世俗生活。另外，固定的哈尼卡禮拜寺，使這個家族通過寺院所有制形式——瓦哈甫土地，佔有大量的農田和水利設施。這樣，阿爾西丁家族既享有政治特權，又獲得了實際的經濟利益。**❼⓿**

　　阿兒沙都丁家族的權勢甚至超越了宗教界限，在東察合臺汗國時期發展到足以左右朝野動靜的地步。黑的兒火者稱汗前，還派出以朵豁剌惕家族的首領忽歹達（播魯只之子）帶隊的三十餘人使團，專程去庫車拜訪阿兒沙都丁大毛拉，以取得這位宗教精神領袖的承認。汗位的定奪已如此，汗國宰相的推薦、提名以及天山南部各級行政長官——阿奇木伯克的人選更是由其裁定或過問。其對汗國政壇所具有的影響力之大由此可以想見。

---

❼⓿　劉志霄，《維吾爾族歷史》（上編），民族出版社，1985年版，頁295。

　　從禿黑魯帖木兒汗1347年即位，到1513年，即速檀‧賽德汗定都於葉爾羌，建立起歷史上的葉爾羌汗國的前一年為止，東察合臺汗國前後共歷時一百六十六年。這也是蒙古人在生活習俗上突厥化和信仰上伊斯蘭化的重要歷史時期。在這個階段以前，新疆地區依照不同的宗教信仰，曾經分別形成了以喀什噶爾為中心的伊斯蘭教文化傳布區域和以吐魯番為中心的佛教文化傳布區域；然而禿黑魯帖木兒汗及其繼任者改奉宗教，且頻頻發動旨在傳播伊斯蘭教信仰的「聖戰」，致使原來的平衡被再次打破，伊斯蘭教不斷浸潤和最終取代佛教的趨勢即始於這個時期。如具有燦爛輝煌的佛教文化及其悠久歷史的高昌回鶻都城哈剌和卓，包括吐魯番地區，就是被禿黑魯帖木兒汗的兒子黑的兒火者汗（西元1383～1399年在位）攻佔的。在東察合臺汗國的穆斯林軍隊征服這塊異教徒的土地後，除了強迫當地民眾改宗伊斯蘭教之外，大批佛教的僧侶亦成為刀下冤魂，昔日莊嚴的寺院塔廟遭到破壞，多年珍藏的經卷文獻被付諸一炬，可以說，伊斯蘭教在高昌古國的勝利，是以佛、法、僧三寶的被除滅，和是地高度發達的文明被摧毀為代價的，它集中地展現了宗教戰爭的殘酷性。

第三章

穆斯林民族共同體的形成

如何在漢民族汪洋大海的包圍之中，
高度警惕和避免穆斯林民族被同化的危險，
可以說是回回民族中絕大部分有識之士一種本能及文化
心理上的反應。

第一節　明代社會中的穆斯林

一、統治者的民族宗教政策

　　從元末紅巾軍中脫穎而出的朱元璋,先後消滅了陳友諒、張士誠、方國珍等南方群雄，然後令大將徐達、常遇春出師北伐。在北伐檄文中，朱元璋打出「驅逐韃虜，恢復中華」的口號，以此來爭取那些不滿蒙古貴族壓迫的漢族地主來加入自己的陣營。正因如此，人們多認為明政權的統治者是以民族主義為號召，對包括色目人在內的一切外族均加以排斥，祖籍西域的回回人自然也難免受到政治歧視。根據明初的一些記載，曾經助元滅宋有功的泉州蒲壽庚後裔就直接遭到明太祖的貶斥。蒲壽庚祖先為西域人，其父蒲開宗為富商，自廣東移居至泉州。南宋理宗時，蒲壽庚因擊海寇得勝而被朝廷授泉州提舉市舶，後擢升福建安撫沿海都制置使，仍兼舊職，權擅蕃舶之利竟長達三十年之久。蒙古大軍攻佔臨安（今浙江杭州），處於風雨飄搖中的南宋小朝廷入閩後，在倚重蒲氏方面，更較以前為甚。與此同時，元政權亦向泉州遣使通款。至元十三年十二月（西元1277年初），蒲壽庚降元。宋端

宗被迫由閩入粵，轉走潮州。可以說，擁有眾多海舶的蒲氏
在加速滅宋上起了極大的作用，是故元朝特授他昭勇大將軍，
並任閩廣大都督兵馬招討使，不久又遷江西行省參知政事，
以後晉職左丞。其子蒲師文和蒲師武，均位居高官，前者為
正奉大夫宣慰使左副元帥兼福建道市舶提舉；後者為福建行
省參知政事。因此，泉州蒲氏家族是比較典型的元代回回顯
宦。這也正是朱元璋會將該家族列入另冊的重要原因。

　　明末清初學者顧炎武在其著《日知錄》中說：「明太祖有
天下，詔宋末蒲壽庚、黃萬石子孫不得仕宦。」❶

　　明人何喬遠的《閩書》中亦載稱：「皇朝太祖禁蒲姓者不
得讀書入仕。」❷

　　泉州蒲氏家族在新朝的仕途因當朝皇帝的行政干預而被
強行阻斷，固然可視為新建漢族政權針對蒙元政權實施的民
族歧視政策而作的報復性措施；也是明王朝統治者對蒲氏先
人當年背宋降元的政治抉擇所作的嚴厲懲戒。此外，朝廷竟
會對這個居處東南一隅的色目人家族如此注意，在很大程度
上應與至正十七年到至正二十六年（西元1357～1366年）發
生在泉州、福州、仙游、莆田等地的一場戰亂，即所謂「亦
思巴奚」事件直接相關。

　　這場發生在元末的武裝動亂波及面甚廣，主要參與者是
那些宋元兩朝時僑居泉州的穆斯林商人，為期十年的動亂可

　❶　顧炎武，《日知錄》卷13。
　❷　何喬遠，《閩書》卷152。

分前後兩期，前五年以賽甫丁、阿迷里丁為首，後五年阿迷里丁被那兀納所殺，後者成為亦思巴奚軍的首領。根據學者陳達生的考證，那兀納不會是《清源金氏族譜》裡所稱的那樣，是蒲壽庚女婿，而應為泉州蒲氏家族在當時的代表人物。這場延續了整整十年的戰亂，也不像有的論著所稱，是什麼「反元起義」，它只是為蒙古地方官員所利用，並參與蒙古貴族之間互相傾軋的泉州穆斯林派系鬥爭而已。❸那兀納的亦思巴奚軍最後為興起於閩省的陳友定軍隊所滅，而二年後，明兵入據八閩之地，陳友定自殺，福建已成明朝所有，但其時其地漢人與色目人的互相仇殺和排拒浪潮尚未完全消弭殆盡，明太祖在政治上作此表示，既帶有鮮明的民族主義特徵和懲戒性質，也反映出新政權在政治上對能量甚大的蒲氏家族及其他色目人勢力所具有的高度警惕和敏感。明初的種族畛域不惟表現於此，為防止色目人勢力再度崛起，朱元璋還在民族關係方面制定了專門的法令，如《明律》稱：

> 凡蒙古、色目人，聽與中國人（漢人）為婚姻，不許本類自相嫁娶。違者杖八十，男女入官為奴。

其注解云：

---

❸　參見陳達生，〈關於元末泉州伊斯蘭教研究的幾個問題〉，文載《伊斯蘭教在中國》，寧夏人民出版社，1982年9月第1版，頁139–175。

胡元入主中國，其種族散處天下者，難以遽絕。故凡
蒙古及色目人，　聽與中國之人相嫁娶為婚姻……不
許蒙古、色目之本類自相嫁娶。如本類中違律自相嫁
娶者，兩家主婚杖八十，所嫁娶之男女俱入官，男為
奴，　女為婢……夫本類嫁娶有禁者，　恐其種類日滋
也。❹

　　朝廷對異族昌熾的擔憂亦表現在嚴格限制外族向中原內
地的遷徙上。明初之際，除了北元勢力尚存之外，通往西域
的蒙古諸汗國也屬敵對國。史稱：

洪武中，藍玉征沙漠，至捕魚兒海，獲撒馬爾罕商人
數百，太祖遣官送之還。❺

　　此舉再也清楚不過地表明，朱元璋對西域色目人的戒心
有多麼的重。朝廷還在洪武初年頒令禁止辮髮、椎髻、胡服、
胡語、胡姓，甚至強制進行變胡姓為漢姓等，種種現象說明，
以往色目人享有的社會特權已不復存在。誠如白壽彝所言：
「明代元興，中國回教之政治地位隨中國之政局而丕變。」❻

---

❹　　《明律》卷6，轉引自《中國伊斯蘭教史參考資料選編》（上冊），頁
　　　210。

❺　　《明史・西域傳》。

❻　　白壽彝，〈元代回教人與回教〉，文載《中國伊斯蘭教史參考資料選

頗有意思的是，傳承至今的伊斯蘭教方面有關資料和記載表明，明初這種強化夷夏之防的民族政策，卻似乎並未對回回人造成太大的心理傷害，很重要的一個因素就是明王朝的最高統治者對伊斯蘭教信仰本身表示了很大程度上的尊崇。

據「真回老人」王岱輿所著《正教真詮》引述的材料來看，有明一代，對伊斯蘭教的政策似乎並不算太嚴苛。其書稱讚「聖朝褒崇清真教」，並稱「太祖高皇帝敕諭：『回回入戶，與中夏之人撫養無異。欽此，欽遵。』」該書中還載登朱元璋在「洪武元年（西元1368年）敕建禮拜寺於金陵（今江蘇南京），禦書百字贊，褒美清真，以示優異。贊曰：『乾坤初始，天籍注名。傳教大聖，降生西域。受授天經，三十部冊，普化眾生。億兆君師，萬聖領袖。協助天運，保庇國王，五時祈佑，默祝太平。存心真主，加志窮民。拯救患難，洞徹幽冥。超拔靈魂，脫離罪業。仁覆天下，道貫古今。降邪歸一，名清真教。穆罕默德，至貴聖人』。」❼

此外，洪武初年，朱元璋還曾敕修清真寺於西、南兩京及滇南、閩、粵；而在洪武二十五年（西元1392年），明太祖特將當時伊斯蘭教界的名人賽哈智召至內府受詔。其人據傳是元代咸陽王賽典赤・贍思丁的七世孫，曾經朝覲過麥加聖地。《清真釋疑補輯・歷代人物地名碑文》稱其為「天方聖裔

❼　王岱輿，余振貴點校，《正教真詮、清真大學、希真正答》，寧夏人民出版社，1988年5月第1版，頁11。

也……。守經砥行，時以教道自任。冠帶不去體，雖暗室必正衣端坐。晝所為者，夜必書之。欽封世襲咸寧侯。」據永樂三年（西元1405年）刻立的「洪武聖旨碑」，賽哈智受詔以後，即奉聖旨在南京應天府三山街銅作坊和陝西西安府長安縣子午巷各建造禮拜寺一座，❽《清真先正言行略·賽哈智傳》中載稱聖旨還提到「如寺院倒塌，隨時修，不許阻滯。與他住坐，憑往來府州縣布政司買賣，如遇關津渡口，不許阻滯。」❾

　　對中國內地的伊斯蘭教而言，來自大明天子的恩澤，並非只限於洪武年間，傳統的伊斯蘭教內文獻有關於明成祖朱棣敕諭的記載。在北京民族文化宮收藏有1957年從江蘇省揚州仙鶴寺徵集到的一幅敕文，是永樂五年（西元1407年）的《諭米里哈只》敕文，其上蓋有「永樂之寶」玉璽，用漢、波斯、蒙古三種文字書寫。其漢文為：

> 諭米里哈只：朕惟人能誠心好善者，必能敬天事上，
> 勸率善類，陰翊皇度，故天賜以福，享有無窮之慶。
> 爾米里哈只，早從馬哈麻之教，篤志好善，導引善類，
> 又能敬天事上，益效忠誠，眷茲善行，良可嘉尚，今
> 特授爾以敕諭護持，所在官員軍民一應人等，毋得侮

---

❽　引自金宜久主編，《伊斯蘭教辭典》，上海辭書出版社，1997年10月第1版，頁471。

❾　《中國伊斯蘭教史參考資料選編》（上冊），頁221。

慢欺凌；敢有故違朕命，侮慢欺凌者，以罪罪之。故
諭。永樂五年五月十一日。

　　西安和泉州、福州、蘇州等地的清真寺內也都有此敕諭
石刻，內容基本相同。明朝宣德五年（西元1430年），著名航
海家鄭和在其第七次，也是最後一次下西洋之前，曾向明宣
宗朱瞻基奏請重修南京三山街清真寺，即當年賽哈智所建之
禮拜寺。宣宗在賜予這位先帝舊臣的敕文中稱：

　　敕太監鄭和，爾以所造龍舟，乃差內官高定住進來，
果造得平穩輕妙，足見爾忠敬之心。朕甚嘉悅，就賞
賜爾物件，付與高定住，將來酬爾美意。仍於南京天
財庫支鈔十萬貫與爾為下番之費，其西洋諸番國事
皆付託於爾。惟爾心腹智識，老成舊人，以副朕委任
之重，爾宜慎之！得爾所奏，南京城內三山街禮拜寺
被焚，爾因乞保下番錢糧人船，欲要重新蓋造。此爾
尊敬之心，何可怠哉！爾為朝廷遠使，既已發心，豈
廢爾願？恐爾所用人匠及材料等項不敷，臨期誤爾工
程，可於南京內監官或工部支取應用，乃可完備，以
候風信開船，故敕。時宣德五年七月二十六日。❿

　　該敕文流露出皇帝對肩負出使西洋番國重任的鄭和及其

---

❿　同上。

船隊的高度賞識，也體現了朝廷對伊斯蘭教及其清真寺的尊重程度。明中葉後，紫禁城裡也不乏穆斯林的身影。個別皇帝甚至因為多和回回人打交道，對伊斯蘭教竟有了進一步的好感。如弘治十八年（西元1505年）五月，明孝宗死，太子朱厚照嗣，改明年為正德元年，是為明武宗。為滿足其個人淫欲，他曾在宮禁中專門建造了名為「豹房」的淫樂場所。《明史·錢寧傳》稱：「引樂工臧賢、回回人于永及諸番僧以祕戲進，請於禁內建豹房新寺，恣聲伎為樂。」可見武宗身邊近侍為受寵信者，就有回回人。正德十六年（西元1521年）三月，年屆而立的明武宗死於豹房。明世宗朱厚熜至京即位後，逮捕武宗時諸侫幸，昔日得寵的回回人，也在所難免。《皇明世法錄》中記：「正德中，回回人于永進祕方得幸，拜錦衣都指揮同知，而御馬監西海子，謂養虎回夷三名。嘉靖登極，以給事中鄭一鵬疏屏之，並歸甘州所簡進回女你兒幹等，奸夷于永竟瘐死，籍其家。」❶

其實，接近明武宗的回回人中，並非個個像于永那樣，去投其所好，想方設法去滿足其女色要求的。有個名為陳大策（擔任北京後軍都督府官員）的穆斯林，就曾向武宗介紹過《古蘭經》。據說，這個好奇心出了名的君主對伊斯蘭教還頗有自己的一番見解。《清真先正言行略·陳大策傳》稱：「……武宗留心諸教，嘗訪以天方教道。大策遂進呈天經，

---

❶ 《皇明世法錄》卷81，轉引自《中國伊斯蘭教史參考資料選編》（上冊），頁151。

……帝因於回經三十卷微言妙義靡不貫通。」⓬而《正教真詮》中所載《群書集考》則稱,「武宗皇帝評論諸教,謂侍臣曰:『儒者之學,雖可以開物成務,而不足以窮神知化;佛老之學,似類窮神知化,而不能復命皈真。然諸教之道,皆各執一偏,惟清真認主之教,深原於正理。此所以垂教萬世,與天壤久也。」御制詩云:『一教玄玄諸教迷,其中奧妙少人知。佛是人修人是佛,不尊真主卻尊誰?』」⓭

　　明武宗對伊斯蘭教的接近,不光是對其教義加以評論,他在多次外出巡幸時,甚至頒發過禁食豬肉的命令。正德十三年(西元1518年)九月,武宗出巡至山西大同,強掠女子以恣淫樂,不久又自封「鎮國公」。次年六月,寧王朱宸濠在南方舉起反旗,七月即兵敗被俘。明武宗聞反訊後親征南下,至涿州已得平叛捷奏,途中武宗仍不改惡習,恣為淫樂。禁食豬肉旨令即頒於其時。根據清人傅維麟的《明書·武帝本紀》中所載:

　　　正德十四年九月,上次保定,禁民間畜豬,著為令。

《皇明實錄》中的〈武宗實錄〉亦曰:

　　　上巡幸所至,禁民間畜豬。遠近屠殺殆盡。田家有產

⓬　同上,頁222。
⓭　同⓻,頁12。

者，悉投諸水。

沈德符的《野獲編》卷一載稱：

> 兵部左侍郎王，抄奉欽差總督軍務威武大將軍總兵
> 官後軍都督府太師鎮國公朱鈞帖：照得養豕宰豬，固
> 尋常通事。但當爵本命，又姓字異音同，況食之隨生
> 瘡疾，深為未便。為此省諭地方，除牛、羊等不禁外，
> 即將豕牲不許喂養及易賣宰殺。如若故違，本犯並當
> 房家小，發極邊，永充軍。❹

此處提到的「鎮國公」，就是武宗本人，是令發自南京，
時為正德十四年十二月，一路享樂不盡的明武宗其時剛剛抵
達南京。清人俞正燮在其著《癸巳存稿》中就其時藉口國姓
同音以及當朝天子生肖緣故而禁食豬肉之事，道出個中真正
原因：

> 武宗通梵語，其豹房實多回人，又未有元嗣。孫真人
> 《千金方》言，豬肉久食，令人少子。《食忌》云，
> 豬腦食之損男子陽道，臨房不能行事。蓋武宗有所
> 感，回人慫恿之，託之國姓朱，武宗亥生，故有鈞帖。
> 回人不欲見扈從者持豬肉，鈞帖止行一路……❺

---

❹　轉引自《中國伊斯蘭教史參考資料選編》（上冊），頁151–152。

寧王朱宸濠作亂本來就是宗室對君權的挑戰，明武宗在
南下途中，肯定慮及自己沒有子嗣的弱點，而荒淫過度的習
性也讓他嘗到了惡果，按照唐朝「藥王」孫思邈的《千金方》
所言，以及《食忌》上關於吃豬腦有礙於禦女之術的說法，
武宗把絕嗣和自己恣行淫樂時所體會到的性無能統統歸罪於
進食豬肉上，加上扈從親信中，又有因宗教禮俗之故而禁食
豬肉的回回人，在他們的說動下，武宗心血來潮，在路上竟
萌發了禁畜豕牲的念頭。看來，所謂與國姓字異音同和本命
之說（武宗出生於明弘治四年，是年為西元1491年，即農曆
辛亥年），顯係武宗身旁的回回近臣替皇帝想出來的託辭。俞
氏的看法是有道理的。由於有此禁豬之令，與傳統的祭祀禮
制發生牴牾，也給民間百姓的日常生活帶來不便。《野獲編》
稱：

> 正德己卯（即西元1519年），武宗南巡，禁宰豬，則
> 民間將所蓄無大小，俱殺以腌藏。至庚辰（即西元
> 1520年）春，祀孔廟，當用豕牲，儀真縣學竟以羊代
> 矣。❶❻

正德十五年（西元1520年）三月，因禮官奏稱定制，祭

---

❶❺　俞正燮，《癸巳存稿》卷8，〈正德禁殺豬條〉。

❶❻　同❶❹，頁152。

陵必以豬，請弛禁，明武宗允准開禁。此事多少也說明武宗
身邊回回侍臣的影響力還是很有限的。在高度集權化的封建
專制王朝，畢竟是皇帝一人說話算數。

　　由上述可知，于永和陳大策這些邪正不同的回回人士，
因為十分接近貴為天子的朱厚照，以致竟讓明武宗一度對伊
斯蘭教發生興趣。如果我們留心一下明代政壇上的宦海沉浮，
就會發現，類似正德年間回回人士受到朝廷重用，在明史上
絕非個別現象。客觀地說，明王朝統治者在立國伊始所制定
的有關民族方面的措施，具有很大的針對性，它們並未影響
到宗教層面，這在很大程度上化解了穆斯林民族與漢族統治
階層之間的芥蒂和彼此的不信任，伊斯蘭教作為一種受到最
高統治者尊重的宗教信仰，在明代社會中仍然得到了較大的
發展。

二、受到重用的穆斯林

　　陳垣先生指出：「至於明代回回教，乘元代之後，由中亞
東來之回回人，散居中國已及百年。以武功著者固多，其讀
書應舉者亦不少。僅以元統癸酉（西元1333年）《進士題名錄》
計，回回進士，一科已有十人，其盛可想。明初詔譯《回回
天文書》，主其事者即翰林院編修回回大師馬沙亦黑等。《明
太祖文集》有翰林院編修馬沙亦黑馬哈麻敕文。永樂間派三
寶太監下西洋，所謂三寶太監者，即回回人鄭和也。近雲南
昆陽發見李至剛撰〈馬公墓志銘〉。馬公即鄭和之父，名哈只。

哈只者，回人以曾朝天方者也。碑言馬公二子，次子和，事
今天子，賜姓鄭，為內官太監云。明時回回人給事宮廷者甚
多。武宗曾納回回女為妃，事詳《野獲編》及《藝海珠塵》
之〈武宗外紀〉，不具述。《癸巳存稿》、《野獲編》又有正德
間禁宰豬記載，皆與回教有關係者也。」❶他在文中所提及的，
正是活躍於明代政壇上的穆斯林情況。雖說作為色目人已不
再享有蒙元時代的政治特權，然而長期在華生活及受到漢化
的影響，也令穆斯林中的傑出人士能夠很快地適應新建漢族
政權的社會大環境，包括人才選拔的機制，從而在朱明王朝
的官場中嶄露頭角。更何況，早在元末紅巾軍大起義浪潮波
及各地之際，已有許多穆斯林風雲際會地湧現於時代的浪尖
之上，而且還特別地引人矚目。

　　曾在皇覺寺當過和尚的朱元璋，能以布衣身分在夾縫中
求生，最終力克群雄，建立大明王朝，離不開他身邊一批「淮
西同鄉」如李善長、徐達、常遇春、湯和、胡大海等人的出
謀劃策和衝鋒陷陣。值得一提的是，在這些淮西功臣中，有
不少是回回人。明初在民間流傳著「十大回回保國」的說法，
中國的回族穆斯林認為，明太祖再造漢族江山，半出回民之
力。從明初朝中的高級將領來看，確有很多穆斯林，常遇春、
胡大海、湯和、鄧愈、沐英、丁德興、藍玉、華雲、馮勝、
馮國用等人，就是其中的佼佼者。

　　明初建國伊始，百廢待興，在歷朝政權都極其重視的曆

---

❶　《陳垣學術論文集》（第1集），中華書局，1980年6月第1版，頁556。

法修訂方面，同樣凝聚著穆斯林的突出貢獻。襲用一句古語「惟楚有材」，元明兩朝的曆法史上，完全可稱得上「惟回有材」。類似元初回回人札馬魯丁那樣著名的天文學家，當然也是明朝統治者網羅的重要人才。在明太祖朱元璋的親自主持下，有回回天文學家參與的有關機構很快就組建起來並開始工作。《明史紀事本末》中云：

> 洪武元年（西元1368年）冬十月，征元太史院張佑、張忻，司農卿兼太史院史成隸，太史同知郭讓、朱茂，司天少監王可大、石澤、李義，太監趙恂，太史院監候劉孝忠，靈臺郎張容，回回司天監黑的兒、阿都剌，司天監承疊里月實一十四人，修定曆數。二年夏四月，征元回回司天監官鄭阿里等十一人，至京議曆法，占天象。三年六月，改司天監為欽天監，設欽天監官，其習實者分四科：曰天文、曰漏刻、曰大統曆、曰回回曆。……十五年，命大學士吳伯宗等譯回回曆，經緯度，天文諸書。❽

《明史·曆志》則稱：

> 回回曆法，西域默狄納國王馬哈麻所作，……洪武初，得其書於元都。十五年秋，太祖謂西域推測天象

最精，其五星緯度，又中國所無，命翰林李翀、吳伯
宗，回回大師馬沙亦黑等譯其書……回回曆設科，隸
欽天監，與大統曆參用二百七十餘年。

官修正史中提到的「回回大師」，就是原籍中亞撒馬爾罕
的吳諒，經名耳里，原名馬沙亦黑。來內地後，得到明太祖
賞識。洪武十二年（西元1379年），被授為刻漏博士。是年朝
廷還設有回回博士科，以官其偕來者。明成祖朱棣奪得帝位
後，吳諒隨駕遷往北京，官授欽天監五官靈臺郎，世襲秋官
正職。後裔繼承家學，終明之世，都從事天文事業。明季著
名伊斯蘭教學者王岱輿，自稱其祖上在洪武初年由天方國（今
沙烏地阿拉伯境內的麥加）入貢金陵時，明太祖曾召問曆法
天文。授職欽天監，並賜居南京。可見其時由西域之地來華
的穆斯林中，有部分人因擅長天文曆法之學，便得到明廷的
任用，由此躋身官場。

在明代受重用的穆斯林中，名聲最大者莫過於鄭和（西
元1371～1435年）。《明史》本傳中稱其為雲南人。晚清光緒
二十年（西元1894年），時人袁嘉谷在昆陽（今雲南省晉寧縣）
尋見鄭和父親馬哈只基志銘，特地作跋載入其著《滇繹》。鄭
和在永樂五年（西元1407年）第二次遠航前，抽空請朝中資
善大夫禮部尚書兼左春坊大學士李至剛為其父撰寫了〈故馬
公墓志銘〉，並由其長兄馬文銘立於家鄉昆陽月山馬哈只墓
前。「哈只」之稱呼表明鄭和的父親去過麥加聖地，在交通工

具尚很落後的當時，能夠完成朝覲功課者，在中國穆斯林中並不多見。可見，鄭和出身於一個虔誠的穆斯林家庭。鄭和在十二歲時被入滇明軍擄去，他被分發到燕王朱棣的藩邸為太監。後因在「靖難之役」中建有戰功，明成祖賜其鄭姓，並升其為內官監太監。作為中國歷史上最偉大的航海家，鄭和在成祖、仁宗、宣宗三朝內，自永樂三年（西元1405年）到宣德八年（西元1433年），在二十八年間先後七次奉命遠航，行程十萬多里。共到達三十九個國家，其中馬來半島以東地區十五個國家，滿加剌地區三個國家，蘇門答臘地區七個國家，印度地區六個國家，東部非洲地區三個國家。這使明王朝與亞非地區數十個國家建立了外交聯繫和貿易往來。各國紛紛遣使「執圭捧帛而來朝，梯山航海而進貢。」通過鄭和及其船隊的努力，大明王朝的政治影響大大提高，遠播海外諸國。同時，我國的航海水平和造船技術，以及相關的地理知識，也都因此而有長足的進步。當然，鄭和七下西洋的壯舉，本身也含有不可避免的負面效應，君主個人意志的局限性和決策的失當，加上兩萬多人的龐大船隊所耗費的巨額開支，無疑是構成史書稱為「寶船弊政」的主要因素，鄭和本人無須為此受到苛責。

值得指出的是，鄭和能夠順利完成七下西洋的偉業，與其所統船隊中的穆斯林部眾也有直接的關係。除王景弘、侯顯等漢族官員外，船隊起用了不少信仰伊斯蘭教的學者和航海專家、翻譯、商人等，見於史載者中甚至還有伊斯蘭教的

掌教。這些人如馬歡、郭崇禮、費信、蒲日和、哈三、施進卿等，在寶船下西洋的航程中及抵達各國後的對外交往中，都發揮著重要的作用。馬歡和費信歸國後，還分別撰寫了名為《瀛涯勝覽》、《星槎勝覽》的書籍。為後人了解鄭和船隊所至各國的風土人情，留下了極其寶貴和富有價值的歷史資料。若從另外一個角度來看，鄭和所進行的航海事業，對明代伊斯蘭教的發展，也有過間接而又重要的貢獻。如永樂十一年（西元1413年），鄭和途經陝西，訪求西安羊市大清真寺掌教哈三，請他隨從出使波斯灣及阿拉伯地區，哈三歸國後重修了西安羊市清真寺，該寺據《西安府志》載稱，是太監鄭和重修。按學者楊懷中的看法，可能哈三在修寺之事上得到過鄭和的資助。❶

　　第五次出海前，在永樂十五年（西元1417年）五月十六日這天，鄭和還專程到福建泉州靈山伊斯蘭教先賢聖墓遊墳行香，祈望聖靈庇佑，並立碑留念，這亦證實了鄭和其人對伊斯蘭教的崇信。記立碑文的是隨鄭和同行的泉州人蒲日和（又名蒲和日），此人係蒲壽庚家族之後裔，曾與金阿里在元末至正年間同修泉州清淨寺，也是一個熱心教門的穆斯林。儘管明太祖曾頒過不許泉州蒲氏出仕的禁令，但鄭和不拘一格地起用人才，他所看重的就是蒲氏為東南有名的回回航海世家，且有豐富的經驗與閱歷，此行首站即為占城，是地正

---

❶　見楊懷中，《回族史論稿》，寧夏人民出版社，1991年8月第1版，頁249。

是蒲氏先祖僑居和經營多年的地方，鄭和在這次遠航招用蒲氏後人，可謂用人得當。蒲日和由海外歸鄉後，因出使有功，加封為泉州衛鎮撫，並管理靈山聖墓。

此外，前文述及宣德年間，即第七次下西洋之前，已經年近六旬的鄭和向明宣宗請求重修南京三山街清真寺之事，更是這位朝廷重臣對自己父輩信仰的宗教提供支持的顯例，這些也都在在表明了鄭和個人在心靈深處對伊斯蘭教所持有的崇信和皈依。

三、回族的完全形成

元、明時期被稱為「回回」的穆斯林，在入居中華內地，落籍屯戍於各省後，形成主要散布於交通沿線的「大分散、小集中」的分布格局。這種地域分布特點，一方面，使他們事實上處於漢民族傳統文化汪洋大海般的包圍之中，與漢人的通婚和語言、服飾、姓氏方面的日趨漢化，顯示了漢文化的極大影響力，這也是產生內地回回與西域各族穆斯林之間文化差異的重要歷史原因。前者因此在歷史上曾被呼為「漢回」、「熟回」或「民回」；後者則被相對應地稱為「纏回」、「生回」或「夷回」，所謂漢纏、熟生、民夷之分，形象地反映了二者在所受漢文化影響的程度上確實存在著比較明顯的區別。另一方面，在回回人相對聚居之地所傳承的以伊斯蘭教信仰為中心的傳統文化，又成功地為穆斯林群體提供了無形而又堅實的文化屏障，這種維繫著廣大內地回回人日常生

活的精神紐帶，和由其造成的文化隔離機制遏止了漢文化影響的進一步滲入，並使「回回人」從原屬異邦宗教的文化載體，逐漸地衍化為伊斯蘭教在中國境內具有代表性的重要民族實體——回族。我們之所以說回族完全形成於明代社會，主要考慮到以下幾個相關的因素：

其一，外在社會環境的劇變，來自政治層面的壓力和社會上漢族士庶的歧視，和由此激發的回回內聚力明顯增強。

其二，在大量吸收以漢族（通婚為主）和其他改信伊斯蘭教的民族成分的基礎上，回回穆斯林共同體得以迅速發展壯大。

其三，獨立的回回自我意識得到進一步的強化。

元朝時，屬於社會上第二等公民的色目人有三十多種，其中回回有數種。元明易代後，已無昔日社會特權地位的回回人，處於社會底層而不氣餒，憑藉和依託著伊斯蘭教信仰的精神力量，他們賦予「回回」名號以嶄新的文化意義，從而充分地表露了自己篤信的宗教理念和冠以「回回」稱呼的穆斯林民族意識。明末「真回老人」王岱輿在其著《正教真詮》中就對「回回」之義作了最具權威性的詮釋：

> 大哉回回，乃清真之鏡子，天地即彼之模範也。萬物
> 之擁護，直為全鏡之形；教道之磋磨，皆緣回鏡之光。
> 夫回光有二：曰「身回」、曰「心回」。身之回亦有二：
> 曰「還複」也、「歸去」也。……歸去之回者，乃先

天何所，後天何處，來是何來，去是何去？須知來時種子，種入此身之地；歸時發露，善惡各自收成。此種必以正道澆培，莫用己私灌養。以正道澆培者，結清真之果；用己私灌養者，開謬妄之花。似此歸回，不可不慎也。心之回亦有二也：人生在世，皆樂富貴而惡貧賤，遂染於二事，妄生貪嗔，墮於苦海，頓忘己之原始。忽然覺悟，利名若夢，身非己有，何況外物乎。複思本來，急尋歸路，溶情欲而為天理，化萬象而返虛無，茲正心之回也。當此之際，真如已見，太極已圓。眾妙之門已開，有無之道至矣。所謂無上正真，不能更進，若欲更進一步，須得扯破真如幔子，鑽碎太極圈子，拆毀眾妙門子，始超三教之道也。「道外有家人不識，空尋道內作窠巢。」果能復得其巢，即到此家，其無心之回也。無心之回，顯命源二得無極，體無極而認真主者。其回之至矣。今之人多冒名而不務實，及問其理，略無所知，豈不有愧於回回之義乎？❷⓿

---

❷⓿ 同❼，頁78-79。此係《正教真詮》的廣州清真堂刊本上卷的〈回回〉章中部分內容，在該書1931年中華書局刊本上卷的同名篇章中，文字表述有所不同。其文曰：「大哉回回，乃真一之寶鏡，天地之結果。蓋回者，歸也。由塵世而歸於真一，若鏡之回光。……無心之回，顯真性而歸大命，體大命而認真主，此其回之至矣哉……」，見頁169-170。

　　王岱輿還在該書上卷的〈迥異章〉中，指出回回穆斯林所信仰的伊斯蘭教與社會上其他宗教的根本區別之處。他稱：

> 清真之教，迥異諸家，大端有七：我教尊單另獨一；諸家以數一尊。……茲異一也，我教認原有新生，原有者能造萬物，新生者受造而有；諸家言萬物本來一體，惟有名相不同，……茲二異也。我教知天地為人之居止，萬類皆人之用物，所以人為萬物之尊；諸教以天地為大父母，所以人自卑而俯拜，茲三異也。我教尊真主之明命，修道而立教，所以古今不易，宇內皆同；諸教循自性而立教，所以諸子各異。閭里不同，茲四異也，我教至誠不二，唯尊一主；諸教拜佛祈神，雜而不一。……茲五異也。我教有前定、自由；諸教言自然之理。……茲六異也。我教有歸回，諸教惟輪轉。……茲七異也。**㉑**

　　其實，回回穆斯林刻意強調自身尊奉的宗教文化與社會上「諸教」之迥異，既是對其引以為自豪的伊斯蘭教信仰進行禮讚，也是其鮮明的回回民族意識的直接流露。

　　《古蘭經》上提到：「你們是為世人而被產生的最優秀的民族，你們勸善戒惡，確信真主。」**㉒**虔信伊斯蘭教的穆斯林

㉑　《正教真詮》（1931年中華書局刊本）上卷，〈迥異章〉。同上，頁181–183。

認定，自己是世上最優秀的民族，此為萬能的真主所確定。[22]
很顯然，是否皈依真主的文化選擇，即是否恪守伊斯蘭教信
仰和相關的教法、禮俗，是將同處在內地廣大漢民族文化圈
中的穆斯林與非穆斯林區別開來的最主要的文化標誌。由於
回回民族的形成是一個相當漫長的歷史過程，主要又以共同
的民族心理意識為基礎，因此，伊斯蘭教在回族形成的過程
中起到了無可替代的凝聚作用。恰如有的學者指出的那樣：

> 伊斯蘭教文化在中國存在和傳播遠比回族的形成要
> 早得多。最初它是以一種「僑民文化」的狀態而存在
> 的，是客居中國的外國穆斯林僑民的宗教信仰以及
> 維繫僑民生活的精神紐帶。在漫長的回族形成過程
> 中，伊斯蘭教文化滲透到僑民群體的方方面面，在
> 這一僑民群體向中國回族轉化的過程中，必然造成
> 伊斯蘭教文化與包括哲學思想、政治理念、道德規範
> 和風俗習慣等在內的回族文化及回族特性的合一，
> 從而形成了回族全民信仰伊斯蘭教的現象。在回族
> 人的民族意識、民族心理等的形成過程中，伊斯蘭教
> 文化也產生了至關重要的、決定性的催化作用，伊斯
> 蘭教文化成為了回族文化的核心。當人們對回族文
> 化進行考察和研究時，很難找到沒有受到伊斯蘭文
> 化滲透和影響的方面。正因為如此，不論是族內人還

㉒　《古蘭經》，第3章，第110節。

是族外人都習慣於把回族和伊斯蘭教等同起來，族
外人習慣於把伊斯蘭教稱為「回教」，把回族人（包
括信仰伊斯蘭教的其他民族的人）稱為「回教徒」；
族內人「族即教，教即族」的觀念更是根深蒂固，在
他們心目中，作為回族人就必須信仰伊斯蘭教，不遵
守伊斯蘭教的教義和戒律就不是回族人，就要受到
同胞的鄙視和排斥，進而不承認其回族的族別，喪失
其在回族中的威信和地位。這種觀念我們不能說是
合理的，但它從一個側面反映了伊斯蘭教與回族密
不可分的事實。㉓

在強調伊斯蘭教與回族共同體之間內在關聯的同時，也
應看到二者之間的區別。畢竟宗教和民族屬於不同的範疇。
前者是一種社會意識型態，或是一種社會的歷史文化現象。
後者則是在特定歷史人文背景和地理條件下所形成的，具有
共同的經濟生活，共同的語言和風俗，以及共同心理素質的
人們共同體。因此，從這個角度來看，宗教與民族可以說依
循著各自的產生、發展和消亡的歷史軌跡。眾所周知，在中
國，生活於新疆和廣大內地的穆斯林，逐漸地在明代中葉前
後，最終形成為十個穩定的、並且基本上具有近代民族基本
特徵的共同體，其中主要生活在新疆地區的有維吾爾族、哈

㉓ 納麒，〈從回族角度談伊斯蘭教的中國化〉，文載《回族研究》，1999
年第4期。

薩克族、柯爾克孜族、烏茲別克族、塔吉克族和塔塔爾族等
六個民族；主要生活在甘肅、青海、寧夏等地的回族、東鄉
族、撒拉族和保安族等四個民族，其中尤以回族分布得最廣，
幾乎遍布全國各個省份。如以伊斯蘭教在中國各地的傳播和
發展而論，上述十個穆斯林民族在族源及彼此的聯繫，包括
和伊斯蘭教的結合上都存在著相當顯著的差異，從而凸現了
宗教文化的民族性特徵。

第二節　伊斯蘭文化活動的開展

一、經堂教育的出現和發展

　　明代出現的「經堂教育」，是中國伊斯蘭教歷史上的一種
宗教教育制度。經堂作為宗教教育場所，又作「館」或「經
館」。它是各地清真寺的伊瑪目向海里凡（學生）們傳授伊斯
蘭教經典的場所，在規模較大的清真寺裡，一般都設置專門
的經堂，它與禮拜大殿、沐浴水房一起構成「三堂合一」形
制的清真寺建築。將明代社會中的伊斯蘭教教育冠以「經堂」
之名，顯然表明其形態與此前的狀況有別。唐、宋、元數朝
時期，中國伊斯蘭教的宗教教育在家庭內進行，故而在教授

內容、方法與具體課程的時間安排上均有很大的彈性。在大多數穆斯林中，只有那些專門從事宗教職業的教長、阿訇們才會真正注重對後代的培養，這種父子相承的傳授方式是中國伊斯蘭教中掌教世襲現象產生和綿延不絕的重要原因。如在中國伊斯蘭教發展史上佔有重鎮地位的泉州，著名的掌教者有夏不魯罕丁，其子夏敕以及他們的後裔夏彥高、夏東升、夏日禹等長期主持教務而未中輟，就是一個較典型的例子。

隨著回回民族共同體的逐步形成，伊斯蘭教在內地的發展也反映在對專門宗教人才的培養上，而傳統的培養方式和家庭型教育制度已不能適合這種不斷擴大的需求，制度化的經堂教育也就應運而生。

明代社會中的穆斯林社區之所以比過去歷朝增加對專門宗教人才的需求，主要與以下的歷史背景相關：

首先，伊斯蘭教在中國內地的發展已遠不同於昔日僑民宗教的舊貌。可以說從規模到性質都發生了極大的變化。由於在華穆斯林群體的擴大，加上與漢族或其他非穆斯林民族的通婚，令穆斯林人口數不斷繁衍增加，元代伊斯蘭教的普傳和明代穆斯林民族的形成，以及回民分布面的展延鋪散，清真寺亦如雨後春筍似地湧現於全國各地的回民聚居點中，對宗教教職人員需求的急迫程度由此也可想見。唐、宋、五代時期在華蕃客及其後代，絕大多數為來往於中國與阿拉伯、波斯、南洋地區的穆斯林商人，他們中間也有宗教知識相當豐富的「阿林」（學者），包括宗教職業者。有關歷史記載表

明，在東南沿海城市人數不算多的穆斯林社區中，並不缺乏
專門從事宗教活動的掌教者。入元後，從政府的中央機構中
曾兩次設置「回回掌教哈的所」，以及根據法律明令保護「答
失蠻」（當時對伊斯蘭教學者的稱呼），他們可和其他宗教學
者一樣享受免除賦役的特權等措施來看，此時在華各地生活
的穆斯林中，亦包括一個擁有宗教學識的學者階層，他們有
的是「回回哈的」（執掌教法人員），有的被稱為「回回大師」
（實為教長，後世稱伊瑪目或阿訇），有的就是「答失蠻」（宗
教學者），這個階層的存在，基本上保證了元代社會中穆斯林
宗教生活的需要。除了部分是父傳子繼地充任宗教職業者外，
由於元朝與周圍鄰近四大汗國的特殊關係，西域諸地的穆斯
林學者及宗教職業者們進入中國內地的大路也始終保持著暢
通，因此，即便在元代穆斯林人數猛增的情況下，同樣沒發
生宗教人才嚴重匱乏的問題，很大程度上就是元代以前那些
阻隔東西方往來的此疆彼界不復存在，外來伊斯蘭教的教職
人員可以很方便地隨時填補這方面出現的真空。及至朱明王
朝建立，社會政治局面為之丕變，除少數穆斯林出仕為官，
躋身於統治階層之外，回回人整體上曾享有過的特權都已蕩
然無存，哈的、回回大師或答失蠻在社會上的地位更是無從
談起。新建王朝的種族畛域成見在客觀上不啻為外來穆斯林
來華定居和生活前景投下了濃厚的陰影，足以令他們對中國
望而卻步；同時，明王朝初永樂至宣德年間實行的寶船遠航
西洋之壯舉，在明中葉就早早地劃上了句號，取而代之的是

「片板不許下海」的鎖國政策，這從地理條件上根本杜絕了中外穆斯林在宗教上保持往來的可能性，即使外國的伊斯蘭教學者想要來華，也變得關山重重；中國的穆斯林同樣無法外出去獲得宗教知識上的提高。這樣，有明一代，一方面是回族和東鄉族、撒拉族、保安族等穆斯林民族共同體的形成，以及穆斯林數量上日漸增多和對宗教人才需求的急劇上升；另一方面，則是以往提供專門宗教職業者的通途變得狹窄甚至阻塞，中國伊斯蘭宗教人才的青黃不接和亟待培養，已成為教內嚴峻而又必須解決的現實問題。

其次，回族共同體的出現，本身就是穆斯林群體內聚力增加和共同民族意識強化的結果。由於伊斯蘭教是這個剛剛出現在中華民族大家庭中的新成員所倚仗的精神支柱，它也是中華境內所有穆斯林民族文化的主要核心。因此，如何在漢民族汪洋大海的包圍之中，高度警惕和避免穆斯林民族被同化的危險，可以說是回回民族中絕大部分有識之士一種本能及文化心理上的反應。事實上，明代的中國因處於與外部世界，尤其是同伊斯蘭文明覆蓋的區域相隔絕的歷史狀態中，面對國中佔絕對優勢的主流文化——漢文化的強大衝擊力和消蝕力，伊斯蘭教業已呈現出難以遮掩的頹勢和生存危機。教內傳統的父傳子繼式的世襲掌教制度，雖說也為教胞提供了一批批能夠在日常宗教生活層面上滿足他們需求的阿訇，但在伊斯蘭教經典的研究、教義教理的探討與精通方面，情況遠不盡如人意，以其昏昏，怎能使人昭昭？不少宗教職業

者本身對教義教理的掌握不求精進，又豈能苛責廣大穆斯林教胞在信仰上的淡化！根據清初伊斯蘭教著名學者馬注所著《清真指南》中描繪的情況，長期處於漢文化的熏染浸濡下，許多回民在伊斯蘭信仰上的淡化已是不爭的事實。「倘有教門之家，尚存三分回回氣氛，如無教門子弟，純變為漢教矣。」針對伊斯蘭文化在明代社會陷入低潮的景況，以及伊斯蘭教在教內民眾中只是作為一種「禮俗」而存在的特點，主動開拓伊斯蘭教學說探研的途徑，改進伊斯蘭教宗教教學形式，已經是扭轉伊斯蘭教教內「經文匱乏、學人寥落」之頹勢的必然舉措。

復次，回族經濟在明代社會得到較大程度的穩定發展，此為中國各地清真寺內經堂教育的倡興提供了堅實的經濟保證。明代時期，因為穆斯林商人有經營珍寶業的傳統，社會上已有「識寶回回」的說法；此外，當時僅北京一地，在宣武門外專以宰牛為業的回民就有上萬人之多。❷❹明代回民還從事製香料業、製藥業和製瓷業等行業。這些都是回族具有一定經濟實力的佐證，從事各業的教坊鄉老以自己的財力保障了中國伊斯蘭教宗教人才的培養。如經堂教育興起後，清真寺辦學招生的人員多寡，主要視該教坊教民的經濟能力而定，因為他們的衣食住費概由合坊教民所供給，學生讀完須學經典後，則由該教坊全體教民為其「挂幛穿衣」，以示該生畢業。

---

❷❹　《回族簡史》，寧夏人民出版社，1978年10月第1版，頁15。

　　明代穆斯林經堂教育制度的首倡者，是被後人尊為「胡
太師祖」的胡登洲（西元1525～1597年）。他是陝西咸陽市郊
區渭城里人氏，回族。胡氏自幼學習漢文儒書，成年後又隨
當地一位姓高的名師學習伊斯蘭教經文，接受了大伊瑪目哈
乃斐（伊斯蘭教四大教法學家之一）的教法及天人性命道理
的傳授。後又得到一位來華進貢的阿拉伯「纏頭叟」的指點，
學習了諸如《母噶麻忑》等當時尚未在華流傳的伊斯蘭教經
典，並親赴麥加聖地朝覲（一說未去，只是送其阿拉伯老師
西歸，出嘉峪關後，師徒即在中國境內折柳話別，胡登洲並
未隨恩師西去天方，而是返鄉興學招徒），據說有感於國內回
教之不振，遂立志興學，設帳招徠學子數名於其家中，後又
移至清真寺內，由此漸開清真寺內設學之風。胡登洲此舉在
吸收了中國傳統私塾教育形式的基礎上，移花接木地開創了
中國伊斯蘭教的經堂教育制度。胡氏本人家業豐裕，故此也
有辦學的經濟實力。他免費招收學生，向學員們講授了阿拉
伯文、波斯文和伊斯蘭教經典。在胡太師的倡導下，經堂教
育很快就遍及陝西、河南、山東省，其徒約有百人，這些弟
子及再傳弟子們將此種有別於傳統的新型宗教教育發揚光
大，進一步擴展了經堂教育在全國穆斯林中的影響。胡太師
的門弟子中以馮阿訇（又稱馮二巴巴）和海巴巴兩人最為出
色，可謂得其真傳。其後海巴巴傳蘭州馬，蘭州馬又傳擺阿
訇，擺阿訇則傳給「周老爺」（周良雋），按近代回族學者龐
士謙的說法：

迨胡太師四傳門人周老爺時，學問更為淵博，其講解
之嚴密，追求之細緻，較前大為進步。而回文大學之
林立，人才之輩出，亦皆於此時。周老爺之八大弟子，
對於中國回文大學均有功績。其暮年所收之諸小弟
子，學業功績則更駕八大弟子之上。小弟子中，如雲
南之馬複初，不唯弟子眾多，且著有許多佳著遺留後
人。㉕

　　由此可見，長江後浪推前浪，經堂教育經胡氏首倡，歷
經後學努力，遂有青出於藍的勝境。如同宗教的發展可從派
別的衍生分化得到反映一樣，中國境內伊斯蘭教的經堂教育
制度，在明清兩代同樣出現了以地域為標誌和具有各自特點
的不同學派，如以胡太師為宗師的「陝西學派」注重認主學，
《古蘭經》注，不學漢文，提倡「精而專」；以常志美為開創
者的「山東學派」則長於波斯文法，強調「博而熟」，同時講
授認主學和蘇非哲學。除此兩大學派之外，尚有以周老爺為
代表的「蘭州學派」，該派學風嚴謹，注重「少而精」。還有
以馬複初（馬德新）為代表的「雲南學派」，該學派兼收陝西、
山東兩大學派之長，使經堂教育在雲南取得卓有成效的進展，
該派提倡阿、漢經書並授，兼學波斯文和貫徹「諸科分進」

㉕　龐士謙，〈中國回教寺院教育之沿革及課本〉，文載《中國伊斯蘭教
　　史參考資料選編》（下冊），頁1025。

的教學方針，馬複初本人也成為清代遐邇聞名的大學者。在經堂教育發展史上還值得一提的是以王岱輿、劉智等人為代表的「東南學派」；以及清末民初時以新興伊赫瓦尼教派創始人馬萬福（果園哈只）為代表的「河州學派」，這兩個規模頗小的學派在教學上亦有各自的側重點，前者重視以漢文注釋經著；後者則更強調遵行伊斯蘭教教法的重要性。

　　肇始於胡登洲的經堂教育制度，其意義不僅在於導致了後來陝西、山東兩大學派和雲南、蘭州、東南、河州諸學派的產生，為各族穆斯林群眾培育了一代又一代具有豐富宗教學識的阿林，和能夠滿足中國穆斯林社區宗教生活需求的宗教教職人員；更在於這種教育制度的推廣，使通用漢語的中國各族穆斯林之間產生了一種獨特的帶有濃郁的伊斯蘭教特色的「經堂語」。這種包含著大量阿拉伯語和波斯語、漢語以及這三種語言之混合語的辭彙，在很大程度上成為聯繫各族各地穆斯林的文化紐帶。只要是穆斯林，雖為陌路相逢者，道一聲「色蘭」，言語間夾帶幾句平時耳熟能詳的「經堂語」，彼此立刻增添幾分親熱感。穆斯林群眾中流傳的俗語「天下回回一家親」，與穆斯林中普遍流行的經堂用語也有著重要的關係。

二、伊斯蘭教的漢文譯著運動

　　中國伊斯蘭教歷史上的漢譯經著現象，發生於明末清初，續延至清季同治年間。它與前述經堂教育制度的發展有著內

在的聯繫。僅以前後歷時兩百多年的漢文譯著活動代表人物
王岱輿（約1570～1660年）、張中（約1584～1670年）、伍遵
契（約1598～1698年）、馬注（1640～1711年）、劉智（約1662～
約1730年）和馬複初（1794～1874年）等人而論，他們自己
就是立志專攻伊斯蘭教教義的經師學者，同時與經堂教育各
主要學派的學長宗師也都有著師徒淵源關係，如張中為胡登
洲三傳弟子張少山的學生，並與「山東學派」創始人常志美
有同門師兄弟之誼。秀才出身的伍遵契，曾投王岱輿之門，
成年後又就學於常志美門下，學成後返歸南京、蘇州、鎮江
等地講學。劉智自幼從父劉漢英（三杰）、大阿訇袁汝琦學習
《古蘭經》及阿拉伯文，從而為其專研教義學打下堅實基礎，
袁汝琦正是當年南京人氏「袁巴巴」（袁盛之）的後人，而袁
盛之亦為張少山門下的高足，故此，劉智和經堂教育首倡者
「胡太師祖」之間多少也有一些師承淵源關係。至於清代同
治年間諧授滇南回回總掌教的馬複初，更是胡登洲的四傳弟
子周老爺晚年所收的關門弟子，受其親炙，並最終成為經堂
教育「雲南學派」的開創人。從一定程度上講，漢文譯著、
以儒詮經的活動，是經堂教育制度發展更臻成熟的必然結果，
它展現了中國伊斯蘭教經學朝著學理化的層面拓展的歷史軌
跡；同時，這種文化活動的長期性（歷時兩百多年），和在其
發展中相對凸現出來的地域性（以文化水平程度較高的江南
地區為主），也是伊斯蘭教的中國化在宗教教義上的反映，它
充分體現了在中國傳統文化和伊斯蘭文化的雙重浸潤下，穆

斯林學者們與中國傳統社會大環境的整體文化氣氛相融攝的
歷史過程：

> 「學通四教」、「會通東西」的經學大師們，在譯經、
> 釋經中大膽積極地引入和吸納中國傳統文化的精
> 華，並用來闡明伊斯蘭教學理，從而成功地構築了
> 富有中國特色的伊斯蘭教哲學思想體系的框架。也
> 正是從這個意義上，有的中外學者將之稱為「中國伊
> 斯蘭教歷史上的文藝復興時期」。❷

　　學術界目前公認漢文譯著活動，即以中國境內通用的漢
字翻譯著述伊斯蘭教經籍，其時間約在明末。自伊斯蘭教在
唐初傳入到明末，我們不難看到在近千年的歷史中，一方面，
穆斯林中雖也有不少人精通儒學，但卻鮮見以漢文傳譯詮釋
伊斯蘭教教義的著述傳世者，顯然生活在中國各地的穆斯林
中，亦不乏諳熟阿拉伯文或波斯文之人。明成祖在永樂五年
頒發的敕諭《諭米里哈只》，使用的文字有漢、波斯、蒙古三
種文字，亦可印證這一事實。另一方面，回回人完全形成一
個新的民族後，漢語業已成為穆斯林民眾共同使用的語言，

---

❷　日本學者桑田六郎認為明清鼎革之際，研究伊斯蘭教的學者先後
　　輩出，並稱這個時期為「中國伊斯蘭教歷史上的文藝復興時期」。引
　　見於楊永昌，〈早期伊斯蘭教學術在中國傳播情況的探討〉，文載《伊
　　斯蘭教在中國》，寧夏人民出版社，1982年9月第1版，頁43。

阿拉伯語和波斯語已逐漸地不再流行於中國內地穆斯林的生活圈子，它們退居禮拜寺，成為宗教職業者誦讀和學習宗教典籍的專用語。及至明萬曆年間（西元1573～1619年），穆斯林中對《古蘭經》只會誦讀而不理解其意者甚多，許多自幼即失學的穆斯林亦會因此而不懂教門。然而，一些保守的宗教學者和回族上層人士受「大道不落文字」的傳統思想束縛，甚至明確地表示「吾於經（指《古蘭經》）取其不譯而已矣」，他們認為「禪經（指佛經）譯而經雜，淨經（指《古蘭經》）不譯而經不雜」。這從根本上不利於廣大已經習用漢語的穆斯林了解伊斯蘭教。署號「真回老人」、作為中國回族穆斯林學者中第一位系統和全面論述伊斯蘭教教理的王岱輿，結束了明末以前中國伊斯蘭教界在宗教宣傳方面的閉塞和保守的局面。

王岱輿是南京人，出生於明萬曆年間，卒於清初順治年間。其先世是明初洪武年間的南京朝貢之西域人，因精於天文曆算之學而任職於欽天監，子孫世襲其職，並定居南京盧妃巷，享受免徭役的優待。王氏自幼學習經文，二十歲後開始發憤攻讀諸子百家及方外之書，遂成「四教博通，諸家畢覽」的學者，並立志以漢文著述，向廣大教眾闡發伊斯蘭教教理。

王氏的傳世著作有三本，即《正教真詮》、《清真大學》、《希真正答》，它們在近世已被編成合訂本刊行。《正教真詮》書成後，從教內學者梁以浚為其作序落款時間來看，是明崇

禎壬午年，即崇禎十五年（西元1642年）。是書分上、下二卷，共有四十篇。上卷有〈真一〉、〈元始〉、〈前定〉、〈普慈〉、〈真賜〉、〈真聖〉等二十篇，按白壽彝的說法，是講宗教哲學的，即所謂歸真明心的學問。下卷包括〈五常〉、〈真忠〉、〈至孝〉、〈聽命〉、〈首領〉、〈友道〉等二十篇，是講宗教教法的，即所謂修身行道的學問。

　　《清真大學》為王岱輿以漢文系統闡發伊斯蘭哲學思想的代表之作。該書的成書和最早刊本已無從考查。其書共五篇，即〈題綱〉、〈真一〉、〈數一〉、〈體一〉及〈總論〉。作者在首篇中開宗明義地指出「《大學》正宗，『作證之言』，特明主僕至大之理，真一、數一之殊。……不明主僕至大之理，雖有萬行，何足論乎。何也？因彼根本不清，其枝節必不清矣。是故此書直指源頭，明其大本，使天下正人，不誤於歧途，不惑於疑似，而有所取證焉。」在其後三篇中，王岱輿著重論證了真主的獨一，他指出「必須首知單另之一乃真主，本與萬物無干，而有三品作證：曰『本然』、曰『本分』、曰『本為』。」還闡明「數一」即「一本萬殊」的涵義及其三品（元勛、代理、代書）的分別；和表述「體一」即「體認之一」的奧義及其三品（知認、見認、續認）的區分。在尾篇中，作者論說真一、數一、體一的相互關係，並兼言教門、性命、生死、空無等事。是書有如儒家「四書」中的《大學》，被視為伊斯蘭之「大學」。因其書結構嚴密，邏輯性強，故在中國伊斯蘭教哲學史上佔居了重要的一席之地。

　　明清鼎革易代之際，王岱輿因境況蕭索，北蒞京師，寄寓於正陽門外回族富紳馬思遠之家。病故後葬於阜城門外三裏河禮拜寺迤西李氏墓地，李氏為教中經營香料的富紳，時人號為「香李」。順治十五年（西元1658年），王岱輿弟子伍連城根據筆記整理其師的答辯記錄，題名為《希真正答》，全書彙集了王岱輿同各界人士的一百多則問答。如白壽彝所說：「《希真正答》所論述，大意仍不出《真詮》、《大學》兩書的範圍。書用問答體寫成，有些地方比《真詮》、《大學》更為流暢。」❷❼正由於王岱輿在自己的著述中「發人之所未發，言人之所不敢言」，才會出現「正教光輝，因之昭著」❷❽的中國伊斯蘭教之全新局面。

　　在漢譯經著活動中付梓刊行的諸多名著中，還有約與王岱輿同時的江蘇姑蘇（今蘇州）人氏張中所撰的《歸真總義》、《四篇要道》、《克理默解啟蒙淺說》；以及王岱輿的門生，江寧（南京）人伍遵契所撰《修真蒙引》、《歸真要道》；雲南金齒（今雲南保山）人馬注在清初康熙年間陸續寫成的《清真指南》；江寧人劉智所撰《天方性理》、《天方典禮》、《天方至聖實錄》、《五功釋義》、《天方字母解義》、《五更月》、《天方三字經》等書；金陵人金天柱在乾隆年間成稿並刊行的《清

---

❷❼　白壽彝，〈王岱輿傳〉，載見於《正教真詮、清真大學、希真正答》，余振貴點校，寧夏人民出版社，1988年5月第1版，頁326。

❷❽　金吉堂，〈王岱輿阿衡傳〉，載見於《中國伊斯蘭教史參考資料選編》（上冊），頁582-583。

真釋疑》；湖南長沙人藍煦在咸豐年間成書的《天方正學》；以及雲南太和（今大理）人馬複初在咸豐、同治年間先後撰寫的《大化總歸》、《四典要會》、《性命宗旨》、《道行究竟》、《朝覲途記》等書。在上述著名的穆斯林學者中，尤以劉智和馬複初最具代表性。這些在明清兩代二百多年中先後付梓的著名譯著，被中國穆斯林尊為「漢克塔布」（即漢文經書），標誌著具有伊斯蘭教和中國傳統文化雙重特徵的系統性宗教學說體系業已完全形成。從歷史發展的角度來審視，伊斯蘭教漢文經書的問世，對中國內地各省份的穆斯林的精神生活，包括對中國伊斯蘭教新興教派的形成，也同樣具有極其重要的影響。

第三節　明代時期新疆地區伊斯蘭教的發展

一、東察合臺汗國的統治者與伊斯蘭教

　　禿黑魯帖木兒汗尚在弱冠之年，就被蒙古朵豁剌惕部的首領異密・播魯只找來擁立為汗，並因此建立了東察合臺汗國。其意義恰如播魯只的直系後裔，《拉失德史》的作者米兒咱・馬黑麻・海答兒所說：「正是這位異密・播魯只，他傳入

了伊斯蘭教，把沒有信仰的黑暗世界變成了虔誠的光明樂園。」❷據米兒咱書中記載，在禿黑魯帖木兒強制性地命令蒙古貴族皈依伊斯蘭教時，第一個接受這種信仰考驗的就是其曾高叔祖，即播魯只的長兄圖列克，他含著眼淚向汗坦白，說他自己三年前在哈實哈兒就遵從一個聖者，皈依了伊斯蘭教。顯然，對東察合臺汗國政壇上擁有實權的朵豁剌惕部來說，扶立年輕汗王，應該是其鼎力支持伊斯蘭教在汗國統治層中推行的重要步驟，至於對阿兒沙都丁（額西丁）宗教教長世襲家族勢力的培植，如無朵豁剌惕部實力派人物的首肯，也是很難說得過去的。因為，該部族在政治上完全可以做到翻手為雲，覆手為雨。事實上，該部族的另一成員，即播魯只的兄弟怯馬魯丁在禿黑魯帖木兒汗死後發動叛亂，殺死了汗位的繼承者也里牙思·火者汗。據說，他在一天之內就殺死了禿黑魯帖木兒汗的十八個兒子，❸並自僭汗號，汗室成員幾乎無一倖存。只有禿黑魯帖木兒汗尚在襁褓中的幼子被播魯只的兒子異密忽歹達和母親密兒·阿哈隱藏起來。怯馬魯丁到處搜索時，在播魯只的妻、兒掩護下，這位察合臺汗的直系後裔被送到哈實哈兒與巴達哈傷之間的山區，避開了怯馬魯丁的毒手。與此同時，由於東察合臺汗國政治上的這場動亂，還引發了「跛帖木兒」的野心，從米兒咱所引述的

❷　米兒咱·馬黑麻·海答兒，《中亞蒙兀兒史（拉失德史）》（第2編），漢譯本，頁6。

❸　《中亞蒙兀兒史（拉失德史）》，第1編，漢譯本，頁201。

《帖木兒武功記》一書來看，他先後五次率軍來攻察合臺（即蒙兀兒斯坦），每次都大敗怯馬魯丁及其軍隊。帖木兒最後一次來攻伐時，怯馬魯丁因罹患水腫病，已無力征戰，連手挽韁繩之力亦失。被其部眾棄於森林深處，最後不知所終。前述那齣西域版本的「搜孤救孤」故事裡的嬰孩，長大成人後，在朵豁剌惕部的新首領忽歹達的支持下，於1383年登上東察合臺汗國的汗位，這就是黑的兒火者汗（西元1383～1399年在位），其時正是明朝洪武十六年。黑的兒火者建都於別失八里，是故《明史》上稱東察合臺汗國為「別失八里國」。黑的兒火者汗與中原已經建立的漢族政權保持著和平的關係，他所派出的使臣千戶哈馬力丁、百戶斡魯撒等在洪武二十四年（西元1391年）夏抵達明朝都城南京，自此雙方一直保持較密切的關係。另一方面，黑的兒火者汗在推行伊斯蘭教方面可謂不遺餘力，他向異教地區發動「聖戰」的結果，就是本書前文提及的他率領軍隊往東攻佔哈剌火州和吐魯番地區，並對當地的佛教文化造成了極大的破壞。

黑的兒火者汗死後，忽歹達又擁立過沙迷查幹汗和納黑失只罕汗、馬哈麻汗、失兒・馬黑麻汗和歪思汗。這些東察合臺汗國的統治者們在位期間，都相當積極地推行伊斯蘭教。其中尤以黑的兒火者汗的兒子、沙迷查幹汗之弟馬哈麻汗（西元1408～1416年在位）表現得最為狂熱，手段也最為殘酷，史書稱他「是一位富有的王子和虔誠的穆斯林，……所以當他在位的吉祥時期，大多數蒙兀兒部落都皈依了伊斯蘭教。」

「蒙古人如不纏頭巾，他就要用馬蹄鐵釘釘入這個人的頭中，這種作法是司空見慣的。」❸馬哈麻汗與其前任在位者一樣，與明朝政府保持了友好關係，他尊奉明朝為宗主，與明朝皇帝互遣使臣。 明成祖永樂八年二月初十 （西元1410年3月15日），明遣指揮完者帖木兒等犒勞往還於撒馬爾罕的使臣。永樂十一年（西元1413年）六月，永樂帝還諭示甘肅總兵官李彬：

> 別失八里王馬哈麻敬事朝廷，遣使來貢，如至，可善待之。其市易者聽自便。❸

　　由於馬哈麻汗的強制推行，居住在新疆地區的大多數蒙古人大大加快了其突厥化和伊斯蘭教化的步伐，有不少人在同當地維吾爾族人通婚和長期交往中，語言和生活習慣也都逐漸和維吾爾族同化了，二者間差異縮小的最終結果，也就是他們融合於維吾爾族中。

　　馬哈麻汗死後，繼位的為其子失兒‧馬黑麻汗。根據《明實錄》所載可知，到明永樂十六年（西元1418年），馬哈麻汗的侄兒歪思汗經過政治上的幾番爭奪後，終於奪得汗位。他也是一個以「對宗教非常熱忱」而聞名於史冊的可汗。❸其

---

❸　同上，頁233。

❸　轉引自金宜久主編，《伊斯蘭教辭典》，上海辭書出版社，1997年10月第1版，頁472。

在位期間（西元1418～1428年），因蒙古瓦剌勢力向西發展，進入蒙兀兒斯坦的東部，受其勢逼迫，歪思汗將首都遷至亦力巴里，汗國重心遂西移至伊黎河谷和天山以南。在對外關係上，歪思汗也連年歲貢明朝，別失八里國在明代史書上亦相應地改稱為「亦力把里」。

歪思汗作為虔誠的穆斯林，曾拜中亞蘇非派納合西班迪教團創始人的二傳弟子馬黑麻·卡沙尼為師，以鑽研伊斯蘭教義學。他還屢屢發動對異教徒喀耳木人（即瓦剌人，穆斯林稱其為喀耳木人）的聖戰，儘管屢戰屢敗，並曾兩度為瓦剌人所俘獲。第一次在明拉克戰役中被也先大石所俘，後者出於對成吉思汗直系後裔的尊敬，以優禮相待，將他釋放。第二次是在吐魯番附近，又被也先大石抓獲。只是在歪思汗將自己的妹妹馬黑禿木·哈尼木交出，作為贖禮送給也先大石後，方才再次獲得自由。據統計，歪思汗總共與瓦剌人打過六十一次仗，只有一次獲勝，其餘都是潰不成軍。崇信佛教的瓦剌人，在一定程度上延緩了伊斯蘭教擴展至全新疆的進程。

東察合臺汗國統治者中篤信伊斯蘭教並身體力行的，不僅是歷任可汗們，還包括那些握有統治實權的異密們。以先後擁立六汗的忽歹達而論，他在歪思汗時已年過九旬，雖說他在哈實哈兒（喀什噶爾）、鴨兒看（葉爾羌）、于闐、阿克蘇、拜城和庫車等地掌握著最高權力，但他並不富有。據說

㉝　同**㉚**，頁246。

他把本國大部分收入用於贖取和釋放穆斯林俘虜。因為當時
蒙兀兒人不斷進攻突厥斯坦察赤、安集延等地。擄掠了不少
穆斯林俘虜。忽歹達就用錢將這些穆斯林俘虜贖出，並給他
們備妥糧食、牲口什物，使之得以回鄉。他甚至還常為這些
人辦備氈房，使他們能在其中跪拜祈禱。作為一個最高行政
長官，其對外鄉俘虜照顧呵護到如此地步，原因只有一個，
就是顧念這些人與他有共同的宗教信仰。❸❹根據忽歹達後人
米兒咱·海答兒的記載，忽歹達在九十七歲時，萌生去麥加
聖地朝觀的願望，因未得歪思汗的允許，他竟叛離東察合臺
汗國，改為投靠西察合臺政權的統治者米兒咱·兀魯伯。在
撒馬爾罕，米兒咱·兀魯伯想向忽歹達了解成吉思汗當年制
定的圖刺（即札撒，法令之別稱），忽歹達的回答很能說明問
題。他說：

> 我們早已完全拋棄了成吉思汗那惡劣的圖刺，而改
> 遵伊斯蘭教教律了。但是如果米兒咱·兀魯伯縱有
> 英明卓見，也仍然贊成成吉思汗的圖刺，我自然要教
> 給他，讓他放棄伊斯蘭教教律而改遵成吉思汗的法
> 令。❸❺

　　忽歹達的回答，讓兀魯伯打消了向這位政壇上的老前輩

---

❸❹　同❸⓪，頁251。
❸❺　同❸⓪，頁252。

討教的念頭。忽歹達對自己祖先傳統的法令之嫌棄，可以說
是溢於言表。這也表明，儘管當年察合臺本人還是成吉思汗
諸子中最精通和忠實於札撒者，但時過境遷，到15世紀時，
伊斯蘭教教法已在東察合臺汗國內基本取代了蒙古人歷代依
循的札撒。❸❻忽歹達本人最後完成了到麥加朝覲的宗教功課，
又趕到先知城麥地那巡禮了至聖穆罕默德的陵墓，當天夜裡
在請人為他誦讀《古蘭經》時，忽歹達斷了氣。當地的宗教
貴族將其遺體葬在「四大哈里發」之一的奧斯曼陵墓之下；
次日，忽歹達妻子也去世了，人們將她埋在其丈夫墓旁。對

---

❻ 拉施特所著《史集》中稱成吉思汗曾對異密們說：「凡是極想知道札
　撒、必里克和如何守國的法規的強烈願望的人，就去追隨察合臺；
　愛金錢、財富、安逸和高貴風度的人，可去跟隨窩闊臺；想〔學會〕
　待人接物、知識、勇敢和使用武器的人，則可去拖雷汗身邊效勞。」
　（《史集》第2卷，漢譯本，頁172。）札撒在東察合臺汗國被伊斯蘭
　教教法取代有一較長的過程，察合臺後汗們歸信伊斯蘭教後，並沒
　有立即廢止札撒，他們在有的場合，如軍旅生活中仍沿用傳統的札
　撒行事。如禿黑魯帖木兒汗在入教後第二年，在一次去撒馬爾罕的
　行軍中「下令按照蒙古法典將異密伯顏·撒剌都思處死。」嗣後在馬
　維闌納兒，他又同樣的處理方式，殺死當地王公中懷有異心之人。
　（參見《中亞蒙兀兒史（拉失德史）》（第1編），漢譯本，頁176。）
　此外，在東察合臺汗國後期，滿速兒汗與其弟速檀·賽德汗於1516
　年的重要會晤，也完全是按照蒙兀兒古俗以及「圖剌」的慣例來進
　行的。看來，篤信伊斯蘭教的察合臺後汗們雖已愛用教法來處理國
　政，但祖宗留下的傳統法規也未全部廢止。（參見《中亞蒙兀兒史·
　（拉失德史）》（第2編），漢譯本，頁276。）

一般的穆斯林而言，忽歹達夫婦能夠在死後安葬於是地，實在是種難得的殊榮，無怪乎其直系後裔，米兒咱·海答兒會津津樂道，對其高祖父最後的行止，極盡其頌揚之能事，甚至對忽歹達背叛本國政權的行徑，也會用巧言美辭加以文飾。

　　當歪思汗死後，其長子羽奴思汗和兄弟也先不花汗（又稱也先不花第二，以示與禿黑魯帖木兒之父也先不花的區別）爭奪汗位，由於大部分將領擁護也先不花汗，羽奴思汗和其支持者們（有三～四千戶人家）被迫離開蒙兀兒斯坦，去投奔撒馬爾罕的兀魯伯，但後者待他們極壞，一部分人遭到囚禁，其餘的被驅散，很多首領竟慘遭殺戮。兀魯伯的父親米兒咱·沙哈魯將羽奴思送到波斯耶斯德人大毛拉歇里甫愛丁處攻研伊斯蘭教的學問，從大毛拉名字來看，當為聖裔，其人學問也確實很高，他還是《帖木兒武功記》一書的作者。羽奴思汗在其門下苦讀十二年，由此精通了各種伊斯蘭學問和技藝。應該說，在這方面，此前東察合臺汗國諸汗中，無人可以與之比擬。按米兒咱·海答兒的說法，羽奴思汗是「蒙兀兒人中空前絕後的英明睿智之主。」❸❼

　　羽奴思汗在其恩師去世後，漫遊伊拉克和阿哲兒拜占（阿塞拜疆）、法兒思等地。最後定居在失剌思（設拉子）。在與各地學者交往中，他又獲得許多有用的知識和技藝，還被人尊稱為「羽奴思大師」。年過不惑後，羽奴思汗重返蒙兀兒斯坦，自立為汗。東察合臺汗國自從立國後，蒙兀兒人歸信伊

❸❼　同❸⓪，頁278。

斯蘭教，成為穆斯林的事實始終未得到中亞伊斯蘭國家的認
可，但在羽奴思登臨汗座後，這種情況發生了改變，該汗國
也開始被視為穆斯林國家。這同羽奴思汗個人給中亞伊斯蘭
教界的權威人士留下的印象有直接的關係。《拉失德史》中借
一位大毛拉馬黑麻·哈孜之口說：

> 我過去聽說羽奴思汗是一個蒙兀兒人，所以我斷定
> 他是一個沒有鬍鬚的人，其生活方式就像這片沙漠
> 中的任何其他突厥人一樣。但是當我看到他的時
> 候，卻發現他是一個舉止文雅的人，滿臉鬍鬚，具有
> 塔吉克人的臉型，他的談吐風度即使在塔吉克人中
> 間也是少見的。❸❽

這位大毛拉話中將蒙兀兒人與突厥人並提，顯然是用他
們來與穆斯林民族作對比，因為塔吉克人也屬於突厥語系的
民族，此處則被借喻為穆斯林民族的代名詞。這席話清楚地
表明，蒙兀兒人經過長時期的通婚和同化後，在血統、生活
方式，包括言行舉止、氣質教養都與早已伊斯蘭化的各突厥
語系民族，沒有多大區別了。另外，在羽奴思汗介入自己在
馬維蘭納兒（河中地區）的兩個女婿汗位之爭時，有個前來
參與調解說和的著名火者（和卓，即聖裔）看到羽奴思汗後，
就指著羽奴思汗對周圍的速檀（蘇丹）說：

---

❸❽　同❸⓪，頁299。

> 我已經看到羽奴思汗和蒙兀兒人了。這樣一位帕的
> 沙的臣民不應被人當作擄獲物帶走。他們是信仰伊
> 斯蘭教的眾民。❸

　　據《拉失德史》稱，此後在中亞之地，再也沒有蒙兀兒人被當作奴隸來買賣，而此前他們和其他異教徒（包括漢族男女）一樣，是常常被穆斯林掠賣為奴的。❹

　　在因癱瘓而臥床近兩年後，羽奴思汗於1487年逝世，享年七十四歲，成為察合臺後汗中的長壽者。其長子馬合木在塔什幹繼位，統治汗國的西部。其次子速檀·阿黑麻汗（西元1487～1504年在位）在東部稱汗。他在吞併了維吾爾地區後，以吐魯番為都，成為該地區蘇丹政權的統治者。阿黑麻汗篤信伊斯蘭教，禮敬德爾維希（托缽僧之義，蘇非教團的高級成員）和穆斯林學者，甚至按教法來治理朝政。明弘治元年（西元1488年）十月，他率軍東侵哈密，執殺明朝冊封的忠順王罕慎。六年以後，穆斯林軍隊再度攻佔哈密，還掠走明朝冊封的哈密王陝巴。這兩次大敗瓦剌人的勝績，令其聲名大振。瓦剌人稱其為「阿剌扎汗」，意為「嗜殺之汗」，這從側面反映了穆斯林君主在哈密地區的武力擴張，又躍上一個新的臺階，看來，剽悍的瓦剌人終究未能成功地阻遏伊

---

❸　同❸，頁300。

❹　同上。

斯蘭勢力的東擴。

阿黑麻汗的長子滿速兒汗（西元1501～1543年在位）是第一位其父在世時即已主持政事的蒙兀兒汗王。希吉拉曆907年（西元1501～1502年），阿黑麻汗應邀前往河中馳援其兄速檀·馬合木汗，其時後者正與月即別─哈薩克人聯軍首領沙亦乩汗作戰。行前阿黑麻汗立長子滿速兒監國，並賜其汗號。以後阿黑麻汗和其兄兵敗，淪為階下之囚。沙亦乩汗在從馬合木手中奪取塔什幹等地後，按臣屬之禮釋放了他們兩個，回到阿克蘇時，滿速兒為兩位汗王接駕。阿黑麻汗重掌政事，滿速兒則受命東行去鎮守吐魯番地區。其父於1504年中風病故後，他也正式成為整個汗國的最高統治者，並以吐魯番為都城。阿黑麻汗的第三子速檀·賽德汗卻和兄弟速檀·哈里勒·速檀在伊黎河谷及七河流域掀起暴動，被滿速兒汗在阿拉木圖擊潰。在逃亡中，速檀·哈里勒·速檀被安集延（位於烏茲別克境內費爾幹納盆地東南部）的監治官處死；速檀·賽德汗卻死裡逃生。明朝正德九年（西元1514年）春，他又東山再起，消滅了盤踞喀什噶爾多年的阿巴·乩乞兒（忽歹達的曾孫，即忽歹達孫子桑尼司·米兒咱的次子）政權。阿巴·乩乞兒（1480～1514年在位）曾屢敗東察合臺汗國諸汗的軍隊，連羽奴思汗、阿黑麻汗、滿速兒汗均為其手下敗將。速檀·賽德汗將其俘獲後處死，總算給擁有「黃金家族」後裔身分的汗室挽回些面子，同時也恢復了汗室成員對天山南麓諸地的直接統治。蒙古朵豁剌惕部異密的勢力遭此沉重打

擊後，也日漸衰落不振。速檀・賽德汗自己就在喀什噶爾、
英吉沙、葉爾羌等南疆地區創立了歷史上的「葉爾羌汗國」
（西元1514～1678年），東察合臺汗國實際上已名存實亡，成
為滿速兒汗的吐魯番政權與賽德汗的葉爾羌王朝對峙的局
面。1516年，兩位可汗在阿克蘇和苦先（庫車）之間會晤。
實力強大的速檀・賽德汗宣布臣服於滿速兒汗，並下令在朗
誦虎土白時要用滿速兒的名字。❹這樣，東察合臺汗國內的
東西兩個政權相安無事地保持了二十年和平。據說，在東察
合臺汗國歷史上這段難得的太平時期內，不論何人都可以隻
身從中國的哈密旅行到中亞的名城安集延，無須繳納任何關
稅，旅途中每天夜裡都可以投宿於一個人家，並被作為客人
接待。❷

　　速檀・賽德汗在1533年進攻克什米爾喀耳木人異教徒的
回軍途中去世。滿速兒汗在賽德汗死後曾進攻阿克蘇，但兩
次均告失敗；他在與境外月即別（烏茲別克人）—哈薩克人
的戰爭也都慘遭挫敗。滿速兒汗還經常對「契丹」（中國）進
行「聖戰」，曾攻佔哈密，深入肅州（今甘肅酒泉）附近劫掠，

---

❹　虎土白即阿拉伯文Khutbah的音譯，原意為「演講」、「說教」。又譯
　　作呼圖白。教長或阿訇在「聚禮」或「會禮」禮拜時宣教的講詞。
　　內容除根據時勢佈道說教外，還有誦念有關的《古蘭經》經文，讚
　　頌阿拉，以及宣講先知的聖行等，古時還要為哈里發或國家君主祝
　　福。此處即指阿訇在宣講呼圖白時為滿速兒汗祝福，這也是賽德汗
　　承認其長兄名義上的元首地位。

❷　同❸，頁345。

令河西走廊一帶的民眾飽嘗兵燹之苦。這位可汗在宗教上也以虔信著稱於世。只要一有閒暇，他即研究教法和誦讀《古蘭經》，其親信告訴《拉失德史》的作者，滿速兒汗只用五分之一的時間來處理朝政，其餘時間都花在誦讀《古蘭經》、禱告、作禮拜和讚頌阿拉。到晚年，滿速兒汗退隱，由其長子沙汗繼位。沙汗死於對瓦剌的一次掠奪性襲擊中。速檀·賽德汗的兒子拉失德汗趁機出兵，在其併吞了東部地區後，新疆地區的歷史便完全進入葉爾羌汗國時期。

二、和卓勢力的形成及其膨脹

　　在葉爾羌汗國統治時期（西元1514～1678年），在統治者不斷倡行的「聖戰」推動下，伊斯蘭教業已傳播至新疆全境。而對是地伊斯蘭教發展走向乃至新疆的社會歷史具有更重要影響之事，乃是和卓勢力的形成，更確切地說，特別是中亞布哈拉地區瑪合圖木·阿雜木和卓家族的入疆，以及它在宗教上，包括在政治的迅速崛起，成為左右新疆政局的重要宗教勢力。

　　和卓一詞係波斯文Khvaje的音譯，也有譯作和加、哈加、賀加、火者、霍加等，原意為顯貴、老爺、長官、富有者等。古突厥文又指「受過教育者」或「能讀會寫之人」，現代土耳其文指「先生」、「老師」。❸在中亞和我國的新疆的穆斯林地區，該詞專門用來尊稱伊斯蘭教的「聖裔」。據舍費爾《中亞

---

❸　同❸，頁530。

史》考證，「和卓」係指穆罕默德兩個岳父阿布·伯克爾和歐麥爾（兩人均為伊斯蘭教的正統哈里發，阿布·伯克爾的女兒阿以莎、歐麥爾的女兒哈福賽都是穆罕默德之妻）的後裔，地位略低於穆罕默德的兩個女婿奧斯曼和阿里（兩人也均為伊斯蘭教正統哈里發，穆罕默德之女魯蓋婭和媼姆·庫勒蘇姆都是奧斯曼的妻子，奧斯曼因而獲得「雙光者」之榮稱。穆罕默德之女法蒂瑪為阿里之妻）的後裔。伊斯蘭教對法蒂瑪所傳後裔的尊稱是「賽義德」，此為阿拉伯文Sayyid的音譯，原意為「主人」、「先生」、「首領」，轉義為「聖裔」。什葉派規定只有法蒂瑪與阿里的次子侯賽因（在卡爾巴拉慘案中殉難）的後代方可獲此稱號。代表法蒂瑪長子哈桑的世系則冠以「謝里夫」的頭衛，此為阿拉伯文Sharif的音譯，原意為「高貴者」、「貴人」，意同「聖裔」。在中亞地區，將和卓分為兩個系統，一為和卓·賽義德·阿塔系；一是和卓·朱巴里系。前者擁有能證明自己「聖裔血統」的證書；後者已遺失證書，只是靠傳統與聲望來維持或樹立自己的「和卓」身分。❹事實上，後一種系統的存在給伊斯蘭教上層人物提供了利用聲響來將自己裝扮成「聖裔」的絕佳機會。如東察合臺汗國創建者禿黑魯帖木兒汗的兩個兒子，亦里牙思火者和黑的兒火者雖說是蒙古血統，其祖父輩以上甚至連穆斯林都不是，但他們也有「火者」的頭衛。葉爾羌汗國建立者速檀·賽德汗，其名號中的「賽德」是「賽義德」的另一種音譯，顯然，能

─────────────

❹　同❸，頁558。

夠表明其高貴血統的頭銜，為這些世俗的君主平添了許多神
祕的宗教色彩。

　　和卓進入新疆並形成氣候，主要是在葉爾羌汗國時期。
賽德汗本人就曾師事其時的宗教泰斗哈司剌·馬黑吐米火
者。由於早年引導禿黑魯帖木兒汗入教的阿兒沙都丁家族（亦
可作額西丁家族），也是東察合臺汗國境內的伊斯蘭教世襲
首領，到葉爾羌汗國初期仍然保持著對世俗政權的控制和影
響力。這種狀況引起賽德汗之子拉失德汗的不滿。此汗是一
個喜歡專擅大權之人，他先是對已顯強勢的朵豁剌惕部異密
家族大開殺戒，基本上鏟除了這個時代握有重權的異密家
族。接著，為了與阿兒沙都丁家族抗衡，特別是在宗教上對
其加以制約，他從中亞請來了依禪派和卓·穆罕默德·謝里
夫。後者被奉為國師，拉失德汗每遇大事，都要徵詢這位「聖
裔」的意見。拉失德汗將今葉城地區劃為謝里夫的宗教基地，
並修築了塔里木盆地南緣地區的第一座罕尼卡（道堂）。由於
謝里夫來到葉爾羌傳播依禪派的教義，又在阿圖什、喀什噶
爾吸收教徒，依禪派很快傳布開來。據說，喀什噶爾全城居
民都成了他的信徒。謝里夫死後，拉失德汗還特意為其修建
了豪華的麻札（位於今新疆莎車縣城西北），崇拜他的穆斯林
希冀後世也能得到其庇護，因而死後紛紛安葬於謝里夫麻札
附近，遂令是處成為一個陵墓建築群。外地去麥加朝觀的穆
斯林路過此地，通常來此朝拜；本地穆斯林需先拜此麻札後
再前往麥加聖地。正是謝里夫成功的傳教活動，使原來在南

疆可以呼風喚雨的世襲伊斯蘭教首領阿兒沙都丁家族的影響力相形見絀而日漸式微。❹

　　和卓勢力真正形成氣候的標誌是中亞的瑪合圖木·阿雜木家族進入天山南部，以及該家族在喀什噶爾的興起。瑪合圖木·阿雜木（西元1461～1542年）是中亞布哈拉著名的蘇非教團，即納合西班迪教團的第五代教主（西元1516年繼任）。其人曾到喀什噶爾來傳播依禪派教義和發展勢力，並當過拉失德汗的宗教顧問，還在此地取得了和卓的頭銜，其後裔在追溯其家世時，尊稱他為穆罕默德的第二十一代孫。不過，當時被汗室尊奉為最高宗教權威的是「國師」謝里夫和卓，瑪合圖木·阿雜木顯然無法與其一爭雄長，在未能施展抱負的情況下，他只得返回故鄉撒馬爾罕，並在是地去世。

　　由於拉失德汗在位時，阿兒沙都丁宗教家族已經失勢，因此，當謝里夫死後且又沒有留下其世襲的家族系統，葉爾羌汗國內遂出現暫時的宗教權勢真空。1570年，拉失德汗也在葉爾羌去世，其汗國隨即出現動亂，拉失德汗的次子阿不都·克里木汗是合法繼承人，但當他登位後，其弟虎來失（和闐總督）反叛，進入吐魯番地區。面對國內政局動盪的形勢，新汗一方面派遣其弟馬黑麻（阿克蘇總督）等前去鎮壓；另一方面，他也出於尋求宗教勢力支援的目的，向居處中亞的瑪合圖木·阿雜木和卓家族發出了邀請。這種特殊的政治情

❹　　參見新疆社會科學院宗教研究所，《新疆宗教》，新疆人民出版社，1989年1月第1版，頁194–195。

勢為該和卓家族正式進入新疆南部地區，以及以此為基地發展和擴充其勢力提供了絕佳的歷史機遇。

瑪合圖木‧阿雜木和卓的家族此刻也產生了爭奪激烈的內訌。瑪合圖木‧阿雜木長子為穆罕默德‧伊敏和卓（瑪木特‧額敏），又名依禪卡蘭；瑪合圖木‧阿雜木的幼子伊斯哈克和卓是依禪卡蘭的異母兄弟，按照載述該和卓家族生平事跡的《大霍加傳》，依禪卡蘭就是被伊斯哈克毒死的。這種家族成員間的仇殺和勢不兩立，與教主的繼承權有直接相關。敵對雙方的爭鬥起始於中亞，並隨著雙方先後進入新疆地區，又繼續了彼此的攻訐，且在規模、影響的力度上都擴大升級了許多。而依禪卡蘭是以後新疆伊斯蘭教白山派的首任教主，伊斯哈克則是後日新疆伊斯蘭教黑山派的第一代創立者。

葉爾羌汗國的阿不都‧克里木汗發出邀請後，伊斯哈克在明朝萬曆八年（西元1580年）末來到喀什噶爾傳播依禪派教義。雖說阿不都‧克里木汗對其態度由熱情到冷落，但憑藉著自己在南疆（葉爾羌、喀什噶爾、和闐、阿克蘇等地）的多年傳教，伊斯哈克事實上已成為擁有眾多信徒的伊斯蘭教精神領袖；而瑪合圖木‧阿雜木和卓家族在天山南部的宗教統治地位也開始形成。

阿不都‧克里木汗死後（約在西元1591～1592年），其弟馬黑麻汗繼位，他在擔任阿克蘇總督時，業已成為伊斯哈克的忠實信徒。因此，當他上臺後，立即向已返回家鄉的伊斯哈克派出信使，稱自己是和卓最卑下的奴隸，願把自己的頭

獻給和卓作為禮品。❹其時葉爾羌汗國已達鼎盛階段，包括
哈密、吐魯番等東部在內的新疆各地，清真寺的教長們在呼
圖白中都要提到馬黑麻汗的名字，沖制錢幣時也得使用他的
名義。馬黑麻汗既是一位強有力的君主，同時也是一位虔誠
的穆斯林。伊斯哈克在撒馬爾罕去世，死前指定其子和卓莎
迪為繼承人。當莎迪從撒馬爾罕前往葉爾羌汗國時，馬黑麻
汗親自到葉爾羌城外兩站遠的地方迎迓，並徒步為和卓莎迪
牽馬，接進宮中後奉若上賓。自此，和卓伊斯哈克一系即黑
山派的勢力在世俗統治者的大力支持下，迅速發展到各地。
與此同時，依禪卡蘭的兒子穆罕默德・玉素甫和卓也來到新
疆，並在喀什噶爾活動，白山派的勢力也由此在新疆各地培
植自己的勢力。

　　源自瑪合圖木・阿雜木的這兩支和卓系統在葉爾羌汗國
的馬黑麻汗死後的多事之秋中，也成為爭奪世俗政權的貴族
們尋求宗教方面支持的首選對象。而在長期的政治動亂過程
中，和卓勢力也不斷地膨脹擴大，他們的身分也從世俗政權
的支持者變成君主背後的操縱者，而那些汗王、異密們作為
不同宗教派別的信徒，又往往運用行政力量和手段來扶植本
派勢力，或加強鎮壓打擊敵對宗教派別的力度。這又進一步
加劇了原本就已存在的和卓家族內部的裂痕，敵對雙方的宗
教派系鬥爭也愈演愈烈。同時，原本從事宗教活動的和卓們
也越來越多地直接參與或介入汗國的政治鬥爭，如蘇丹馬合

❹　《維吾爾族簡史》，新疆人民出版社，1991年4月第1版，頁153。

木汗就是被和卓謀殺的；另一位阿布都拉汗則在宗教上傾向
於伊斯哈克和卓一系，即支持黑山派，而該派領袖莎迪和卓
本人也曾親自參加阿布都拉汗攻打吉爾吉思的征戰，足見黑
山派與這位可汗的關係之深。至於阿布都拉汗在清初的下臺，
同樣是白山派勢力不斷滲透到汗國統治層的直接後果，其子
堯勒巴斯汗所發動的政變，就是白山派首領穆罕默德·玉素
甫與兒子伊達耶圖拉（即阿帕克和卓）一手策劃的。從某種
程度上說，這種汗室巨變，實際上就是仇怨積深的伊斯蘭教
兩派和卓之間的鬥法及彼此勢力之消長在政壇上的反映。頗
具諷刺意義的是，當年葉爾羌汗王們特地請來並奉若上賓的
和卓勢力，正是後來直接顛覆和結束汗國政權的始作俑者。
入清以後的二百年裡，雖然葉爾羌汗國已從歷史舞臺上消失，
但和卓勢力在新疆各地導演的一幕幕政治醜劇，卻仍然延續
著，並成為是地政教關係發展歷史的一根主線。

第四章

清代社會中的穆斯林

當穆斯林的生存環境變得日趨惡劣，
伊斯蘭教的發展條件受到嚴重的外來威脅時，
反而激發了信教群眾的宗教熱情。

第一節　清代的民族宗教政策及回應

一、清代前期穆斯林的武裝鬥爭

明朝崇禎十七年（西元1644年）三月十九日，李自成的部隊攻破北京，明朝崇禎皇帝在煤山自縊，紫禁城由大明易主為「大順」。四月二十一日，因遭明山海關總兵吳三桂的關寧勁旅和清軍主力的夾擊，李自成軍在一片石全線崩潰。五月三日，清攝政王多爾袞率領的滿洲鐵騎進入朝陽門，紫禁城也由大順易主為大清。九月，年幼的清世祖福臨自瀋陽來到北京。十月朔，祭告天地後即皇帝位，是為順治帝。是時清政權雖已入關並立足北京，但根基未穩，全國各地反清的武裝抗爭此起彼落，不惟漢族軍民在大江南北舉起「反清復明」的大旗，就連散居在各地的回民，也加入了當時抗清的洪流。曾有不少回回民眾加入了南明政權，桂王退入緬甸時，有一部分追隨桂王的回民穆斯林被遏阻於雲南騰衝、保山一帶，他們為表心志，乾脆以「明」為姓，以示對故國舊朝的忠烈之心，和對清的不甘屈服之意。廣州有三個穆斯林將領，因堅持抗清而犧牲，受到回民的高度褒揚，他們被譽為「教

門三忠」。

　　參加反清的回民武裝起義中，規模尤以回民聚居密集的陝甘等地為著，最大的一次是順治五年（西元1648年）三月爆發的甘州起義。領導人是回回米刺印和丁國棟等人，米刺印原為甘州副將，他在誘殺了巡撫張文衡後，據有甘州，又率隨他起義的十萬大軍南下，連克涼州（武威）、蘭州、河州（臨夏）、岷州（岷縣）等重要城市。在「反清復明」的口號下，這支回回抗清義軍擁立明朝宗室延王朱識錛，並與清軍展開了多次殊死戰鬥，在清陝甘總督孟喬芳所率清軍的鎮壓下，米刺印和朱識錛在涼州戰敗被殺。是年八月，清軍進攻甘州，丁國棟退保肅州（酒泉）。時逢另一支由回回「闖蹋天」率領的義軍攻據狄道（臨洮），鄰省山西等地也有大同總兵官姜鑲起兵抗清，秦隴河朔之地一時反清聲勢復振，清廷為之震懼，遂加緊增軍助剿，攝政王多爾袞親自督兵攻大同。由於當時滿洲鐵騎入關不久，戰鬥力尚處於上升勢頭階段，果因雙方實力懸殊，及至順治六年十一月，和各地抗清義軍紛紛被鎮壓的情況相似，肅州的回軍也被清軍擊潰，丁國棟和其部眾均遭殺害。

　　清代歷順治、康熙兩帝統治，基本上撲滅各地反清的烈火，復經雍正與乾隆兩帝經營，除新疆尚有準噶爾部的叛亂外，內地已呈現國富民安的盛世之象，但就在乾隆四十六年（西元1781年），發生了令清廷震動的撒拉族穆斯林蘇四十三領導的起義；三年後又發生了回民田五等人率領的反抗官府

的鬥爭，可以說，18世紀80年代穆斯林的武裝起義，是以後接踵而至的90年代苗族起義及白蓮教起義的前奏曲，它反映了清朝統治下的民族衝突的日益尖銳，也使原屬伊斯蘭教教內的教派間對抗轉化為穆斯林各民族群眾與清廷之間的政治對抗，並最終對有清一代統治者制定有關的民族宗教政策產生了十分重要的影響。

　　蘇四十三起義直接源起於新、老教派之爭。早在乾隆初年，河州回民中即有所謂前開、後開的派別之分，前開派主張齋月裡先開齋後禮拜，後開派則堅持先禮拜後開齋。到乾隆十二年（西元1747年），持前開主張的河州回民馬來遲（西元1681～1766年）由麥加朝覲回鄉，其所創花寺門宦（虎夫耶）後由河州傳至今青海循化一帶，並逐漸替代原來的格底目老教而取得統治地位。但花寺門宦的地位後又遇到來自馬明心所創哲赫林耶的強有力挑戰。馬明心（西元1719～1781年）是甘肅階州（今甘肅省武都縣）回民，他在朝覲麥加歸來後，在河湟地區傳播自己的宗教，由於他宣傳教法和修持並重，主張簡化宗教儀式，反對聚斂財富，認為教權應傳賢不傳子等，新穎的主張吸引了廣大穆斯林皈依，在當地民眾中很有號召力的賀麻路乎、蘇四十三等拜其為師，從者如流，結果被時人目為「新教」的哲赫林耶反盛於花寺門宦，這也相對地激化了二者間的矛盾。乾隆二十七年（西元1762年），馬來遲兒子馬國寶在循化張哈工寺與馬明心相遇,遂起爭執,訴諸官府的結果是兩人同被逐出循化。兩派領袖結下梁子後,

在乾隆三十四年（西元1769年），新老兩派又起教爭，蘇四十三和韓二個在這次教爭後成為新教的領導人。在起義正式爆發前，教爭和仇殺已發生過多起，而且雙方都把最高仲裁者的權威拱手交給官方，因為「兩派都想利用清官府的力量制裁對方」。❶在這種情況下，宗教教派鬥爭還未轉化為信教群眾與政府間的直接對抗，因此，官方的態度就顯得十分重要了。然而當時甘肅省河州的地方官們並未能妥善應對這種很難劃分哪一方為正義的教爭，可以說，這些官員們相當輕率地對其中一方作出支援的允諾或表態，是直接促成這次武裝反抗的導火線。

乾隆四十六年三月，因這年年初教爭仇殺又起，陝甘總督勒爾謹遣派蘭州知府楊士璣會同河州協副將新柱帶兵前往出事地點循化查辦。蘇四十三帶教徒佯裝老教教眾出迎，以探虛實，摸清官方意圖和傾向。愚蠢而狂妄的新柱當即表態：「吾儕奉上憲來此查辦，當為汝等做主，殺盡新教。」他又稱：「新教若不遵法，我當為汝老教做主盡洗之。」一個地方官員不負責任地作此斷然表示，實在可用「駭人聽聞」四個字來形容。因為，即便新柱此時所遇到的真是老教（花寺門宦）群眾，也不宜妄發此語，固然不致在當夜送命，但老教方面也會受此「鼓舞」而向新教祭起復仇的屠刀，教爭一開，已表明態度的官方當然也會被牽扯進去，屆時已無法再作超脫

---

❶　高佔福，《西北穆斯林社會問題研究》，甘肅民族出版社，1991年5月第1版，頁158。

的第三者來介入教派的爭端，新教早晚會聞悉官員的態度而將之視作不共戴天之仇，官方至此想要抽身也不可能了。據《道光皋蘭縣續志》卷六〈邊績〉載，新柱狂語一出，果然見蘇四十三「遽起，目逆黨，作番語曉曉不可曉」。當夜，蘇四十三即聚集群眾千餘人，於三月十八日夜進入白莊殺了新柱，次日清晨又趕到起臺堡，殺了河州知府楊士璣。這樣，原本伊斯蘭教內部的教派之爭，竟然發展成穆斯林的反清起義。個中原因在大學士阿桂與和珅的奏摺中也提到：「勒爾謹並不查明強弱眾寡情形，即派副將帶兵前行，激而生變，實勒爾謹辦理不善所致。」❷

　　三月二十一日，蘇四十三率男婦二千餘人，直撲河州城，殺死清知府周植、都司李琦、千總朱為奇、外委楊天得、徐烈等官員，釋放所有在監犯人，並為槍支配備了充足的火藥。起義軍攻佔河州後，新教領導人馬明心及家屬被拘捕關在蘭州。面對大批清兵的進剿形勢和教主落難，蘇四十三決定趕渡洮河，襲取蘭州。途中東鄉族穆斯林紛紛加入這支已公開打出反清旗幟的起義隊伍，可見各族穆斯林對清政府平時的壓迫積怨之深。當時蘭州城的西關、南關居住著許多回族穆斯林，僅西關的海家灘就有千戶左右的穆斯林，他們也投入了蘇四十三的隊伍。在三月二十六日攻入西關的戰鬥中，清軍把總張廷棟等多名武官也被殺死。義軍的勝利讓清官方驚惶失措，乾隆皇帝連發聖旨，急調各路援兵待命出擊，並撥

❷　《清高宗實錄》卷1130。

戶部一百八十萬兩銀充作蘭州軍餉，以朝廷重臣，大學士誠勇公阿桂佩欽差大臣關防並尚書和珅赴剿，傾全國之力來對付西北一隅幾千穆斯林隊伍，統治者色厲內荏的心態可見一斑。

三月二十七日，義軍猛攻西門，蘭州八百名標兵已有點抵擋不住，布政使王廷贊迫令已身陷圍圄的馬明心登城勸諭教徒退兵。史稱他「俯向城下翻譯數語，色甚厲；俄挽頭上巾擲城下。」❸教主之舉無疑給了教徒極大的鼓舞，宗教的力量是世俗的清朝官員所無法想像的，當義軍在城下看到城樓上馬明心的身影時，紛紛「滾馬下地，口稱聖人，揮涕如雨。」❹當時場面十分壯觀，「數千人望見明心，皆伏地跪拜，誦新教經，作番語。」緊接著是「怒嘯而起，攻城益急」，「群賊集木植器具，堆積城門，縱火焰以撲。烈炬沖霄，岌岌乎存亡呼死跌死者數十人。」❺只是清朝固原鎮總兵圖欽保率援軍趕到，才使守軍免失城池。馬明心也於是日被清軍殺害於蘭州西城樓下，哲赫林耶教並尊其為「束海達依」（「為主道而犧牲的人」）。經過激戰，蘇四十三面對不斷為前來的清後續援兵，只得將部隊轉遷到省城西南的華林山一帶，雙方進入相持階段。

在蘭州戰事最激烈之際，陝甘總督勒爾謹與西寧鎮總兵

---

❸　《道光皋蘭縣續志》卷6，〈邊績〉。

❹　同上。

❺　《平回紀略》，頁2；〈蘇州紀略〉卷2。

貢楚達爾率清兵包抄義軍後路，他們收復河州城，擒殺蘇四十三的弟、侄和起義骨幹的家屬子女多人。還在循化地方捕獲義軍家屬三百多人。勒爾謹遣兵抓人時，撒拉族的婦女、小孩都手持棍棒、懷揣石頭，埋伏在兩面山坡上，等到清兵進入山谷後，穆斯林婦孺突然襲擊，他們以石頭和棍棒打死打傷不少清軍五尺健卒，甘肅哲赫林耶群眾對此役引以為豪，他們中流傳著與此有關的歌謠，其一是「但見桃花一時落」，是說姓陶的清軍軍官所率兵士被擊敗的慘況。❻在相持階段中，新教群眾憑藉著華林山有利地勢，又築起巧妙的防禦工事，令清軍屢嘗失敗滋味。固原鎮總兵圖欽保在戰鬥中因傷身亡，涼州都司王宗龍也斃命於戰場，許多朝廷大員也多有受傷。清廷在「平三藩」時倚仗的綠營兵也早已威風不再，平日裡養尊處優，缺乏訓練的清兵遇到拿起刀槍反抗的百姓，雖在十倍於對方的情況下，居然一籌莫展，這不能不讓乾隆皇帝大光其火。同時，統治者對穆斯林勇悍威猛也有了深刻的印象。陝甘總督勒爾謹終因「師曠日久」而觸怒龍顏，被革職後送交刑部治罪，身為寵臣的和珅也被調返北京。

　　為打破久攻不下的僵局，阿桂自河南抵達蘭州後，執行乾隆「以賊攻賊」的計謀，讓老教群眾充當攻打義軍陣地的先鋒，打仗時，「第一排係舊教士兵，第二排係綠營兵丁，第三排係駐防滿兵，其領兵官員在後督戰。」❼乾隆在給阿桂的

---

❻　楊懷中，〈論十八世紀哲赫林耶穆斯林的起義〉，文載《回族史論稿》，寧夏人民出版社，1991年8月第1版，頁332。

上諭中講得很清楚:「即應明切曉諭老教之人，赦其互相爭殺之罪作為前驅，令其殺賊自效，如此，以賊攻賊……而賊勢益分，剿滅自易。」❽這也暴露了乾隆皇帝所代表的滿清統治階級的真實想法，穆斯林群眾在其心目中，不管皈信的是新教還是老教，都只是「賊」而已，而從具體打仗時屬於老教的各族穆斯林被排在最前充當替死挨槍者，然後是漢人為主的綠營兵，滿人駐防旗兵又在後，最後督戰的是領兵官，這種隊式所包含的民族歧視，明眼人一看即知。乾隆帝與其官員們在民族壓迫方面真可以說是上行下效了。

　　到六月十五日，清軍終於攻入華林山，蘇四十三等義軍大部戰死，剩下二百多人由蘇四十三的徒弟小木撒率領，退守華林寺。七月初五，清軍用火焚燒，經過一晝夜的激戰，直到初六，義軍才全部壯烈犧牲。至此，清兵歷經五個月的較量，才以二萬多的士兵，鎮壓了人數僅數千的穆斯林義軍。

　　三年後，即1784年，正當清廷在進行所謂「善後」處理時，回族聚居的今寧夏西海固（西吉、海原、固原三縣）地區又爆發了哲赫林耶教徒起義，此次起義的領導人為馬明心門徒田五、張文慶、馬四娃等人。義軍將據點修築在石峰堡，為表示視死如歸之心，舉義教徒們還專門穿上了所謂的「白色號褂」，即穆斯林去世後所穿的「可凡」。田五等人提出的口號也很明確，就是「為馬明心報仇」。田五又名田富，他在

❼　《蘭州紀略》卷12。

❽　《東華續錄‧乾隆》。

乾隆四十九年（西元1784年）的四月十五日發動教徒起義，
在與前來鎮壓的清軍戰鬥中，穆斯林軍隊利用石峰堡等地的
險要地勢，先後重創清軍，並曾打死清軍副都統明善、守備
福泰、夏治、千總趙良樞、外委秦玉、趙宗先等；總兵蘇靈、
副將玉柱、游擊高人杰、汪啟、德海、哈明阿等也被箭石打
傷。值得一提的是，在大學士阿桂、陝甘總督福康安七月初
七的奏稿中稱：「此次逆回起事，糾合勾連，大概總以欲洗回
民為詞肆行煽鼓，以致愚蠢無知各懷疑懼，日聚日眾。毋論
新教回民相率成群，即舊教亦多有聽從入黨，而中守法良回
不肯從賊並協同民人守禦者亦復不少。」❾這表明在朝廷與新
教穆斯林的對抗中，原屬舊教的群眾也產生了分化，毅然站
到反清的行列。「洗滅回民」的恐怖陰影固然是起義者對朝廷
殺人如麻政策的揣估，畢竟也有現實的根據，朝廷對穆斯林
的苛待，包括在各民族之間有意製造人為的歧視及由此而生
的隔閡與不信任，這一切均使甘、寧、青等地的各族穆斯林
產生極大的不安全感，稍有風吹草動，便如驚弓之鳥，與其
受人宰割，莫如先下手為強，武裝自保，這應當是大多數參
加舉事的穆斯林群眾之心態。

　　田五起義最終因敵我力量過於懸殊而告失敗，但驍勇善
戰的穆斯林義軍對清廷的打擊之沉重，終究成為乾隆心上揮
之不去的可怕噩夢，這亦促使他制定了與其祖父輩不同的民
族宗教政策，從而使信仰伊斯蘭教的各民族群眾——尤其是

---

❾　《欽定石峰堡紀略》卷14。

內地（情況與新疆有所區別）回回民族為主體的各族穆斯林
──走進一個自伊斯蘭教傳入中國以來最為黑暗的歷史階
段。

二、統治者的高壓政策

　　蘇四十三起義爆發前，伊斯蘭教雖然沒有，也不可能獲
得像儒、佛、道三教那樣的地位，成為統治階級青睞或重視
的社會主流文化，但也沒有被統治階級看成像白蓮教那樣的
旁門左道而被打入另類。乾隆和其祖父康熙、父親雍正一樣，
在對待伊斯蘭教方面，都曾表示過一定程度的寬容和尊重。

　　康熙、雍正統治時期，朝廷重臣中業已存在著攻擊伊斯
蘭教與回回穆斯林的現象。如雍正初年，山東巡撫陳世倌、
署理安徽按察司魯國華等先後上疏奏言「回教不敬天地，不
祀神祇，另定宗主，自立歲年，黨羽眾盛，濟惡害民」，「又
平日早晚皆戴白帽，設立禮拜清真等寺名色。不知供奉何神」。
出於對伊斯蘭教信仰的無知，這些高官大員竟將迥然有別於
漢族社會主流文化的伊斯蘭教的宗教功課、教曆、節日以及
相關的禮俗等，都視作罪逆行止，因而建議朝廷「請概令出
教，毀其禮拜寺」，「請令回民遵奉正朔，服制，一應禮拜等
寺，盡行禁革。倘怙終不悛，將私記年月者照左道惑眾律治
罪。戴白帽者以違制律定擬。如地方官容隱，督撫徇庇，亦
一並照律議處。」❿好在皇帝的頭腦還算清醒，在下詔批駁這

❿　雍正二年陳世倌疏言，雍正三年魯國華奏摺。

類奏疏時，雍正明確表示回民信仰伊斯蘭教「乃其先代留遺，家風土俗」，「非作奸犯科，惑世誣民者比」；穆斯林為「國家之編氓」，「國家之赤子」，朝廷應對其「一視同仁」，「不容以異視」；伊斯蘭教之大略不外於綱常仁義之事，是勉勵回民「孜孜好善」，成為「醇良」的。雍正切責陳、魯等官「不知其出於何心」，「非有挾私報復之心，即欲惑亂國政」。並詔令將魯國華「交部嚴察議處」。❶魯國華因此革職留任，後回京贖罪，效力行走。雍正皇帝的態度反映了朝廷對待伊斯蘭教的政策還是比較慎重的。雍正對於如何管理穆斯林也很在意，當其在位時期，朝廷在西北回民聚居地區正式推行了「鄉約」制度。鄉約制就是在每個有清真寺的地方，由地方官擇立教中公正之人充當「寺約」，一般多由阿訇出任，責令其約束本坊的教徒。而在沒有清真寺的地方實行「回約」，按其鄉里人數擇舉老成者為回約，責令其約束本鄉回民。清政府「各給印札」，責令「分段管理」，約期予限三年，期滿更換。按《軍機處錄副》中的有關檔案載，清廷規定在實行鄉約制的地區和教坊內，不再立掌教、阿訇名目。在這些地方，阿訇只在教內自稱，對外或對官方則稱鄉約或頭人。鄉約制的作用就在於清政府通過鄉約出面約束所屬本寺教徒和本鄉回民，成功地控制了回民聚居地區的基層行政單位。如雍正七年四月詔書中所稱：「自茲以後，父誡其子，兄勉其弟，姻婭族黨，互相箴規，盡洗前愆，束心向善。」政府以不干預穆斯林的宗

---

❶　《清世宗實錄》卷80，〈雍正七年（1729年）詔〉。

教事務，換取了回民安分守己地做大清順民。

　　乾隆四十六年發生了穆斯林起義事件後，有關伊斯蘭教的政策發生了很大的變化，官民相安無事的政治平衡一旦被打破後，統治階級對伊斯蘭教和穆斯林的動靜陡然變得敏感起來，反映在政策上就有以下幾方面的特徵：

　　其一，利用教爭，扶植伊斯蘭教內親官方的勢力。這從鎮壓起義過程中，乾隆親自制定的所謂「以賊攻賊」的策略上即可見諸端倪。舊教民眾當時被直接利用為前線攻打起義民眾的炮灰。當清高宗（即乾隆）知道蘇四十三舉事是由於爭立新教，致相仇殺而引起時，即幾番諭示軍機大臣等，企圖利用教派之爭來平定起義，他認為「至新舊教既互相仇殺，必非合夥，或赦一剿一，以分其力，未嘗不可；而其互相仇殺之罪，俟事後再定。」這種利用一派剿殺另一派的作法，在以後乾隆四十九年的對付田五起義中，仍然得到襲用。這也是歷代統治階級所慣用的「以夷攻夷」的傳統觀念作祟使然。但田五起義中有不少人是新教改舊教者，起義據點石峰堡禮拜寺也是舊教禮拜寺，可見僅靠利用舊教，盡拆新教禮拜寺的作法也不是什麼靈丹妙藥。

　　其二，嚴厲鎮壓新教勢力，甚至實行極端恐怖的屠戮手段和強迫性移民措施。在鎮壓起義後的所謂「善後」措施中，對新教教主馬明心的家屬及主要力量一概搜捕並正法，附從新教的男性成年也被處以極刑，其家屬婦女發遣新疆伊犁，賞給厄魯特兵丁為奴，孩童發遣雲南、廣西邊遠煙瘴之地；

被正法者的田產分賞給老教士兵承種輸糧，房屋則一律拆毀。

其三，擴大限制伊斯蘭教宗教活動的力度。革除阿訇、掌教、師父等名目，拆毀禮拜寺及一切聚徒念經之所，搜查各種違規書籍，在禁絕邪教的名義下，新教自在取締之列，舊教實際上也寸步難行。朝廷嚴九家連坐之條，行公舉密首之法，在以前鄉約制的基礎上，將回民編入牌甲，於內揀選老成之人，令其充當鄉約，隨時稽查，如有倡行異教者，即行首告指拿。倘有過往回人、外來流民都不得擅自收留居住。康熙、雍正時期伊斯蘭教可以自由活動的外在相對寬鬆環境已不復存在。伊斯蘭教生存的發展條件頓時變得嚴峻起來，連漢族文人學士飽受其苦的文字獄，居然也讓穆斯林學者們嘗到其苦澀的滋味。這就是發生於乾隆四十六年的「海富潤事件」。

海氏本係海南島三亞村的穆斯林，自乾隆三十九年（西元1774年）始離家往內地各處遊學，蘇四十三起義這年，他由陝西返鄉，途經漢口，因病而羈留於當地的禮拜寺中，寺旁裕興帽店的老闆袁國祚是南京來鄂經商的穆斯林，他曾刊刻劉智的《天方至聖實錄年譜》等著作。兩人結識，臨別時袁國祚贈海氏有關伊斯蘭教的著作。第二年五月，海富潤在經過廣西桂林時，被官吏查出身上所攜帶的阿拉伯文、波斯文的伊斯蘭教經籍和漢文著述。當時正是蘇四十三事件之後，各地嚴究邪教的風聲鶴唳之時，高度戒備的桂林官方立即將其逮捕下獄，廣西巡撫朱椿聞悉後，一面上奏朝廷，一面飛

咨江南各省查辦。結果湖北巡撫逮捕袁國祚，並搜出多種漢文伊斯蘭教書籍，江蘇巡撫則逮捕了為袁氏刻書作序的改紹賢、袁國祚之兄國裕等人，劉智雖已過世，但其孫劉祖義之家亦遭查抄。廣東方面則搜查了省城的禮拜寺及海富潤之家。此案涉及了不少死者與活人，一時間驚動了南方一些省份的穆斯林社區。清高宗接到奏摺後，還算理智，他認為此事「殊屬過當」，牽涉面太寬。遂急下詔稱：「……甘省蘇四十三系回教中之新教即邪教也。今已辦淨根株。至於舊教回民，各省多有，而在陝西及北省居住者尤多。其平日所謂經典，亦係相沿舊本，並非實有謗毀顯為悖逆之語。且就朱椿現在所簽出書內，字句大約俚鄙者多，不得竟指為狂悖。此等回民愚蠢無知，各奉其教。若必鰓鰓繩以國法，將不勝其擾。上年甘省逆番滋事，係新教與舊教相爭起釁，並不借經典為煽惑，朱椿獨未聞知乎。朕辦理庶政，不肯稍存成見，如果確有悖逆狂吠字跡，自當按律嚴懲，不少寬貸。……此事著即傳諭朱椿及畢沅等竟可毋庸辦理。……」❷乾隆皇帝雖然阻止了地方要員追查這樁事涉伊斯蘭教的文字獄，但其手諭中所透露出來的那種對伊斯蘭教與穆斯林的歧視，如「回民愚蠢無知」，貶有關著述「字句大約俚鄙者多」云云，這種情緒

---

❷　《軍機處錄副》，民族類，回族項，第1626號卷，第2號。有關海富潤事件，參見李興華，〈清政府對伊斯蘭教（回教）的政策〉一文，載《清代中國伊斯蘭論集》，寧夏人民出版社，1981年12月第1版，頁12－13。

化的字眼，不會不對朝中百官和地方官員起到惡劣的影響，乾隆皇帝個人對伊斯蘭教及穆斯林的印象不佳，於此也可得到印證。

以乾隆皇帝為代表的清朝統治階級，實行嚴厲鎮壓伊斯蘭教的高壓政策，其結果只是適得其反，當穆斯林的生存環境變得日趨惡劣，伊斯蘭教的發展條件受到嚴重的外來威脅時，反而激發了信教群眾的宗教熱情。以哲赫林耶為例，儘管朝廷將其視作邪教，力求趕盡殺絕，「不留餘孽」，甚至凶殘地實行肉體消滅，但哲赫林耶的「束海達依」，即「提著血衣前進」的決心，在宗教教義上即以「舍希德」的思想表現出來，這也是該教派特別敢於戰鬥的重要因素。嚴酷的歷史遭遇促使哲赫林耶的教徒們堅守自己的信仰，宗教開始走向教徒的內心，信仰成了民眾心靈的渴求與希望，這是統治階級用再多的大兵也進剿攻滅不了的。事實上，不僅僅是哲赫林耶派教民，其他教派或門宦的穆斯林，也都在19世紀下半葉高高舉起反抗日益腐敗的清政府的鬥爭，其活動範圍亦不再局囿於西北幾個省份，連地處西南一隅的雲南，也出現了規模浩大的回民反清起義。

三、清代後期內地穆斯林與政府間的對抗

在太平天國革命運動的直接帶動下，全國各地都爆發了規模不等的各族人民起義，其中由雲南大理回民杜文秀（西元1827～1872年）領導的，以回族民眾為主，聯合漢、彝、

白、傣、納西、景頗、傈僳等各族人民的武裝起義，尤其引人注目。這支隊伍於咸豐六年（西元1856年）攻佔了大理，建立了大理政權。

　　杜文秀字雲煥，是雲南保山縣金雞村人，他原名楊秀，後因過繼給無子嗣的姑母杜氏，遂易名為文秀。杜文秀曾中過秀才，據說在家鄉開過茶鋪自家當壚，顯見是迫於生計所致。道光二十五年（西元1845年），雲南永昌發生了屠殺回民的事件，穆斯林被迫起來自衛，在這次清政府地方官吏與地方豪紳團練殺戮回民的惡性事件中，杜文秀的親戚也慘遭毒手。事後杜文秀曾專門上北京控告，指斥「文武官員，視回如仇，放匪掩殺，縱丁搶擄。」❸這表明杜文秀對朝廷仍存幻想，希冀清政府能懲處那些肇禍的地方官吏和惡霸哨練，否則他也不會千里迢迢地上京告御狀了。清廷雖派林則徐到滇查辦了永昌案，但清政府的民族政策並無半點改變，官紳團練屠殺鎮壓回民穆斯林的事件仍時有發生。杜文秀針對多起漢、回仇殺械鬥事件或爭鬥慘禍，認識到「漢回互鬥起於細微，實由永昌文武官並雲南大吏釀成屠殺之慘禍而殃及全省，咎多在官，而不在民。」❹在對導致漢、回關係緊張的根源認識上，杜文秀在其起義文告上也明確予以指出：「慨自滿清僭位以來，虐我人民二百餘年於茲矣。妖官偏袒為計，石羊起釁，池魚皆殃；強者逞鴟張之盛，弱者無鼠輩之地。爾

---

❸　白壽彝編，《回民起義》（I冊），頁232。

❹　同上，頁7。

時百姓危若倒懸，可惡妖官猶安然高枕，置蒼生於不問，棄
黎庶其如遺。甚至漢強則助漢以殺回，回強則助回以殺漢，
民不聊生，人心思亂。」❶

　　促使杜文秀最終打出反清旗幟，與統治者增強對回民的
鎮壓有直接的關係。咸豐六年，雲南巡撫舒興阿決意用軍事
鎮壓來達到「以折回之氣」、「以服漢民之心」之目的。是年
八月，舒興阿等更「發布命令，到各府縣去，叫各地方官吏，
集合一切兵力，在指定日期，屠殺省城周圍八百華里範圍以
內的回民。」❶清地方官的倒行逆施，激起雲南回民穆斯林的
憤怒，一時全境沸騰。除杜文秀、馬金保等起義於大理外，
馬世德、馬和、馬貴、馬聯升、馬如龍等也都紛紛起義。杜
文秀領導的隊伍迅速攻佔下關，在七里橋一帶擊潰團練後，
又佔領了大理城。清軍迤西兵備道林延禧、太和縣知縣毛玉
成、提標參將唐阿等官員被殺。由於杜氏對漢回間產生摩擦
的根源看得很透徹，所以他的義軍建立政權後，只殺清軍官
兵和地主團練，對沒有參與屠殺回民和不再反對義軍的漢民，
採取了招撫聯合的政策，並出告示稱：「不分漢回，一體保護。」
大理政權的隊伍中因而也有漢族成員的加入，致使義軍隊伍
迅速壯大，在位處滇西的大理地區站穩了腳跟。

　　其時滇東南等地也爆發了由馬德新（字複初）和馬如龍
領導的回民起義。馬德新在近代中國伊斯蘭教學術發展史上

❶　《回民起義》（II冊），頁131。

❶　同上，頁307。

佔有十分重要的地位，他與明末的王岱輿、清初的劉智、馬
注一起被譽為回族穆斯林中最負盛名的四大著作家，穆斯林
都尊其為「老巴巴」。他也是雲南大理人，幼承家學，精通阿
拉伯文和波斯文。壯年後，遊學秦川，被「周老爺」納為晚
年弟子，遂得經堂教育中「陝學」之真傳。後於道光二十一
年（西元1841年）赴麥加聖地朝覲，並在以後八年中學於埃
及、土耳其、也門、新加坡等各地，學問大進。返滇後在臨
安、新興設帳講學，從而開創了中國伊斯蘭教經堂教育的雲
南學派，培育出著名弟子有馬聯元、何玉亮等。咸豐六年雲
南全省回民大起義中，德高望重的馬德新被推舉為領袖。馬
德新和馬如龍還曾三次組織回民圍攻省城昆明，全滇為之震
動。但馬德新與杜文秀所走路子並不相同。1862年，也就是
同治元年，他隨滇南回民隊伍領袖馬如龍之後，也向清政府
投降，被欽賜二品伯克，賞戴花翎，誥授榮祿大夫，署理雲
貴總督、滇南回回總掌教等顯職，以約束回眾。馬如龍則被
授以臨元鎮總兵官，署雲南提督，賞戴花翎。兩人投降後，
都幾次向杜文秀勸降，但均遭拒絕。大理政權一直堅持了十
六年，只是在同治十一年（西元1872年）十一月二十六日，
大理即將被敵軍攻陷，危重萬分的情況下，杜文秀最終作出
服孔雀膽自盡的選擇，大理政權遂告失敗。古語云：高鳥盡，
良弓藏；狡兔死，走狗烹。在雲南回民起義全部失敗後，馬
如龍被清廷調離雲南，後奉旨調任湖南提督。而八十一歲高
齡的馬德新，則被清雲貴總督岑毓英殺害。

毗鄰雲南的貴州西南地區，在咸豐八年（西元1858年）到同治十一年（西元1872年），也爆發了以回族為主的白旗起義。此前在1855年，黔東南曾有苗族張秀眉領導的反清起義，黔東北則有劉義順領導的白號軍起義，這些起義對貴州全省影響極大。1856年爆發的杜文秀、馬德新、馬如龍為首的雲南各地回民大起義，更直接促使黔西南的回民起來參加反清鬥爭。普安廳回族雇農張淩翔率眾在1858年冬起義，因制定純白色方旗為指揮旗，這次起義遂被稱為白旗起義。回民義軍先攻打普安廳屬華屯附近沙陀，殺了當地望族、惡霸地主高家上下三百多人。次年年末又攻下普安廳新城（今貴州興仁縣）。1860年時，太平天國的翼王石達開還派部將曾廣依率千餘人自廣西西林縣隆州渡紅水江，經興義來助白旗軍聲勢，雲南曲靖回民起義軍的馬聯升也派人來助，一時聲勢大振。及至1861年中，在苗族民眾的相應下，白旗軍攻下普安，打死知府胡霖澍，年底又攻下歸化廳城，白旗軍也由起義初期的千餘人擴大到二萬餘人。但義軍內部產生分裂的結果，致使張淩翔、馬河圖兩位元帥犧牲，白旗軍由此遭受重大挫折。

太平天國失敗後，清政府把湘軍從主戰場上調至西南來鎮壓各族人民的起義。到19世紀70年代初，白號軍和張秀眉的苗民義軍已告失敗或退居深山，雲南的回民起義也已呈敗象。白旗軍陷入了獨木難支的艱難境地，所據地盤也日見縮小。1872年，到雲、貴各地的反清主力均告失敗後，清軍得以集中兵力鎮壓了白旗軍起義。

與咸豐年間爆發、同治年間失敗的雲、貴兩省回民起義相比較，同治年間興起於陝、甘西北地區的大規模回民起義，可以說是青出於藍，這些起義沉重地打擊了清王朝的統治，也對西北各省區穆斯林各民族以後的歷史發展產生了極其重要的影響。西北的回民起義從外因上說，是受到國內大環境的影響，尤其是與太平天國革命及西南的回民起義有遙相呼應的特徵，並由此而被近代的史家視為同治年間反清洪流中的重要組成部分；若從內因上看，西北的回民起義更與清代統治者長期以來制定的反動民族壓迫及回民所遭受的民族歧視直接相關。

1862年即同治元年春，太平軍扶王陳得才部聯合捻軍進入陝西，立刻得到了回族穆斯林的回應。當太平軍攻入渭南以前，清曾派數百名「回勇」（清以回民組織的團練），由馬四賢等帶領，駐守渭河渡口以防太平軍，但太平軍將到之際，這些回勇便「不遣自散」。史稱：「乃該回勇為奸回所誘，恃有河南原發器械，遂先戕害趙紳，聚眾為亂。」❶這批回勇與當地正醞釀起義的回民領袖取得聯絡後，也參加了起義，並殺死了渭南團練首領趙炳坤。當時領導渭南、大荔回民起義的有赫明堂、任武和洪興等人，赫、任曾在雲南準備起義，因謀泄而亡匿於渭南的倉渡鎮，時值太平軍入陝，他們也趁勢而起，並被推為領袖。由於起義首先發生地是渭南與同州（大荔）交界一帶的回漢村莊，因此陝西回民起義最初也多

---

❶　《回民起義》（IV冊），頁215。

表現為回、漢間武裝力量的相互仇殺，後者係漢族地主為首
的團練武裝，二者間的矛盾早已存在和不斷激化，太平軍的
到來只是契機，並且太平軍很快又離開渭南，東出潼關，回
民起義卻並沒因此消弭，而是以更大規模和更快速度擴展開
來。渭河兩岸的同州、渭南、高陵和臨潼等地回民組成「十
八大營」，人數多達二十餘萬，主要首領除赫明堂、任武、洪
興外，還有白彥虎、馬世賢、馬龍、馬正和、馬世元、七代
榮、七代恩、邸大魁、大瓜蛋、哈哈娃等。當回民起義蓬勃
興起後，統治者立即委派在籍家居的涇陽大地主、前都察院
副都御史張芾前去處理回漢相殺事件，張芾在回民起義之前
已被委任為督辦陝西團練大臣，而其所統團練所殺回民最多，
是回民切齒痛恨的仇敵元凶，因此，當張芾前去與回民軍接
觸時，自然被回民軍處死，各地的地主團練也被粉碎。清廷
為剿滅陝西回民起義軍，遂派鎮壓太平軍有功的功臣勝保為
欽差大臣督辦陝甘軍務，專力攻打回民軍。因不敵清軍，回
民軍遂西移甘肅。其時，反清的烈火已迅速由陝西移至甘肅
全省。1862年冬初，甘肅回民在平涼和今寧夏的靈州一帶起
義。全省各地的漢、東鄉、撒拉、保安等各族人民相繼起來
回應：甘肅東部金積堡以馬化龍為首；河州（今甘肅臨夏）
則以馬佔鰲、馬彥龍為首；青海西寧以馬桂源為首；甘肅西
北的肅州則以馬文祿（馬四）為首，分別形成了以上述四地
為中心的反清基地。陝西回民軍抵甘省後，陝甘兩省的回民
軍聯合反清，聲勢復振。1866年11月，西捻軍攻入陝西，陝

甘回民軍也乘勢東下，並打到蒲城、同州一帶，回、捻的戰略配合行動，令陝西境內的清軍無法招架。

翌年，左宗棠被派到陝甘督辦軍務，清軍遵照其「先捻後回」、「先秦後隴」的戰略步驟，先以軍力逼使回捻分離，西捻軍為援救東捻軍渡河東去，然後再步步進逼，先撲滅關中的陝西回民軍，又移師西向，集中兵力攻打馬化龍部所在的金積堡，活動在今寧夏一帶的回民軍，為保衛金積堡與清軍進行了長期的鏖戰，左宗棠麾下最得力的戰將劉松山也在1870年被是地的穆斯林軍隊擊斃，左系湘軍的軍心為此受到沉重打擊。但在清軍長期圍困下，金積堡的穆斯林軍隊糧盡力竭，終於難以堅持下去，這年十二月中旬，馬化龍為免金積堡回民遭到屠殺，單獨赴清營受降，但左宗棠在殺死馬化龍後，還是對金積堡回民大開殺戒。結束了該地的戰事後，左軍把進攻目標定為河州，這裡同樣是清軍難啃的硬骨頭。在1872年的太子寺戰役中，回民軍大獲全勝，左宗棠的南路軍潰不成軍，清軍悍將傅先宗、徐文秀、總兵鄭所南、李其祥等皆被打死。只是河州回民軍的領袖馬佔鰲在勝利後力主降清，才使左宗棠平定了河州回民起義。河州回民軍投降後的將領如馬佔鰲、馬海晏、馬千齡等未遭懲處，他們轉而為清軍效力，其後代如馬安良、馬麒、馬麟、馬福祿、馬福祥等也均因父蔭而形成割據一方的回族軍閥。

馬桂源、馬本源領導的西寧回族、撒拉族等穆斯林起義軍，在西寧以東的大、小峽地帶與清軍大戰五十餘次，雖也

使清軍損兵折將，但各地回民起義軍彼此缺乏配合，在清軍集中優勢兵力各個擊破的戰略進攻下，也在1872年底向清軍投降。馬桂源是虎夫耶花寺門宦的教主，也是馬佔鰲的老師，雖說兩人都做了降將，但命運卻不一樣，清穆宗（即同治皇帝）曾以首惡難赦，要取馬佔鰲的性命。有道是「將在外，君命有所不受」，由於馬佔鰲此時已成為清軍主帥左宗棠的得力幫手，後者不想奉旨行事，遂由馬佔鰲出面，把馬桂源和馬本源兄弟誘騙至蘭州，由他們充當了「替罪羊」，理由是馬佔鰲殺了很多漢人，是老師馬桂源之過。於是，左宗棠將馬桂源兄弟及其家屬處以極刑，卻讓馬佔鰲等一撥人成為皇帝朱筆下的漏網之魚。

1873年，左宗棠以對付金積堡義軍的手段，「先撫後剿」，鎮壓了馬文祿為首的肅州回民軍，在長期被圍困，力量耗竭的情況下，馬文祿親詣清營乞降，左宗棠如法炮製，採取和幾年前一樣的手段來鎮壓馬化龍的金積堡部眾，幾乎屠盡殺光肅州城內所有的回民。其時，戰鬥力極強的陝西回民軍由白彥虎率領，西走嘉峪關外，轉戰到新疆地區。而清軍在鎮壓了秦隴地區的回民起義後，也把大軍主力移至天山南北的戰場，因為這裡也早就有反清力量的崛起，只是新疆的情況及性質與內地的回民起義有所不同，隨著時間的推移，更發生了很大變化。尤其是從同治四年（西元1865年）起，一個名叫阿古柏的中亞浩罕汗國軍官，趁新疆各族人民反清起義高漲之機，與白山派的宗教領袖布素魯克和卓一起侵入喀什

噶爾，並就此開始了他在中國新疆境內的活動。至此，左宗
棠率軍出關征伐阿古柏勢力的行為，也已從全力鎮壓西北穆
斯林反清起義轉變成為收復中華國土的戰爭。

第二節　清代新疆的教派鬥爭與　　宗教勢力叛亂活動

一、白山派和黑山派的歷史角逐

同治四年（西元1865年）正月，由中亞浩罕汗國擅自闖
入我國新疆南部地區的一群人中，除了有該國軍官阿古柏（安
集延人）為統領官外，這支小型隊伍還有著一位特殊的宗教
人物，這就是道光年間幾次作亂，終被清軍捕獲後解至北京
凌遲處死的張格爾之子——新疆伊斯蘭教白山派首領和卓布
素魯克。有清一代，白山派首領多次參與和組織了對抗朝廷、
分裂新疆的叛亂活動，而這些發生在新疆境內的政治活動，
主要就是以白山派與自己在宗教上的對立派別黑山派的激烈
衝突為表現形式的，白山派與黑山派的歷史性角逐，一共持
續了整整二百多年，給新疆，特別是南疆地區的各族人民帶
來了巨大的災難，成為新疆社會歷史上黑暗的一頁。

明末清初，葉爾羌汗國後期，由中亞進入新疆天山南部

地區的伊斯哈克家族作為黑山派和卓勢力，因得到阿布都拉汗（西元1627～1667年在位）的大力扶植，取代了是地世襲的阿兒沙都丁家族在宗教上的統治地位。但白山派的勢力也於同時滲透到南疆一帶，兩派在葉爾羌等地的激烈鬥爭，還直接影響著葉爾羌汗國政壇上的風雲變幻。

阿布都拉汗統治時，瓦剌勢力有進一步的發展，並多次侵襲汗國。他曾和長子堯勒巴斯一起率葉爾羌和喀什噶爾兩地的軍隊擊退過瓦剌人對和闐地區的攻掠。雖說父子共同上陣退敵兵，但擔任喀什噶爾總督的堯勒巴斯卻在宗教上與自己的父親分道揚鑣。白山派和卓在喀什噶爾總督處被奉若上賓，該派和卓勢力還不斷地向在南疆佔統治地位的黑山派和卓勢力挑戰，這引起阿布都拉汗的猜忌，他下令處死了一些持白山派立場的異密，這就加深了父子間的裂痕，也把許多異密推到白山派的陣營。

康熙六年（西元1667年），在白山派創始人依禪卡蘭之子，穆罕默德・玉素甫和其子伊達耶圖拉（即阿帕克和卓）的支援下，堯勒巴斯以政變方式登上汗位，阿布都拉汗被迫去麥加朝覲，返回途中留居印度的德裏城，並客死於當地。黑山派和卓穆罕默德・阿布都拉（莎迪和卓之子）在政變發生之際，也率大部分異密和信徒離開葉爾羌，奔投阿克蘇。這裡是阿布都拉汗次子努爾烏丁的統治區域。此番較量中輸的黑山派為求東山再起，通過向瓦剌首領阿勒坦台吉要來阿布都拉汗另一個兒子伊斯梅爾（又作伊斯瑪伊勒），將其奉為新

汗，並決定向葉爾羌進軍，連瓦剌的軍隊也加入作為盟軍。堯勒巴斯汗的軍隊在葉爾羌城外戰敗，被迫退入城中。在圍攻不克的情況下，伊斯梅爾退回阿克蘇。這場「兄弟鬩於牆」的結果，暫時還未見分曉，堯勒巴斯汗卻已將國中一切事務都交付給玉素甫和卓父子，白山派和卓勢力第一次正式嘗到了把持世俗政權的「美妙」滋味，他們利用大權在握的良機，對當地黑山派居民大肆殺戮，尤其是那些投奔阿克蘇方面的黑山派成員及異密的家屬很難倖免。這種血淋淋的屠殺，頓時令葉爾羌汗國陷入一片混亂之中。不惟葉爾羌王朝的各種力量捲入白山派和黑山派兩大陣營的對壘中，甚至連軍事上稱雄的瓦剌四部之一準噶爾部中對立的兩派也分別參預其事，阿勒坦台吉作為伊斯梅爾的支持者，僧格台吉則站在堯勒巴斯汗一方。這種政治上的支援也讓堯勒巴斯汗付出慘重的代價，僧格台吉的勢力很快控制了喀什噶爾，其高級將領艾爾卡伯克乾脆利用被逼上絕路的黑山派信徒的強烈不滿，策動黑山派異密和民眾起來造反，康熙八年（西元1669年），他們衝擊汗營，殺死了堯勒巴斯汗。利用隨後產生的政治動亂，伊斯梅爾與黑山派立即向葉爾羌進軍，阿勒坦台吉也遣派自己的長子楚赤欽率軍隨往。經過多次殘酷戰鬥，1670年4月2日，伊斯梅爾與黑山派首領和卓穆罕默德·阿布都拉共輦而行進入葉爾羌城，伊斯梅爾被黑山派捧上汗位後，也效法其兄長大殺異己的行徑，對白山派進行殘酷的鎮壓。❸

---

❸　《維吾爾族簡史》，新疆人民出版社，1991年4月第1版，頁157。

　　白山派首領玉素甫和卓在這場黑山派信徒的大暴動中被殺，其子伊達耶圖拉逃出喀什噶爾，潛入克什米爾，並由此進入西藏。伊達耶圖拉是其父玉素甫當年被迫流逐於哈密時，與當地統治者的女兒祖萊汗所生之子，此即歷史上著名的阿帕克和卓。他並不甘心白山派的失勢，為了重返南疆，他特地謁見西藏佛教領袖達賴喇嘛五世，並通過達賴五世的書信，說動其弟子，當時天山北部準噶爾部的渾台吉噶爾丹（僧格台吉之弟）率軍幫助自己重建政權。噶爾丹雖在西藏當過喇嘛，但卻一直野心勃勃，其兄僧格台吉被部下叛亂殺死後，他從西藏趕回平亂，自立為汗。當接到其師達賴五世之諭，噶爾丹欣然允諾伊達耶圖拉的要求。1678年，在強大的準噶爾軍隊護送下，伊達耶圖拉順利地推翻了葉爾羌汗國，城陷後，伊斯梅爾汗及親屬被俘送往伊犁，葉爾羌汗國也壽終正寢於其時，察合臺後裔在新疆的統治就此結束。伊達耶圖拉亦由此成為噶爾丹統治南疆地區的代理人，他自稱「阿帕克和卓」，意為「宇宙之王」。[19]根據準噶爾人的要求，他每年必須向噶爾丹繳納十萬騰格（一騰格合白銀一兩）的貢金，這也成為南疆人民的沉重負擔。阿帕克和卓統治時期既大力發展本派，又加強對黑山派的鎮壓，同時還強迫性地要該派信徒皈依白山派。黑山派首領舒艾布和卓（阿布都拉和卓之子）及數百名黑山派信徒被誘殺，舒艾布和卓的兄弟，達尼

---

[19]　金宜久主編，《伊斯蘭教辭典》，上海辭書出版社，1997年10月第1版，頁480。

亞和卓（阿布都拉和卓之次子）僥倖逃脫後，隱遁於中亞的撒馬爾罕，黑山派勢力遭此沉重打擊，迅速衰落，白山派勢力則有了更大的發展。阿帕克和卓利用手中的權柄，動用巨額銀兩和數萬民工，修建自己死後的豪華陵墓，此即著名的阿帕克和卓麻札。1695年，葉爾羌再次發生因長期受壓而極度不滿的黑山派群眾暴動，這位白山派領袖終於難逃一劫，落得一個和其父相同的下場。

阿帕克和卓的繼室哈納姆帕德莎本是伊斯梅爾之妹，她出面鎮壓了黑山派的暴動，接著她又在白山派內部也排除異己。為能讓自己五歲的兒子馬赫迪和卓繼位當上統治者，哈納姆帕德莎將阿帕克和卓的長子葉海亞和卓殺死，由此引發了白山派內部的劇烈爭鬥，葉海亞和卓的兩個兒子及其數以百計的追隨者也都死於非命，葉海亞和卓的第三個兒子阿合瑪特（又譯艾赫麥德）和卓被白山派穆斯林藏匿於托秀克山中，才躲過自己繼祖母的毒手。哈納姆帕德莎因嗜殺成性，被穆斯林呼為「劊子手夫人」，就連其胞妹湃赫蘭杜都被她下令投入油鍋處死，足見其心之歹毒。阿帕克和卓的遺孀最後也沒能善終。1696年，葉爾羌汗王後裔阿克巴什汗發動反對哈納姆帕德莎的暴動，佔據了葉爾羌城並自立為汗，哈納姆帕德莎在逃亡途中被人殺死。白山派經此內耗，勢力大挫，這給黑山派的復振帶來轉機。阿克巴什汗因政局混亂，遂從中亞請出當初躲匿於此的黑山派首領達尼亞和卓，由其執掌大權。伊斯哈克家族重回南疆，並正式從宗教首領轉變為世

俗統治者。在以後黑山派與白山派的角逐中，兩派還借助了外部力量，吉爾吉思人（即柯爾克孜族）是雙方都倚重的武裝力量，兩派衝突也更見頻繁和激烈。達尼亞和卓的黑山派政權以葉爾羌為中心，阿合瑪特和卓的白山派則在喀什噶爾建立王國，兩地進行了長期的鬥爭。這種局面直到康熙五十四年（西元1715年），才被攻佔南疆的準噶爾部所打破。是年，策妄阿拉布坦率軍佔領南疆諸城後，將兩派首領都帶回伊犁囚禁。只因準噶爾人感到直接治理南疆不容易，才於1720年將達尼亞和卓放回南疆，任命他為治理阿克蘇、喀什噶爾、葉爾羌、和闐等地的阿奇木，以後策妄阿拉布坦之子噶爾丹策零將其晉升為葉爾羌帕夏，黑山派因此在角逐中再次佔居上風。白山派首領阿合瑪特和卓並不似達尼亞那樣走運，他被囚禁到伊犁後，數年後瘐死獄中。在淪為階下囚期間，他有兩個兒子出生於獄中，此即波羅尼都和霍集占，維吾爾族穆斯林習慣上稱前者為大和卓，後者為小和卓。正是從這兩個宗教領袖開始，白山派和卓們多次發動叛亂，從而將兩個宗教派別的角逐演化為地方宗教勢力同中央政府的武裝抗衡，這些叛亂同樣給新疆各地的各族民眾帶來巨大的災難。

二、白山派和卓勢力與清政府的對抗

　　阿合瑪特和卓死後，準噶爾人卻沒開釋其子，大小和卓兄弟二人仍被羈押在伊犁。乾隆二十年（西元1755年），清軍進疆平定了準噶爾部首領達瓦齊發動的叛亂，考慮到大小和

卓是白山派首領，對南疆民眾有很大的影響，遂將大和卓放歸喀什噶爾，委以管理南疆地區的事務。但清軍將小和卓霍集占留在伊犁作為人質。大和卓波羅尼都從伊犁回南疆時，因有清軍與已歸附朝廷的準噶爾軍隊的保駕護送，很順利地掃平了企圖設阻的黑山派及柯爾克孜人的聯軍，黑山派連遭失敗，令不少見風使舵的社會上層人物倒戈投向大和卓波羅尼都一方，連柯爾克孜人也背叛了與黑山派的盟友關係，是地長期處在黑山派統治壓迫下的白山派信徒，更紛紛起來參加大和卓的陣營，黑山派長達三十多年的政權頃刻間就告瓦解。其被俘首領均被處死，南疆又成了白山派的天下。

　　小和卓霍集占是個野心極大之人，且不甘寂寞。他先是參加了阿睦爾撒納的叛亂，清軍平亂後，他又潛往南疆，策動其兄波羅尼都反清。但在叛軍中，小和卓霍集占握有實權。他在處死了清廷派來招撫的副都統阿敏道及其隨行兵丁百餘名後，又自稱「巴圖爾汗」，正式掀起了旨在分裂國家的「大小和卓之亂」。1758年，清軍前往平定叛亂，白山派叛軍不堪一擊。1759年，大小和卓在兵敗後逃往巴達克山（今阿富汗境內），清軍入山兜剿，當地酋長素勒坦沙擒殺了大小和卓，並將兩人的屍體獻交清軍。白山派勢力受到此次沉重打擊後，大和卓波羅尼都之子薩木薩克和卓因無法容身，逃奔安集延，並在浩罕汗國定居，最後客死他鄉。他留下的三個兒子中，長子玉素甫、次子張格爾、幼子巴布頂。他們都多次謀犯中國新疆，並為此不惜與英國、浩罕等外國勢力勾結。其

中張格爾（意為「世界之和卓」）先後四次闖入新疆作亂，可以說其一生都致力於企圖重建白山派政權。由於其幾番入疆均縱兵在各地燒殺搶掠、奸淫婦女，南疆各族人民倍受浩劫。正因如此，當清軍進剿張格爾匪幫時，他們得到了各族人民，尤其是維吾爾族人民的大力支持。清軍在活捉了張格爾後，將其押至北京，並於1828年6月處以磔刑。

　　對中國新疆居心叵測的浩罕汗國在張格爾死後，仍沒放棄對白山派首領人物的利用。1830年，浩罕軍隊又挾持張格爾之兄玉素甫進圍喀什噶爾和英吉沙兩城，還分兵攻打葉爾羌。後因急於返回浩罕汗國，以抵禦布哈拉的進犯，這支外國侵略軍又班師返國，玉素甫在此節骨眼上，只得尾隨浩罕軍隊離去。十七年後，正是道光二十七年，此時中國的國門已被英艦的大炮轟開。國勢日見衰朽，南疆之地卻又出現和卓餘孽所掀起的動亂。在浩罕的支援下，卡塔條勒（張格爾之侄，玉素甫之子）等七名和卓於1847年7月率千餘騎兵由安集延進犯南疆，他們圍英吉沙、喀什噶爾，並裹脅白山派維吾爾穆斯林參加叛亂，史稱「七和卓之亂」。清廷命宗室奕山督兵擊之。11月初，清軍解圍，七和卓狼狽敗走。1857年，「七和卓」中的倭裏汗和卓（巴布頂之子）又竄入南疆作亂，一度佔據英吉沙等城，數月後敗遁。

　　上述白山派和卓勢力從與黑山派的對峙中，又發展到公然和強大的清政府對抗，其所憑依的，無非是頭上那「聖裔」名號帶來的光環及其宗教魅力，但這些和卓的倒行逆施，又

讓靡然盲從於他們的信徒很快識破其神聖面紗後的猙獰面目。據清人魏源《聖武記》卷四中稱：當清軍在與大小和卓作亂的叛軍交戰時，和卓部下「降者蔽山而下，聲如奔雷」，小和卓霍集占手刃其部下，依然「不能止」。僅最後一戰叛軍中降清者就有一萬二千多人。張格爾在最後一次入侵時，民心失盡，不但黑山派穆斯林協助清軍阻擊他，甚至連白山派信徒也棄其而去。張格爾最終被俘之際，身邊只有三十多人跟隨，其兄玉素甫隨浩罕軍隊入侵時，更成了孤家寡人，大多數白山派穆斯林「未盡從逆，率多觀望。」❷⓿《清史稿》中稱，當浩罕和安集延匪軍擄掠時，「各白回（指白山派）畏賊騷掠，助順守禦，亦非上年甘心從逆之比。」❷❶失去基本信徒的支援，這也是白山派和卓勢力多次迅速失敗的主要原因。而白山派與黑山派長達二百多年的歷史鬥爭及由此俱生和引發的歷次叛亂，亦給南疆社會經濟文化的發展造成巨大的破壞，這是兩派和卓勢力，尤其是白山派和卓分裂所難辭其咎的。鴉片戰爭後，近代中國逐漸陷入半殖民地半封建社會的泥沼；隨著清廷的日益腐敗，中央對地方的控制也愈益衰弱，19世紀50年代後發生的太平天國運動及各地先後興起的起義，更讓清政府顧此失彼，疲於應付。正是在這種歷史背景下，新疆又遭到了來自國外的阿古柏入侵，而張格爾之子，白山派首領布素魯克和卓因有「聖裔」身分，被阿古柏利用

---

❷⓿　《清宣宗實錄》，卷175。

❷❶　《清史稿·長齡列傳》，卷367。

為招徠信徒的工具，白山派和卓又一次充當了分裂祖國的罪人。

三、趁火打劫的阿古柏入侵

近代中國史上侵華戰爭踵接不斷，老大的中華帝國屢屢戰敗，喪權辱國的對外條約又進一步加深了中國社會殖民地化的過程，周邊各國中，有的由中華屬國的地位淪為西方列強的殖民地，進而成為進攻中國本土的跳板；有的則按捺不住，也蠢蠢欲動，萌生侵吞蠶食中國領土的野心，與中國新疆地區接壤的中亞伊斯蘭教浩罕汗國，就是這樣一個國家。它雖實力不強，但也企圖在諸列強大國瓜分鯨吞中國的罪惡筵席分一杯羹。從19世紀中葉起，浩罕國就常常派遣人員參與白山派和卓勢力的叛亂活動，這充分暴露了浩罕國宗教幌子下的真實野心。1865年，阿古柏的入侵，更是一次直接的侵略行徑。

早在1857年，庫車地區維吾爾族農民因不堪忍受清政府官吏和伯克的封建壓迫，他們在全國各地風起雲湧的起義運動影響和鼓舞下，率先起來和封建伯克及官府抗爭，從而揭開了19世紀中葉新疆各地各民族人民反封建鬥爭的序幕。隨著起義浪潮波及各地，反清運動的規模也不斷擴大。1864年7月中，烏魯木齊漢城被以河州回民妥明（妥得璘）和索煥章為首的起義隊伍佔領。清朝在新疆的封建統治岌岌可危。南疆各城也隨後發生起事，有的清軍低階軍官也參與了舉義。

9月，哈密的回、維吾爾族聯合起義。10月初，烏魯木齊滿城也被義軍攻佔。接著，清在新疆的統治中心伊犁也發生了起義。清軍領隊大臣托克托奈也被擊斃。形勢發展極快，到1866年3月，伊犁城被攻克，清朝伊犁將軍明緒與闔城官員皆成刀下之鬼。這場以維吾爾族、回族為主體的新疆各族大起義，基本上摧毀了清在天山南北的統治機構，除巴裏坤一小塊地區外，其他地區幾乎全為各族義軍所控制。但各地起義軍的領導權多被當地的伊斯蘭教頭目和封建領主所篡奪。各地在推翻清朝統治後，相繼建立的政權也就帶有極其明顯的封建宗法色彩和割據性質。

伊斯蘭教上層人物和封建領主利用自身的社會地位和宗教影響，每每在民眾發動的起義中奪得領導權。「聖戰」的口號是他們用以麻痺群眾的慣用手法。如1865年庫車的群眾在發動更大規模的起義並佔領庫車城後，曾邀請庫車郡王愛瑪特（艾合買德玉伯克）出來擔當領導人，在遭拒絕後，群眾殺死了愛瑪特，又請隱居在麻札的熱西丁和卓出任首領。起義群眾急於尋找有地位和有影響的上層人物做他們的領導人，說明他們出於民族和宗教利益，帶著民族和宗教的偏見，對這些人物還抱有不小的幻想，這也正是新疆大多數民眾起義所具有的局限性。熱西丁和卓權力在手後，自稱「汗和卓」，並說什麼「伊斯蘭的寶劍已經砍到了異教徒的頭上」，他稱「聖戰是真主僕人偉大的天職」，為增加自己的宗教號召力，熱西丁和卓還自詡是「穆罕默德聖人的偉大後代，宇宙力量之主

宰。」他將自己胞兄、兒子等分別任命為起義隊伍的領導，以
鞏固本家族的統治地位，並派兵西征阿克蘇、烏什，又東進
至吐魯番等地，以擴大自己的統治地區。❷

盤踞烏魯木齊的妥明則自稱「清真王」，並正式使用伊斯
蘭教曆。據有伊犁的邁孜木雜特也給自己加上「蘇丹」的尊
號。南疆的白山派頭目托合提·馬不提·艾來姆則乘機稱王
於喀什噶爾，但不久即被由阿克陶趕來的柯爾克孜族乞葡察
部落的封建主思的克趕下臺，後者成為該地的新主人。和闐
地區的宗教頭目哈比布拉自封「帕夏」，他以伊斯蘭教為幌子，
挑起民族間的仇殺，令各族民眾在相互殺戮中喪生。上述這
些封建割據勢力自霸一方，其中以庫車、烏魯木齊和伊犁三
地的政權實力最強，佔地最廣。因有這些封建領主和地主階
級的代表人物及宗教領袖把持了領導權，這些政權的性質已
發生變化，農民起義摧毀了清朝統治機構，換取來的勝利成
果又輕易地給他們所竊取，從而令起義走向反面。歷史實踐
不無諷刺地表明，這些統治比清政府更為殘酷和貪暴，它們
隨意徵稅收賦，並轉嫁各種負擔於廣大民眾身上，彼此間還
為搶奪地盤和擴大勢力範圍而征戰不息。佔據喀什噶爾的思
的克集團，出於擴大自己勢力的目的，竟然搖尾乞憐於中亞
的浩罕汗國，這就直接導致了阿古柏趁火打劫地侵入我國的
新疆地區。

柯爾克孜族頭領思的克在1864年夏佔據喀什噶爾回城

❷　參見《維吾爾族簡史》，頁208。

後，並沒能趁勢攻取駐守喀什噶爾漢城（疏勒）和英吉沙兩
地的清軍據點。為進一步擴大自己勢力，思的克派回民頭目
金相印等赴浩罕汗國求援，他還要求浩罕將大和卓波羅尼都
的後裔，即張格爾之子布素魯克放回，並要求浩罕給予軍事
援助。思的克的用意十分明顯，既借助外來勢力壯大自己，
又想利用布素魯克和卓在宗教上的血統關係，在白山派長期
發展的大本營中一展身手，以讓自己的野心得逞。但「機關
算盡太聰明，反誤了卿卿性命」。受浩罕汗國的軍隊首領阿里
姆·庫里派遣，浩罕軍官阿古柏帶著為數甚少的幾個亡命徒
於1865年1月（同治三年十二月）侵入中國境內，隨同出發的
還有布素魯克。這批侵略者進入新疆後，立即踢掉了思的克。
阿古柏憑藉的手段，正是思的克也想利用的，即布素魯克的
宗教影響，白山派信徒對依禪卡蘭家族的盲目崇拜心理被這
位浩罕來的野心家當作最好的武器，張格爾的兒子被阿古柏
扶上汗位，並以布素魯克的名義在當地招兵買馬，不久即糾
集了一支三千人左右的軍隊。在阿古柏擁有武裝力量之後，
思的克及其柯爾克孜族的追隨者們在喀什噶爾回城當然也就
沒有立足之地了。雖說思的克後又重新組織過數千柯爾克孜
人來包圍喀什噶爾，但被阿古柏再次擊敗，這位來自浩罕汗
國的侵略者終於在新疆站穩了腳跟。

　　阿古柏全名穆罕默德·阿古柏，1820年出生。二十五歲
當上浩罕汗呼達雅爾的侍從，二年後就被提升為和碩伯克。
他因長期混跡於浩罕統治集團，積累了豐富的統治經驗和尋

覓時機的本領，終因看風使舵，反覆無常，為浩罕汗國統治層所忌恨，可以說在浩罕汗國的政壇上並不得意。當他被派往中國後，為其提供了發展勢力的極好機遇。阿古柏軍權在握，在佔領了喀什噶爾後，又立即向葉爾羌、英吉沙等地進攻，幾番成敗的結果，葉爾羌落入其手。1865年秋，他又圍攻清軍扼守的喀什噶爾漢城（疏勒），清軍守備何步雲雖擁兵三千多，終因不敵而投降，阿古柏軍隊進城後大肆洗劫。以後阿古柏還兼併了和闐、阿克蘇、庫車等地，各地割據勢力的頭領如哈比布拉、帕夏熱西丁和卓等也都被其誘捕後殺死，他所使用的詭計中，最詭詐的就是請求參拜當地的麻札，誘使對方前來迎迓，趁機下手。及至1867年，他已統治了整個天山以南地區。由於早就被其軟禁的布素魯克和卓已經沒有什麼利用價值了，阿古柏遂將這個政治傀儡逐出新疆，反客為主，自稱「畢條勒特汗」，意為「洪福之汗」。為了進而奪佔北疆，在整個新疆建立伊斯蘭國，阿古柏還賣力地勾結英、俄帝國主義，企圖換取它們的支援，以便在與清廷的正面抗衡中增加自己的政治、甚至軍事上的籌碼。阿古柏所建的政權史稱「哲德沙爾」，意即「七城」（一般指喀什噶爾、英吉沙、葉爾羌、和闐、阿克蘇、庫車和烏什）。

　　1870年，阿古柏又向東拓展勢力，他先後攻佔吐魯番和烏魯木齊，遂將勢力擴展到天山以北的部分地區。阿古柏在新疆統治的十多年裡，將伊斯蘭教作為鞏固其政權的工具，他攻城掠地的藉口是朝拜當地的麻札，結果是屢屢得手，這

讓阿古柏對麻札崇拜產生極大的宗教熱情。他上臺後，對各
地有名的麻札和清真寺都進行了大規模的擴建，阿古柏政權
的大力推促令南疆各地興起修建麻札的狂潮。經他指令修繕
擴建的有喀什的阿帕克和卓麻札、阿圖什的薩圖克·布格拉
汗麻札、庫車的阿兒沙都丁麻札、民豐的加帕爾·沙迪克麻
札等，都是經阿古柏親自下令修建的。一些著名的清真寺如
喀什的艾提尕清真寺、莎車的加曼清真寺❷❸、和闐的加曼清
真寺等，也都在其統治時期得到大規模擴建。❷❹

　　阿古柏在新疆統治時，還強制執行伊斯蘭教教法，為此，
城鄉各處遍設宗教法庭，宗教警察和「熱依斯」（擁有管理教
民的特權）終日巡行於城鄉的街道，他們的專職就是監視穆
斯林群眾是否違反教規。阿古柏政權恢復這種中世紀時野蠻
的宗教警察制度，目的是為了保證「沙里亞」（教法）得以為
人所遵守。其時人們若因在生活中觸犯教規，如婦女上街沒
戴面紗，或者喝酒，吃了禁食之物，沒按時做禮拜、封齋等，
都會在被發現的情況下受到「熱依斯」無情地鞭笞。阿古柏
就是用這種手段來強化其政教合一的統治制度。

　　阿古柏統治時期還強迫非穆斯林皈依伊斯蘭教，違令者
有殺身之虞。根據當時在喀什噶爾的英國人沙敖估計，約有

---

❷❸　　加曼，又譯為「加米」，阿拉伯文Jami的音譯，意為眾人聚集之地，
　　　轉意為大寺、總寺、中心寺。指規模較大的清真寺，新疆維吾爾族
　　　穆斯林一般通稱主麻拜的清真大寺為「加曼」。

❷❹　　參見《新疆宗教》，頁171。

四萬多人為此掉了腦袋。❷在這種強迫信教的恐怖氛圍中，更多的人皈依了伊斯蘭教，據說，僅在喀什噶爾新城，一次就有三千多名滿、漢族清軍官兵及婦孺被迫入教，這也使新疆一時間冒出大批「英吉穆斯林」（新入教的穆斯林）。❷

　　在阿古柏實行伊斯蘭教化統治的同時，原來虔誠的穆斯林亦深受其苦，在推行天課制度的堂皇名義下，這個外來的侵略者政權橫徵暴斂，其稅收名目之廣，稅率之高，甚至向民徵稅的官吏之多，都令人咋舌。一個普通的農民經過層層盤剝後，往往是所剩無幾。而阿古柏對寺院經濟的大力扶持，和連年不斷地擴充修建宗教建築，也大大加重了對平民百姓的壓榨，令其負擔超載。這種過分的掠奪性徵收，實在讓民眾無法繼續過正常的生活，對阿古柏政權的不滿和矛盾也必然隨之日益尖銳。據說在阿古柏統治後期，南疆維吾爾族民眾在街頭巷尾經常成群結夥地公開議論著「漢人就要來了」的消息。這實際上也是當地穆斯林民眾心聲的自然流露。根據毛拉木薩說，老百姓「不管這些消息是真還是假，總要按照自己的心願給裡邊穿插很多故事，以悅人心，更悅己心。他們日夜盼望著漢人，為漢人做著祈禱。」❷

　　其實，各地封建上層人物中有的與阿古柏矛盾加深，一些人甚至祕密與清軍聯繫。至於民眾所風傳的漢人要來的消

---

❷　同上，頁171–172。

❷　同❷，頁171–172。

❷　《伊米德史》（下冊），頁111–112，轉引自《維吾爾族簡史》，頁217。

息，倒也並非是空穴來風，19世紀70年代後期，新疆地區存
在的現實問題已愈益凸顯其嚴重性，它是當時清政府面臨的
一系列「邊疆危機」中亟待解決的一道難題。道光年間，朝
廷上下都還在提防來勢洶洶的「英夷」時，具有遠見的林則
徐就提醒國人防範中華心腹之患俄羅斯，日後的事態發展印
證了這位禁煙名臣的擔憂。沙俄帝國先是不斷地吞併了中國
周邊的中亞不少地區。1871年，俄國竟悍然出兵侵佔了中國
的伊犁地區，此舉當然也含有阻撓阿古柏勢力繼續北擴的意
圖。不同的外國侵略勢力公然在中國境內搶佔領土，直接引
起了我國西北邊疆嚴重的民族危機。清廷內部為此還發生了
所謂「塞防」與「海防」之爭，代表湘軍系統的左宗棠在與
老對手——淮軍集團首領李鴻章的這次交鋒中，成為贏家。
清廷採納了陝甘總督左宗棠的主張，決定出兵。1875年，授
左為欽差大臣，督辦新疆軍務。已基本上平定陝甘大局的左
宗棠於1876年4月，西征新疆。由於得到了新疆各族人民的積
極支援和大力配合，分三路進擊的西征大軍進展十分順利。
是年8月，劉錦棠部就收復了烏魯木齊三城（即滿城、漢城與
妥明所築王城）；繼而收復附近的昌吉、呼圖壁、瑪納斯等城。
北疆除伊犁尚在俄軍手中外，已全部重歸清軍控制。1877年
4月，劉錦棠率軍圍攻吐魯番城，守城的原是流入新疆的陝西
白彥虎的回民軍隊，此番知道抵擋不住而棄城西走喀什。清
軍於吐魯番一役中已擊潰阿古柏軍的主力。阿古柏見大勢已
去，在庫爾勒服毒自殺。是年11月，南疆各地也陸續被清軍

收復，阿古柏長子伯克・庫裏及白彥虎的隊伍奔逃至俄國。
到1878年2月1日清軍攻克和闐後，整個新疆除伊犁以外的地
區至此全部為清軍所控制。1881年，在通過多次外交談判後，
由於有左宗棠大軍堅強的武力後盾，曾紀澤等人的折衝尊俎
得以成功，伊犁終於回到了清廷的版圖。在歷經道光、咸豐
的外侮內亂的社會大動盪之後，時人曾把清代同治、光緒時
期曾經現出的幾分振興氣象稱為「同光中興」，曾國藩、左宗
棠、李鴻章等封疆大吏也被人們譽為「中興名臣」，其功勛主
要有以興辦近代軍事和民用工業等舉措為標誌的洋務運動，
以及鎮壓太平天國運動及消弭由此引發的一系列社會政治危
機，當然也包括左宗棠領軍除滅阿古柏的外來侵略政權，這
在當時就有直接顯揚大清國威，振奮中華民族的作用；若從
維護中國領土完整的角度來看，左宗棠收復新疆的壯舉所含
蘊的重要性和歷史意義，更應予以充分的肯定。

第三節　西北內地門宦教派的形成與發展

一、蘇非派的淵源

明末清初，在毗鄰新疆的甘寧青地區，各穆斯林民族中

開始出現不同的伊斯蘭教派別和門宦及其支系。從某種程度
上說，中國伊斯蘭教所產生的這種分化，既是由於受到當時
傳入西北地區的中亞蘇非派神祕主義影響的結果，也是外來
的伊斯蘭教進一步完成其中國化及更趨成熟的重要標誌。西
北伊斯蘭教教派門宦產生時的歷史背景和條件，與唐、宋傳
入華夏的伊斯蘭教所經歷的社會環境，包括與元代大規模進
入中土的穆斯林所處時代背景相比，都有很大的不同。唐、
宋時代的伊斯蘭教，尚屬在華僑民社區中的宗教文化；而元
代雖屬伊斯蘭教在華得以普傳的黃金時代，穆斯林也以「色
目人」身分高居於社會二等公民之列，但他們在意識上仍未
視中國為自己的祖國。及至明代社會中，來自外部，尤其是
政治層面的壓力驟然劇增，迫使在華各地的穆斯林增強了內
聚力，才最終形成了信仰伊斯蘭教的民族共同體（如回、東
鄉、撒拉、保安等族），而伊斯蘭教的民族化也告完成，並進
而加深其土著化即中國化的步驟。與此同時，如前文所述，
素有「蘇非派大本營」之稱的中亞地區的伊斯蘭教神祕主義
教派，也在明代中葉傳入到我國的新疆地區，以瑪合圖木·
阿雜木家族為代表的和卓勢力及其依禪派由此在新疆站穩了
腳跟，並分化為白山派與黑山派而展開了長時期的歷史角逐。
中亞的蘇非勢力隨即也開始進一步向鄰近的甘寧青地區滲
入，並直接導致該地伊斯蘭教教派門宦的產生。

　　蘇非派是伊斯蘭教神祕主義派別或組織的統稱。早在西
元7世紀末時，出於對當政的倭馬亞王朝（西元661～750年）

統治集團奢侈腐敗的世俗化傾向的強烈不滿，一部分虔信伊斯蘭教旨的穆斯林反其道而行之，他們遠離塵世的聲色俗務，以不斂錢財、不慕富貴為戒律，過著托缽乞膳，雲遊四方，佈道弘教的生活；在宗教上他們熱衷於個人精神昇華和靈魂淨化，一心向主，以求直接與阿拉交往，這些人因個人信仰的虔誠和品行的高尚而受到世人的尊敬。以後這些喜穿粗羊毛織成的長袍以示儉樸的虔信者被人稱為「蘇非」(源自蘇夫，Suf，意為「羊毛」)。由於蘇非派的教旨主張棄世主義和宣揚神智論與泛神論，又在政治上與哈里發王朝為敵，故而遭到伊斯蘭教正統派包括什葉派的反對。阿巴斯王朝統治時期(西元750～1258年)，他們仍被官方視為異教徒，不少蘇非派代表人物由此身陷囹圄，甚至被處以極刑。如922年，波斯的大詩人哈拉智(858～922年)就在巴格達遭受慘無人道的磔刑。哈拉智認為除阿拉本體外，世界上別無實在，萬物皆為幻象。他發展了泛神論，主張人係阿拉的自顯與外化，並為阿拉的唯一見證。其思想核心是實現人的精神與神意的結合，集中體現為他的「我就是真主」的言論上。哈拉智為此寫詩云：「我即我所愛，所愛就是我，精神分彼此，同寓一軀殼；見我便見他，見他便見我。」[28]哈拉智個人的悲劇並沒令蘇非派銷聲匿跡。其弟子在導師殉難後，紛紛從首都巴格達逃至波斯和中亞，蘇非派繼續發展並漸成氣候。

　到12世紀初，安薩裏作為傑出的蘇非派神祕主義思想家，

---

　[28]　希提，《阿拉伯通史》，商務印書館，1979年版，頁58。

將神祕主義引入正統的官方信仰體系，並因此為統一當時伊斯蘭教界的思想作出了貢獻。蘇非派堂而皇之地在民間得到廣泛的傳播，蘇非教團也大量地湧現於世。當時在西亞、中亞、北非都普遍建立了許多蘇非教團，其中有納合西班迪、卡迪裏、裏法伊、毛拉維等著名教團，形形色色的蘇非教團分別隸屬於遜尼派和什葉派，各大教團都有不同的支系或分支教團。蘇非派在組織上奉行嚴格的導師制，導師稱穆爾西德或謝赫、巴巴等，一般成員稱為德爾維希或法基爾，或蘇非，門人弟子則稱為穆裏德或尋道者。蘇非聖徒的陵墓是門徒和信徒朝拜之處。蘇非派教團得到進一步壯大的時機是在14世紀末，蒙古族的異密帖木兒在1370年奪取西察合臺汗國政權，建都撒馬爾罕，並東征西討，建立了一個東自蔥嶺、西到小亞細亞，南起恆河及波斯灣，北及俄羅斯的帖木兒帝國，在這稱雄一時的大帝國裡，伊斯蘭教被尊為國教，帖木兒還延聘納合西班迪教團創始人為國中掌教大卡迪（舊譯嘎錐，意為教法官）。中亞地區也隨之成為蘇非派的大本營。納合西班迪教團更躍居為中亞地區發展極盛的最大一支蘇非派力量，其第五代教主瑪合圖木·阿雜木因為有穆罕默德第二十一代孫的「聖裔」身分，他把該教團的學說傳布到土庫曼、烏茲別克、塔吉克等地，他也曾進入中國新疆南部的喀什噶爾，發展過自己的勢力。其長子依禪卡蘭和幼子伊斯哈克及其後裔則直接在新疆南部培植起白山派和黑山派的勢力，並擴展至全疆。正是這個蘇非派納合西班迪教團和另一個蘇非

派卡迪裏教團（又譯嘎的林耶教團），如同對新疆依禪派（蘇
非派傳入新疆南部後，通稱為依禪）的發展具有直接影響一
樣，在明末清初時，蘇非派對甘、寧、青地區的穆斯林的門
宦出現也產生了深遠的影響。在具體傳播蘇非派教義方面，
影響最著者莫過於白山派領袖阿帕克和卓了。

　　阿帕克和卓是瑪合圖木·阿雜木的曾孫，即白山派創始
人依禪卡蘭之孫。他與其父穆罕默德·玉素甫參與了推翻阿
布都拉汗的政變，但好景不長，康熙八年（西元1169年）即
因當地黑山派教徒的暴動，其父被殺。阿帕克和卓於次年逃
亡中亞，又經克什米爾地區轉徙至西藏，向五世達賴喇嘛及
其徒噶爾丹搬救兵。在其東山再起之前的幾年流動漂泊生涯
裡，阿帕克和卓皆以二十五世聖裔的顯貴身分和「赫達耶通
拉希」的道號，到甘、寧、青一帶向當地穆斯林傳授虎非耶
（即納合西班迪教團學說）的學理，其弟子中有馬宗生、馬
守貞等人，遂開內地門宦之先河，從這個意義上說，阿帕克
和卓是將蘇非派由新疆的依禪派過渡成為內地門宦的重要關
鍵人物。❷我國研究伊斯蘭教教派門宦問題的著名學者馬通
先生認為，阿帕克和卓曾先後三次到青海西寧、甘肅蘭州等
地傳授教門。據其考證，赫達耶通拉希在甘、青地區直接傳
授的門徒有九人。其中在西寧傳授七人，他們是青海西寧南
川的馬守貞（有傳說他為赫達耶通拉希與回民女子田氏所生

---

❷　金宜久主編，《伊斯蘭教辭典》，上海辭書出版社，1997年10月第1版，
　　頁480。

之子）、甘肅河州西川的馬宗生、甘肅蘭州橋門的劉伯陽、青
海西寧的鮮美珍和同太巴巴、李巴巴，以及馬殿功阿訇等。
在河西傳授的是安西太爺，　在喀什又收河州的祁信一為門
徒。❸

　　值得重視的是，赫達耶通拉希在甘寧青教授的弟子皆非
等閒之輩，他們先後創立出屬於虎非耶的分支門宦，或成為
所屬門宦中的重要人物，如馬守貞創立了穆夫提門宦，馬宗
生則創立了畢家場門宦，鮮美珍是鮮門的創立者，劉伯陽與
馬殿功則負有輔佐鮮美珍之責。同太巴巴和李巴巴雖沒有自
創門戶，但因恪守道祖赫達耶通拉希之命，以輔佐馬守貞為
自己的職責，在甘寧青穆斯林中也有極高的聲譽。安西太爺
是赫達耶通拉希在肅州接納的門徒，當時赫達耶通拉希正在
肅州策劃敦請準噶爾部的噶爾丹出兵南疆，推翻葉爾羌汗國
的軍事行動。安西太爺後來在道統源流上被洪門門宦追溯為
道祖。赫達耶通拉希在喀什噶爾接納的甘肅籍門徒祁信一雖
未創門戶，但卻是一個謹遵師命而堅持修煉的重要蘇非，並
為西北各門宦所敬重。

　　除了阿帕克和卓在甘寧青地區傳播納合西班迪教團的學
理外，清朝前期從中亞、西亞和南疆等地區先後來過一些蘇
非派傳教師。河湟地區的穆斯林傳說，他們先後共有四十人，
這些人被尊稱為「古土布」（隱匿世間的特殊臥裡）。❸其中

---

❸　參見馬通，《中國伊斯蘭教派門宦溯源》，寧夏人民出版社，1986年
　　12月第1版，頁49。

傳播嘎的林耶學理的是阿布杜‧董拉希，根據《大拱北先賢史略》和大拱北口碑，其人為穆罕默德第二十九世後裔，這種特殊的宗教身分也令是地的穆斯林肅然起敬，在來西北的蘇非傳教師中，阿布杜‧董拉希的地位及影響僅次於赫達耶通拉希（即阿帕克和卓）。此人出生於聖城麥加，於康熙十二年（西元1673年）正月初七啟程離開麥加，歷時三月到達中國的廣州，並在蘇皖、兩湖、雲貴、陝甘等地進行傳教，次年輾轉至河州。所傳的著名弟子中有祁靜一、馬上人、鮮美珍等。祁、馬二人後來成為嘎的林耶在中國的祁、馬兩門的始創者。阿布杜‧董拉希晚年又到四川閬中傳教，因歿後葬於盤龍山之陽，遂被嘎的林耶門徒尊為「盤龍山道祖」。雖說這位蘇非傳教師來自於麥加，但根據傳說，他通曉漢語，而且研讀中國醫道和儒、釋、道三教之書，並喜愛中國的詩文書畫。受其影響，中國嘎的林耶門宦也秉承了這一優良傳統，具有辦學讀書和收藏書畫的愛好。華哲‧阿布杜‧董拉希（華哲即和卓之轉音，也是聖裔之意）親自傳授的學生共有十七人之多，除上述祁、馬、鮮三人分別創立門宦外，其中還有進士保瑜、蔡鶴鳴和馬宗武，以及川北總兵馬子雲等人。祁門、馬門是繼承嘎的林耶衣缽的正宗門宦，前者一直主持陝西西鄉鹿齡寺、四川閬中巴巴寺及甘肅河州（今甘肅臨夏）的大拱北三地教務，是嘎的林耶在中國的主要繼承人。馬門是指固原的馬慎一，後來發展成後子河門宦與韭菜坪門宦。

---

❸ 同上，頁82。

鮮門的創始人鮮美珍後改奉赫達耶通拉希為道祖，發展成虎
非耶，但該門宦仍保留著對董拉希「引薦」即首傳教門之事
的紀念，該門宦的宗教儀式也相應地綜合虎非耶與嘎的林耶
兩個教團的學理。如嘎的林耶主張的重道不重教，和虎非耶
關於修持辦道者可以成家，繁衍子孫的學理，都被鮮門所吸
收採納。

　　由上述可知，蘇非派思想通過外來的傳教師傳入西北地
區後，促成了中國內地傳統的伊斯蘭教發生了重大的教派分
化，恪守傳統的伊斯蘭教被稱為「格底目」（「老教」之意）；
而接受新傳入的蘇非主義學理的伊斯蘭教派別，因各自淵源
傳授系統有別，遂有不同的名稱，有的沿用原來所傳派別之
名，有的則按念誦讚詞（齊克爾）的聲調定名，也有的根據
本派創始人的居住地來命名。在甘寧青地區，人們對回族、
東鄉族、撒拉族、保安族中信仰伊斯蘭教蘇非學派各支派的
統一泛稱就是「門宦」，這種稱呼，形象地表明了伊斯蘭教蘇
非神祕主義信仰、學理和中國傳統文化思想、封建宗法制度
之間的密切關係。

二、四大門宦及其支派

　　在中國西北甘、寧、青地區的蘇非派穆斯林中，有所謂
的四大門宦，此即虎夫耶、哲赫林耶、嘎的林耶和庫不林耶。

㈠虎夫耶

　　四大門宦所衍生的支派共約有四十個左右。虎夫耶是其

中分支最多的一大門宦，約有二十多個支系。「虎夫耶」是阿拉伯文"Khufiyyah"的音譯，為「隱藏的」、「低念的」，又稱「低聲派」或「低念派」，這是因其主張低聲念讚詞所致。該門宦在中國出現的歷史在四大門宦中較早，如畢家場門宦創始人馬宗生、穆夫提門宦創始人馬守貞都是17世紀70年代初，即康熙十一年（西元1672年）前後，從來到青海西寧傳教的阿帕克和卓那裡領受到虎夫耶教理與必修功課的。虎夫耶各分支之間比較分散，並無道統上的直接聯繫。有的如前述畢家場、穆夫提等，為來自中亞和新疆的蘇非派傳教士直接傳授，有的則是去麥加朝觀歸來的「哈只」，自己傳播在國外接受的蘇非派教旨，如虎夫耶最大支派的花寺門宦，就是雍正年間由河州人馬來遲所創之門宦。東鄉族的馬葆真在嘉慶年間所創的北莊門宦，也是依循類似的發展路子，馬葆真原來在東鄉族村落中傳播的是花寺門宦，因聽說穆聖弟子第二十八世後裔在新疆莎車傳教，曾前後專程兩次前去求學，第一次去時，他才二十八歲，適逢該聖裔返回阿富汗，令他無功而返。再次去莎車，總算見到聖裔舍赫烏尼亞，並被收為穆爾西德，接受了虎夫耶的教旨及功修要點。以後他又在嘉慶十九年（西元1814年）去麥加朝觀，成為哈只，在同族穆斯林中威望更增，遂成為信徒分布於甘、青包括新疆的重要門宦。還有的門宦屬於傳教者在刻苦研究了蘇非派經典後自行創建而成，如胡門門宦，為乾隆年間臨夏東鄉族馬伏海所創。他聲稱在乾隆十四年（西元1749年）的齋月（伊斯蘭教曆9月）

二十七日晚，於西安崇文巷大寺遇見了「海子若」（即「希爾
茲」，伊斯蘭教傳說中的長壽聖人），「使他通曉了理學，知道
了天人合一和渾化的奧妙。」❸❷馬伏海就是憑藉著這個神話般
的「經歷」，加上自己又精通阿拉伯文和波斯文，並有扎實的
經典知識基礎，使他獲得了甘肅臨夏紅泥灘一帶的穆斯林群
眾的信賴和擁戴，為其傳教和自創門宦奠定了堅實的基礎。
由於馬伏海本人蓄鬚如同「美髯公」，人稱「鬍子太爺」。當
他八十歲時，雪白的鬍鬚還突然變黑，這些更讓其門宦中的
信徒感到他的與眾不同之處，該門宦也因其創始人的美髯之
故而被人稱為「胡門」。

　　除上述畢家場、穆夫提、花寺、北莊、胡門之外，另如
鮮門、洪門、劉門、丁門、通貴、高趙家、明月堂、崖頭、
撒拉教、法門、文泉堂、靈明堂（又稱「瘋門」），由穆夫提
門宦中分裂出來的臨洮門宦、由胡門門宦分離出來的太子寺
門宦，包括畢家場門宦的支派小劉門門宦，以及和洪門在道
統上同源的「磽溝井」、「涼州莊」等，也都是傳授虎夫耶教
旨的分支門宦。虎夫耶在宗教上的特徵就是教乘和道乘並重，
主張在五功基礎上修道，遵循「鬧中靜」之法，早晚默念「齊
克爾」，夜間多作副功拜。在齋月結束時主張先開齋後禮拜，
與傳統的老教格底目正好相反，因此曾經發生過前開後開的
教爭。如虎夫耶的花寺門宦創始人馬來遲被《甘寧青史略》

---

❸❷　馬通，《中國伊斯蘭教派及門宦制度史略》，寧夏人民出版社，1983
　　年1月第1版，頁302。

一書稱為「河州前開之回民也」。虎夫耶的齊克爾由教主祕密傳授，如崖頭門宦，規定必須是信念虔誠，遵守嚴謹，經過多年考驗是專心於教門之人，才有資格得到傳授。這種神祕反映了蘇非派的宗教特徵。❸虎夫耶的教職人員分為穆爾西德、海裏凡、穆裏德三級，教主所在的基廬即拱北為修道辦教的場所，也是門宦的聖地。逢節日和門宦的紀念日均須拜謁、宰牲、念經、幹「爾麥力」。由於虎夫耶各門宦發展的歷史途徑、方式及所處的時代背景不同，其規模和影響也是各有千秋。

　㈡哲赫林耶

　　哲赫林耶（又稱哲合林耶，或哲赫忍耶）在四大門宦中人數最多，傳播範圍最廣，教主所擁有的教權也相對比較集中和鞏固，其道統傳授也有鮮明的特點。該門宦的發展歷史本身就與教派門宦間的教爭、官府的鎮壓與穆斯林群眾的武裝反抗交織在一起，可以毫不誇張地說，哲赫林耶的發展歷史充滿了血和淚，該門宦的教徒也特別地頑強不屈和堅忍不拔，西北地區有人亦因此將其稱為「血脖子教」。它形象地表明了這個門宦的精神面貌和勇敢無畏的血性。

　　哲赫林耶是阿拉伯文"Jahriyyah"的音譯，意為「公開的」、「響亮的」，穆斯林又因該門宦主張高聲念誦讚詞，而稱其為「高念派」或「高聲派」。在馬明心創教初期，和花寺門宦的那場教爭，最終導致了後來蘇四十三起義，從此一直受到清

---

❸　同上，頁322–323。

廷的鎮壓與歧視。哲派門宦從乾隆十年（西元1745年）起，共傳了兩姓三家，即階州馬明心（道祖太爺）、平涼穆憲章（平涼太爺）、靈州馬達天（船廠太爺）。自馬達天以後，馬明心「傳賢不傳子」的教規改為父子相傳，馬達天長子馬以德在其父被清廷逮捕，來不及選擇接替者，而父子又同被監禁的特殊狀態下接受了教權，成為哲派的第四輩教主，因其於道光二十九年（西元1849年）四月初八日逝世於西吉，教內將其尊稱為「四月八太爺」。按回族學者張承志的說法，「他是頭一個壽寢善終的穆勒什德」。❸❹和前幾輩的教主相比，其壽終正寢反而顯得得來不易，由此也可想見清政府對哲派門宦的迫害之重。馬以德被教徒們安葬於寧夏金積的洪樂府，他們在此修建了拱北，是地以後成為哲派門宦重要的傳教中心。

馬以德的長子馬化龍是哲赫林耶的第五輩教主，也是同治年間發動反清大起義的回民領袖之一。馬化龍在同治年正月十三被害於清營，教徒尊稱其為「十三太爺」。在其被殺害後，哲赫林耶的道統暫時中斷，到馬明心曾孫馬元章復興教門，當了教主後，教權由原來的靈州系統又轉移到官川系統。其間靈州系統的馬進成（馬化龍之孫）被馬元章尊為第六輩教主，馬進成在童年時即遭清政府閹割，以刑餘之身在河南開封給滿人官吏當僕役，二十五歲時死於汴梁，哲派教徒尊稱他為「汴梁太爺」。被教徒尊為「沙溝太爺」的馬元章在成

❸❹ 張承志，《心靈史》，花城出版社，1991年1月第1版，頁138。

為哲派第七輩教主後，及至清末，業已將該門宦領上一條復興壯大的康莊大道。

在宗教活動方面，哲赫林耶除遵從《古蘭經》、履行五功、堅持六大信仰之外，尤其重視道乘「妥若格提」（理學），各輩教主在教徒中享有極高的威望，該門宦還特別看重朝拜教主的拱北。如「教徒缺少朝覲費用，可以以朝拱北、道堂來代替。」❸❺哲赫林耶教徒平時所戴的「六牙帽」是其明顯特徵，「帽子的形狀像一個阿拉伯式的圓形屋頂，帽頂由六塊等邊三角形布構成，表示堅信『六大信仰』，帽圈由一塊寬二寸的布條構成，表示『萬教歸一』，統一於『伊斯倆目』（伊斯蘭教）教門之下。帽子頂端有一個用布條或馬鬃或絲線編製的疙瘩，表示『真主獨一無二』。帽的顏色分為綠、白、黑三種。綠色帽只用於教主、阿訇纏『太斯達勒』用。老年人多戴白色帽。青壯年戴黑色帽。這種形式的帽子，為哲派獨有。」❸❻另如哲赫林耶門宦主張「先念後吃，吃念並行」，但反對未念先吃；以及在念齊克爾時和禮拜問題上也均有自己的主張。哲赫林耶的男性教徒都不留「利毫耶」（鬢鬚），此因當年花寺門宦在教爭時曾向官府誣告哲派留有鬢鬚是反清的標記，是故馬明心和歷代教主都要求教下一律不留「利毫耶」，以俾將來在後世和花寺打官司。

　　㈢嘎的林耶

---

❸❺　同❸❷，頁450。

❸❻　同❸❷，頁448。

　　嘎的林耶在四大門宦中，受中國傳統文化思想的影響最深。該門宦源於蘇非派卡迪裏教團。嘎的林耶是阿拉伯文Qadiriyyah的音譯，意為大能。其形成年代也較早。和別的門宦一樣，在教法上該門宦屬於哈乃斐學派。相傳中國的嘎的林耶為穆聖第二十九世後裔阿布杜‧董拉希在清朝康熙年間來華傳教，後被該門宦奉為第一輩道祖。嘎的林耶在中國的主要分支是「大拱北門宦」，其創始人為祁靜一，故該門宦初稱「祁門」或「祁家拱北」。後因大拱北的建築比當時其他門宦的拱北更顯宏偉壯麗而冠以今名。❸傳授嘎的林耶教理的除大拱北以外，還有「香源堂」（又叫「海門」或「沙門」），創始人海闊受教於來自新疆的「巴巴爺」，此人因參與大、小和卓之亂，被押解進京，因車途經蘭州，監管他的獄卒正是海闊，出於對「聖裔」的敬重，海闊受其所傳，並創立海門。海闊死前將手杖、「太斯比合」（念珠）傳給蘭州的沙滿拉，後者將此兩物埋於蘭州西津橋，並建拱北，是為「沙門拱北」。❸但該門宦後無傳人，影響趨微。另如由阿拉伯來華傳教士創辦的阿門門宦，和清末出現的七門門宦（也叫齊門）等，影響和規模也都很小，有的因無繼承者而中斷道統，有的活動範圍不大，教徒甚少。

---

❸　同❸，頁329。
❸　同❸，頁351–352。「太斯比合」又作「特斯必赫」，是阿拉伯語Tasbih的音譯，意為讚揚，指穆斯林在禮拜後對阿拉的讚揚。該詞也是伊朗、巴基斯坦等國穆斯林對「贊珠」的稱呼。

與另外各大門宦不同的是，在嘎的林耶教職人員中，除有阿訇外，還有「出家人」，他們須入山修道，或住拱北、道堂守道，並且不娶妻室。正因該門宦在功修上有此獨特之處，所屬拱北也大半在僻靜的依山傍水之處，而出家人也以四川的寶寧寺、陝西西鄉的鹿齡寺、甘肅臨夏西郊的大拱北為最集中。大拱北沒有教主，每處拱北都有當家人一名來主持教務。嘎的林耶沒有其他門宦所存在的世襲掌教制，這使該門宦沒有形成別的門宦那種盤根錯節，以及教權、財權高度集中的教主家族。此外，嘎的林耶重視叩拜拱北，並不主張去朝覲麥加，因此該門宦教下大多數人沒去過麥加聖地。

㈣庫不林耶

四大門宦中的庫不林耶是規模最小的，其名是阿拉伯文Kubriyah的音譯，意譯為至大者。據傳這是阿拉伯人穆呼引的尼所傳而興起的門宦。穆呼引的尼在康熙年間曾三次來中國，第一次是在兩廣地區傳教，第二次落腳於湘、鄂地區，第三次是由新疆進入豫、青、甘等省，最後定居於甘肅省的東鄉大灣頭，此地張姓群眾居多，送給他九畝地，這位遠道而來的阿拉伯人也改姓為張，名為玉皇，字普吉。該門宦因此也有「張門」和「大灣頭」之別稱。

庫不林耶的第一輩教長穆呼引的尼在東鄉去世後，就安葬在大灣頭，其子哎黑麥提·克比若·白賀達吉繼任第二輩教長（該門宦不設教主，教務由各坊教長主持）。由於他積極傳教，一時信徒劇增，連漢民亦皈信了伊斯蘭教，但這種狀

況也為傳統力量所不容。哎黑麥提·克比若·白賀達吉亦被
人誣告為邪教，轉而又遭到清朝官府的逮捕，罪名是煽惑引
誘良民，觸犯刑律，最終瘐死於監獄。❸其四子繼承了教長
之位後，卻因個人學識不高，聲望又低，庫不林耶的發展也
陷入停滯。從分布範圍來看，該門宦主要即在東鄉一帶。其
宗教功修主要表現為靜修參悟。一般為四十～七十天，最長
者可逾百日。靜修者住於山洞，不見任何人，整日誦念齊克
爾和禮拜。日食僅一餐，食物為七個棗，幾杯開水而已。❹

　　如上所述，宗教的學理化和教派化，本身是宗教進一步
發展的必然結果，伊斯蘭教在中國的發展也不例外。蘇非派
思想經由不同渠道進入中國後所產生的影響，以及明末清初
各地穆斯林社區興起的經堂教育制度，令中國穆斯林學者和
教職人員的宗教學識及素養得以不斷提高，在傳播宗教的具
體實踐中，產生出各具特色、自成體系的不同門宦及其支派，
而這正是伊斯蘭教在中國擴衍化的反映，這種宗教上的擴大
衍生，又帶有鮮明的時空特徵。從時間上講，各大門宦都產
生於清代前期，而後再陸續衍化為各支派。從空間上看，甘
肅、青海的河湟地區，尤其是甘肅的河州（今甘肅省臨夏回
族自治州）成了幾大門宦產生的發祥地。事實上，連晚近興
起的，在宗教特徵上截然有別於四大門宦的中國伊斯蘭教新
興教派最初也創建於此地，無怪乎人們會將河州譽為「中國

---

❸　同❷，頁453。

❹　同❷，頁287。

的麥加」。

三、伊赫瓦尼的出現和西道堂的建立

清末，在西北各民族穆斯林中，除了傳統的格底目（老教）與上述的四大門宦及其支派之外，還產生了新的伊斯蘭教教派，此即由著名的「果園哈只」，東鄉族的馬萬福在1892年創建於河州的「伊赫瓦尼」；和1902年出現在甘肅臨潭，由馬啟西創立的「西道堂」。在宗教特徵上互相迥異的新興教派組織相繼出現於中國社會即將發生根本性變革的時刻，並非偶然，其本身亦標誌著伊斯蘭教在中國的發展步入一個新的歷史階段。

伊赫瓦尼的宗教組織與組織嚴密的門宦相比，顯得頗為鬆散。該教派也沒有什麼大權在握的教主，伊赫瓦尼是阿拉伯語，意譯為「弟兄」，該新興教派又稱「哎亥裏遜乃」，意為「尊經」，因此也被人們稱為「尊經派」（或「遵經派」）。由於該派創立和興起的時間較晚，西北地區的穆斯林群眾大多將其叫做「新興教」，或簡稱為「新教」。

伊赫瓦尼的創始人馬萬福祖籍為甘肅省東鄉族自治縣果園村，經名努哈（亦作奴海）。因其所居地之故，人們又稱呼他為「馬果園」。其人出生於清道光二十九年（西元1849年），自幼即隨祖、父信奉東鄉族中最大的北莊門宦，其祖父伊卜拉黑麥、其父親達吾德均為信仰堅定和為人厚道的阿訇，在教門虔敬的家庭環境熏陶下，馬萬福從小已有一定的阿拉伯

文基礎，並在東鄉春臺北莊清真寺念經，據說他六歲時，即能熟誦《古蘭經》。以後他又在當地另外幾處清真寺學習經文，跟隨當地頗具名氣的「老消停阿訇」和「瓦裏家阿訇」，且獲兩位「悟思達德」（老師）的嘉許。光緒元年（西元1875年），馬萬福在北莊拱北「穿衣」，正式獲得「阿訇」的資格，而請他去擔任開學阿訇的第一處，正是其故里果園村。在東鄉族中，經堂裡的滿拉（學生）被授予阿訇資格，是件大事，因此在馬萬福被聘請去開第一任學時，家鄉的鄉老們還特意選派許多人騎馬迎迓，以示隆重。同時，北莊拱北清真寺的掌教也選派專人護送，並以四十人騎馬，作為儀仗隊。「從北莊到果園六十里，沿途村莊在路邊設席接風，一路浩浩蕩蕩，熱鬧非凡。」❹這樣的場面充分顯露了穆斯林群眾的宗教熱忱和對阿訇的尊敬。在各地清真寺擔任開學講經的阿訇期間，馬萬福仍手不釋卷地精研阿拉伯文和波斯文經典，不久就在北莊門宦中開始嶄露頭角。光緒十四年（西元1888年），馬萬福和自己的老師瓦裏家阿訇一同前往麥加聖地朝觀，同行者還有東鄉苦妥的馬會山（亦作馬會三），其人曾中過舉，在當地可算是有功名之人。他們到聖地完成朝觀功課後，馬會山先期回國，在馬萬福的勸說下，他用錢購買了不少對國內穆斯林來說彌足珍貴的宗教經典，兩人拿手約定，將來在國內

---

❹　有關馬萬福返鄉受聘的具體描述引見於馬克勛，〈中國伊斯蘭教伊赫瓦尼派的倡導者 —— 馬萬福（果園）〉，該文載《伊斯蘭教在中國》，甘肅省民族研究所編，寧夏人民出版社，1982年9月第1版，頁440。

一定「憑經立教」。❷在日後伊赫瓦尼興創初期，馬會山果然
成為馬萬福的有力幫手。留在麥加的馬萬福和瓦裏家阿訇則
拜當地的知名學者及行政長官海裏巴式為師，入其道堂深造。
次年，瓦裏家老阿訇在麥加歸真，這對一個穆斯林來說，實
屬最為吉慶之事。而馬萬福則繼續在聖地研修宗教學問，這
種難得的經歷，對馬萬福個人以後的倡行伊赫瓦尼，當然會
產生重要的影響。

　　由於麥加聖地原本就是伊斯蘭教遜尼派四大教法學派之
一的罕百里學派盛行的中心地區，18世紀中葉興起於阿拉伯
半島的規模甚大的瓦哈比運動，其基本主張就是源於十分重
視和強調遵循經典的罕百里學派之學說，瓦哈比教派的創立
者阿布杜·瓦哈布強烈主張恢復伊斯蘭教的原始教義，恢復
經典的本來精神，大力提倡嚴格意義上的一神教。此外，該
運動對蘇非神祕主義及其崇拜聖徒、聖墓和聖物的作法持激
烈的反對態度，並將之斥為新的多神教和異端。19世紀初，
即1803年至1804年，瓦哈比教派相繼攻佔了麥加與麥地那兩
座伊斯蘭教聖城，甚至毀壞過穆罕默德的陵墓，建立起第一
個瓦哈比國家。後該政治實體雖然被埃及總督穆罕默德·阿
里擊潰，但整個阿拉伯半島卻依然是瓦哈比思潮的風行之地，
這種帶有鮮明的原教旨主義色彩的宗教改革主張，以及擁有
為數眾多的追隨者，也正是沙特家族後來得以在20世紀上半
葉武裝統一半島和建立王國的思想武器與群眾基礎。19世紀

---

❷　同上，頁444。

後期，年輕而勤學的馬萬福在麥加逗留期間，當然會受到當地這種反映和代表伊斯蘭教世界民族主義利益的新興思潮的感染與啟發，瓦哈比思想所提出的觀點，以及該教派對蘇非神祕主義的貶斥，更應是促使來自北莊門宦的馬萬福在宗教思想上改弦易轍的重要原因。正如有學者所指出的，馬萬福和同行者在麥加聖地深造，研究了古蘭經學、聖訓學、教法、教律等學問，「在學習過程中，他們認為在中國交通極為不便的西北，系統、完整而又精確的經典很少，尤其在東鄉族中，經書大多是手抄本，錯訛之處甚多。因此，中國穆斯林不能正確地接受正統教義，加之中國伊斯蘭教受中國封建文化的影響和滲透，發生了違背《古蘭經》、『聖訓』的一些禮儀習俗，決心回國後對中國伊斯蘭教進行改革。」❸

馬萬福以哈只的身分，帶著美好的理想在1892年❹回到河州，他在家鄉開始傳播倡行「尊經革俗」和「憑經立教」的宗教主張，由於其時甘、寧、青之地的穆斯林主要是格底

---

❸　高佔福，《西北穆斯林社會問題研究》，甘肅民族出版社，1991年5月第1版，頁92。

❹　有關馬萬福歸國時間，據《伊斯蘭教辭典》中相關人物條目稱，馬萬福是在1892年回國後，棄門宦改宗「艾海裏·遜奈」（遵經派）的。是年也作為伊赫瓦尼教派的創立時間。參見該書「馬萬福」條，頁492；〈附錄四〉，「伊斯蘭教大事年表（1892年）」，頁668。馬萬福經由海路回國，途經粵、湘、鄂等省份，並輾轉羈留於各地近一年，爾後才回到家鄉倡導伊赫瓦尼。參見高佔福所著《西北穆斯林社會問題研究》，頁92。

目和各門宦的信徒，「果園哈只」的傳教活動一時難以立竿見影。為了擴大影響力，馬萬福聯絡了在河州頗具聲望的十個阿訇，其中大多也是朝覲歸來的哈只，這些人在當時的河州都有些名氣，他們是達背阿訇、老消停阿訇、高腰鍋阿訇、張卜阿訇、紅崖大鼻子阿訇、大康阿訇、灘子阿訇、新瓦房阿訇、麻妖怪阿訇，以及當年和馬萬福同去朝覲，回國後一直積極支持馬萬福「憑經立教」的馬會山。這些阿訇成為果園哈只宣傳宗教改革主張的中堅力量，俗稱「十大阿訇」。針對中國伊斯蘭教所存在的過於「漢化」，卻失掉了許多伊斯蘭教原有教旨的弊病，「十大阿訇」決定結為兄弟，定名為伊赫瓦尼。該詞意為同教兄弟，即「按真主的意志結成的兄弟」。他們之所以取其意，也表示凡尊經者都是兄弟，這也同《古蘭經》中「凡穆民皆為兄弟」的經文相符合。**❹**他們還具體提出了「十大綱領」，亦有人將之稱為「果園十條」。**❻**在這些綱領中，提出了具體的「尊經革俗」的措施，例如不聚眾念《古蘭經》，只能一人念，眾人聽；不探望拱北、不紀念亡人的日子等，顯然這與當時為穆斯林沿襲多年的宗教習俗相頡頏，且為人多勢眾的各門宦所不容。由於新興的伊赫瓦尼提出的主張逐漸得到了一些阿訇和穆斯林的擁護，部分原屬

---

❹　轉引自勉維霖，《寧夏伊斯蘭教派概要》，寧夏人民出版社，1981年7月第1版，頁118。

❻　「果園十條」的具體內容載見於馬通，《中國伊斯蘭教派及門宦制度史略》，頁131。

門宦的教民也歸信了伊赫瓦尼，這種有損門宦教主威望及侵犯門宦經濟利益的客觀結果，必然導致門宦家的強烈反對和攻訐。

　　光緒二十一年（西元1895年），青海湟中、甘肅臨夏一帶發生「河湟事變」，各民族穆斯林基本上都投身於反清運動，原來伊斯蘭教各教派間的牴牾隔閡，業已讓位給穆斯林民眾同清王朝統治者之間更趨尖銳的民族矛盾。馬萬福本人也發動伊赫瓦尼的追隨者們起而回應和參加起義。當起義失敗後，馬萬福一度蟄伏在靜寧縣城關大寺「小馬阿訇」馬良俊處，且以一名滿拉的身分出現，畢竟由於個人學識閱歷的關係，其言行舉止截然不同於一般的滿拉，難免不露出破綻，小馬阿訇在盤問後得知詳情，當即安排馬萬福去當地南鄉一個小清真寺當開學阿訇。其他人並未能躲過劫難，如伊赫瓦尼倡行者之一的馬會山，就被率領清軍前來鎮壓的喀什提督董福祥、循化游擊馬安良殺害。直到兩年後「河湟事變」的風聲平息下來，通過向當時河、湟地區權勢熏天的回族大人物馬安良疏通關節，馬萬福才得以公開活動。以後他又被請到漠泥溝何家清真寺開學，擔任阿訇十年有餘，在此期間，馬萬福又開始大力推行伊赫瓦尼的主張，這種活動得到了居住於當地的學董馬國良（馬安良的四弟）的准允和支持。隨著「果園哈只」和其同道們的影響日漸擴大，伊赫瓦尼作為新形成的教派，同各門宦進行了針鋒相對的較量，前者甚至公開提出「打倒門宦，推翻拱北」的過激口號，馬萬福本人也在光

緒三十四年（西元1908年），利用開齋節會禮之際，在河州西川（今甘肅省臨夏縣城關鎮畢家場）一個伊赫瓦尼信徒的集會上明確表示，伊赫瓦尼要統一各教派和各門宦。他還說：「為教門流血犧牲，是舍希德。」❹面對伊赫瓦尼咄咄逼人的發展趨勢，河州八坊的各門宦方面也不示弱，二者之間的矛盾越鬧越大。各門宦教主紛紛上書官府，要求嚴懲「反叛首領」馬果園。在對立勢力的擠兌逼迫下，馬萬福無法在河州立足，只好無奈地前往鄰省陝西安康去當開學阿訇，這是清末光緒三十三年（西元1907年）之事。伊赫瓦尼教派因而暫時偃旗息鼓，及至民國時期，在得到盤踞西北的回族軍閥們政治青睞的情況下，才風雲際會地重新興起。

　　與伊赫瓦尼相比，清末出現的另一個中國伊斯蘭教新興教派——「西道堂」的發展顯得更加艱難曲折。該教派創始人馬啟西是甘肅省臨潭縣人氏，其父親是北莊門宦的一個阿訇。臨潭的回民祖籍大多來自遠在江南的金陵，這與當年明朝初回族將領沐英率領士卒到臨潭來平定番民作亂，其中有南京或江南籍的穆斯林留居落戶於此地有關。據臨潭回民稱，他們的祖先是從南京竹絲巷從軍至此，這種難忘故土的文化歸屬感，對此處穆斯林社區而言，會以世代口耳相傳的形式承襲下來，也使他們在感情上較西北其他地區的穆斯林更易接受來自祖居地——金陵的劉智著述及其宗教思想，並最終在金陵劉氏學說的理論基石上，形成了獨具特色的中國伊斯

---

❹　同❸，頁133–134。

蘭教新興教派「西道堂」。與其他主要接受國外宗教思想的伊斯蘭教教派或門宦相比，該教派除了所秉承的宗教思想源自國內穆斯林學者外；其創始者馬啟西本人並非宗教教職人員，而是一個通達儒家學說的秀才，這些因素的存在，使西道堂走上以傳統漢學來弘揚傳播伊斯蘭教的發展路子，具體來講，就是將南京「劉介廉巴巴」的宗教思想付諸實踐。❹馬啟西出生於清咸豐七年（西元1857年），其父馬元是阿訇，惟因無家財娶妻，入贅於北莊門宦在臨潭的「穆勒提」敏士達家為婿，而後者掌管著臨潭舊城北莊門宦的教務，外祖父家的殷富使馬啟西自幼就有條件接受系統的文化教育。他童年時就在寺裡念經，十一歲時投師於臨潭新城的名儒范繩武門下，攻讀了《四書》、《五經》等儒學著作，天資聰明的馬啟西數年後即在洮州應考中榜列第二名童生，後又在鞏昌應試中取得第四名秀才的佳績。這些經歷足以說明他的儒學造詣之深，在此基礎上，馬啟西又閉門博覽群書，尤其致力於鑽研明末以降中國穆斯林學者的漢譯經著，並「獨善金陵介廉之學」。❹

---

❹ 關於西道堂何以會重視劉智著述，以及馬啟西個人的漢學功底對他創建新教派的意義，主要引見於高佔福所撰〈劉智宗教思想對西道堂教派的影響〉一文，文載《西北穆斯林社會問題研究》一書，頁118-127。高佔福在該文中還認為，臨潭的回民原來多信奉教權組織較鬆散的格底目派教義，是地的經堂教育不似河州那樣發達，對漢文化排拒力度也不太強，而這些因素對以劉智學說為代表的「漢譯經著」能夠流行和迅速傳播開來，同樣也是至關重要的。

❹ 轉引自高佔福所撰〈劉智宗教思想對西道堂教派的影響〉，《西北穆

從光緒十七年（西元1891年）起，馬啟西開始在其家西鳳山
設私塾講學，內容既有儒家的學說，也包括伊斯蘭教的教理。
以後曾閉館停學，及至光緒二十四年（西元1898年）他又在
臨潭舊城北莊門宦的達子溝拱北開設講解伊斯蘭教學理的經
堂。聽者稱「馬啟西精通回、漢兩文，他講得比阿訇講的還
受聽」，❺⓪其講學效果從當地穆斯林群眾的讚語上已可想見。

　　正因為馬啟西宣講的是劉智有關伊斯蘭教的著述，而當
地北莊和花寺等門宦的阿訇和教徒，其時對王岱輿、劉智、
馬注等人的漢譯經著多不了解，故此將馬啟西視為「外道」
和「邪教」。馬啟西亦在光緒二十七年（西元1901年）與北莊
門宦分道揚鑣，改為在家中設帳講學，自號經館為「鳳山金
星堂」。鑒於教爭現象的存在，當時北莊門宦的教主二師傅為
此專程從東鄉趕到臨潭，並組織了專門對付馬啟西的「十大
鄉老會」。對馬啟西及其追隨者而言，不惟要面對當地宗教人
士的非難排斥；就連地方權貴人物如馬安良之流，也要橫插
一杠子。此人本是回族軍閥，但在信仰上屬於花寺門宦，其
父馬佔鰲還是河州著名的大阿訇，由於北莊門宦同花寺門宦
向來就存有舊隙，馬安良遂想借馬啟西來對付北莊門宦，但
卻遭到後者的婉拒。銜恨在心的馬安良自此成為馬啟西及其
信從者的主要敵人。在其唆使下，由曾當過馬安良「紅筆師
爺」（祕書）的敏含章出面，屢屢製造事端，甚至還把馬啟西

　　斯林社會問題研究》一書，頁121。

❺⓪　同❸②，頁163。

及其信徒告到官府。歷經磨難後，馬啟西在1903年正式成立道堂，並要求教徒們合夥經商務農。次年，大家集資在西鳳山下修建了道堂的首座清真寺。光緒三十一年（西元1905年），馬啟西一派與北莊門宦間發生嚴重的教爭，洮州官府意欲捉拿雙方首領，為避官府加害，馬啟西帶了教下數人向西進發，準備完成朝觀功課。到中亞撒馬爾罕後受阻，終未成行。清宣統元年（西元1909年），馬啟西重返臨潭舊城。也正是在這一年，他將自己所創新派命名為「西道堂」。並宣稱：「介廉種子，關川開花，我要得出結果。」❺西道堂在宗教教義上注重教乘，以「五件天命」為全功。不收受「海底也」（給阿訇的禮品或錢財）；在烏瑪（早期穆斯林公社）思想和傳統的儒家大同思想雙重影響下，西道堂在經濟上號召教徒以道堂為家，過集體生活；此外，進入民國後，在教育上西道堂也反映出應合時代的特徵，即主張男女均應上學就讀，不能夠強制兒童念經等。上述這些帶有時代新意的舉措頗得當地穆斯林的歡迎，加上河湟、洮岷等地各族遭災穆斯林前來投靠過集體生活的西道堂，這個剛剛興起的新教派也日趨興旺起來。

---

❺　同❷，頁169。劉智字介廉，關（官）川指馬明心，因其有「官川老人家」之尊稱，並曾長期在安定（今定西）官川馬家堡修道和傳教，故有此稱。

第五章

穆斯林在民國社會中的活動

民國時期，
在穆斯林民族意識充分覺醒的基礎上，
與社會各個方面所發生的深刻而又巨大的變化相適應，
中國境內的伊斯蘭教在社會政治、經濟、文化教育以及
宗教上都出現了顯著的變化，
標誌著中國伊斯蘭教進入一個新的歷史階段。

第一節　穆斯林力量的壯大

一、穆斯林民族意識的覺醒與倡興伊斯蘭教的努力

　　當辛亥革命成功地推翻了封建帝制後，那面曾經充作大清國旗的「黃龍軍旗」，被各地反清義軍將士扯下，取而代之的有「鐵血十八星旗」（代表著當時中國十八個行省，星用紅色則表示中國從黑暗帝制走向光明），武昌首義即以此旗為號召，此係清末革命團體共進會之旗；還有人在起兵時採用「井字旗」，如陳炯明在廣東惠州曾以此為軍隊標幟；時在美國科羅拉多州丹佛市籌款的孫中山，則力主以同盟會多次起義中採用過的「青天白日滿地紅旗」來作為新國家的表徵；但在民國肇建伊始，最後取代清朝黃龍旗的卻是「五色旗」。該旗在1911年上海光復後，由宋教仁、陳其美擇定，所謂五色指紅、黃、藍、白、黑五種顏色，以表示漢、滿、蒙、藏、回五族共和。1911年12月，各省都督代表在上海召開共和聯合大會，在孫中山尚未歸國的情況下，眾人推舉黃興、黎元洪

為正、副「假定大元帥」，但在定奪國旗上歧見紛出，各地均
維護己幟。江蘇都督程德全代表江浙滬提出以五色旗為國旗，
終被採納，於是暫定五色旗為國旗，武昌首義旗和青天白日
旗分別為陸、海軍旗。雖說孫中山次年回國後對此十分不滿，
然而參議院的正式議決，還是維持了這一方案。直到20年代，
孫中山在南方就任非常大總統時，才由非常國會明令廢除五
色旗和十八星旗，將青天白日滿地紅旗定為國旗，不過至少
在1927年12月9日張學良宣布「東北易幟」前，五色旗在東北
四省還一直被當作中華民國的國旗懸掛。❶客觀地來說，五
色旗一度作為五族共和的政治象徵，相對代表君主統治的龍
旗，　其曾經具有的歷史進步性是不言而喻的。「五族共和」
口號的提出，對長逾兩個半世紀來飽受清廷民族壓迫之苦的
各穆斯林民族而言，也含蘊著更深層次上積極的歷史進步意
義，它們集中地體現在以下三個方面：

　　其一，由革命人士提出的政治上「五族共和」之觀點，
在理論上，已將中華大家庭的不同成員置於平等的地位，這
種適應全新政體的觀念可謂深得人心。它在一定程度上縮短
了國內各穆斯林民族與中華大家庭中其他成員之間的心理距
離，也有利於消弭化解由此而產生的民族隔閡。當時也投身
於辛亥革命的穆斯林先進分子，就明確表示回、漢間宗教信
仰上的不同，不應成為互相敵對的原因。大家同為中國人，

---

❶　參見忻平等主編，《民國社會大觀》，福建人民出版社，1991年3月第
　　1版，頁32–35。

應當「各信其教，各享各自由，井水不犯河水，何苦無故的結怨結仇呢?」❷近代著名學者顧頡剛在30年代撰寫的專題文章中，亦提到「回教徒與非回教徒間的隔膜必須竭力打開。現在回教中的開明人士已大變從前的態度，可惜非回教徒中有此認識的還嫌太少。」❸這也從側面反映了穆斯林中的有識之士確有改善民族關係的誠意。

其二，長期受到抑制而無法公開顯露的穆斯林民族意識，藉此機會得到充分的釋放。雖說國人提及「漢、滿、蒙、回、藏」五族中，「回」字係指新疆地區以維吾爾族為主體的各信仰伊斯蘭教的民族，尚不完全包括說漢語的回族，而後者作為獨立的民族成分，在相當長的歷史時期中都未得到政府權力機關（從北洋軍閥到後來的國民政府）的認同。儘管如此，在有關的輿論陣地上，穆斯林知識分子已大聲地向世人疾呼：「民國肇造，五族共和，凡屬中華民國國民，皆有享受絕對平等待遇之權。此不特我人之所殷於企求，而亦總理所諄諄昭告於國人者，無論何人均不能加以否認也。然至今日，事實之表現，則往往背道而馳，吾人誠不勝引以為憾。我回民同為中華民國之國民，與蒙、藏族同，而中央各項待遇，獨

❷　馬壽千，〈辛亥革命時期回族資產階級先進分子對待民族、宗教問題的態度〉，文載《中國穆斯林》，1981年第2期。

❸　顧頡剛，〈回教的文化運動〉，轉引自李興華、馮今源編，《中國伊斯蘭教史參考資料選編(1911～1949)》(下冊)，寧夏人民出版社，1985年8月第1版，頁912。

未使回民與蒙、 藏族平等待遇， 此實令人百思不得其解者
也。」❹這種詰問，清楚地彰顯了業已覺醒的穆斯林要求提高
自身民族地位的心態。

其三，穆斯林民族中的精英代表，對社會和國家的政治
前途，以及整個中華民族的命運，更多地抱著積極主動的參
與態度。應該說，這是更高層面上民族意識的覺悟。他們不
再把眼光局圍在「教門」即宗教上，而是把國家擺到了第一
位。民國始建，穆斯林中的先進人士如丁竹園就明確表示：
「保國即是保教，愛國即是愛身」，「無論哪一教，既是中國
民，就當同心努力的維持我們國家大事，沒了國，還能保得
住教嗎?」❺著名教長王寬在辛亥革命後，也曾受民政部長趙
智庵所託，以教胞身分來勸阻想率西軍東向的甘肅提督馬安
良，王寬阿訇當時在電文中提到，「共和成立，五族平等，信
仰自由，無妨教典。弟以依媽尼為證，誓諸真宰：共和政體，
並無妨害吾教，請勿中奸人謠言之詭計。」他要馬安良「急速
停進，通電詡贊共和，福被群生，名垂永世，豈只國家之幸，
是亦回教之福也。」❻他的一番開導，讓馬安良打消了為清廷
賣命的念頭，西軍後撤， 立解陝西之危， 使新生的共和政體

---

❹ 《突崛》3卷6期，轉引自民族問題研究會編，《回回民族問題》，民
族出版社， 1982年， 頁69。

❺ 同❷。

❻ 該電原文載見於王寬的弟子馬善亭，〈王浩然阿衡軼事〉，此紀念文
載《月華》雜誌，轉引自《中國伊斯蘭教史參考資料選編》(上冊)，
頁616。

得以鞏固基礎。從其勸諭對方的內容來看，反映了伊斯蘭教界人士已自覺地將國家命運和穆斯林的切身利益聯繫在一起，也流露了他們對「五族平等」、「信仰自由」的憧憬，和對共和政體的衷心擁護。

民國時期，在穆斯林民族意識充分覺醒的基礎上，與社會各個方面所發生的深刻而又巨大的變化相呼應，中國境內的伊斯蘭教在社會政治、經濟、文化教育以及宗教上都出現了顯著的變化，標誌著中國伊斯蘭教進入一個新的歷史階段。尤其值得一提的是，民國前後數十年內，全國湧現出一個振興伊斯蘭教文化的持續性高潮，此即時人所說的「回教文化運動」。其主要內容有如下述：

其一，各種伊斯蘭教的社會組織或團體以及學術性機構紛紛成立，它們的活動規模和社會影響力，都足以展示伊斯蘭教和穆斯林民族的社會存在。如以民國成立的時間為界，其中最早的當屬民國元年由著名阿訇王寬（字浩然）等人倡導，在北京成立的「中國回教俱進會」，該會以後又陸續在全國各省省會設立支部，在縣、鎮等回民穆斯林居住區設分部。規模最大的穆斯林學術機構首推1925年由哈德成阿訇等人在上海發起成立的「中國回教學會」。這些組織開展的活動，既增強了廣大穆斯林群眾的民族自豪感，也提高了他們的社會責任感。

其二，出現不少由穆斯林自己創辦的各種新式學校，傳統的舊式經堂教育，由此受到伊斯蘭新式教育浪潮的衝擊。

從王寬於清末在北京創辦「回文師範學堂」，開創了中國伊斯蘭教新式教育的先河，進入民國後，在北京、上海、昆明、萬縣等城市都先後成立了由穆斯林興辦的師範學校、中學和小學。這些新式學校主張改革宗教教育，並傳授普通的文化知識課程，培養出相當數量的穆斯林學者，從而在帶動和提高穆斯林民族的整體文化素質，革除傳統經堂教育弊病的過程中，起到積極而有效的作用。其中，以達浦生、哈德成、王靜齋、馬松亭等「四大阿訇」為代表的宗教界人士，在倡辦新學的實踐中，還摸索形成了較為豐富的宗教教育思想。他們所撰寫的〈振興回教芻議〉、〈回教的要旨與道德〉、〈回教與社會之關係〉、〈中國回教經堂教育的檢討〉等文章，以及在有關場合所作的演講等，都談到伊斯蘭教的教育與我國近代社會發展相結合的重要性。

其三，加強對伊斯蘭教的研究和宣傳，具體表現在興辦各種刊物，組織和開展譯經活動等。早在辛亥革命發生前的1908年，在日本留學的中國穆斯林學生就創辦了名為《醒回篇》的刊物（僅一期），撰文的作者們認為，要使自己信奉的伊斯蘭教能跟上時代的發展和變化。可以說，通過自己創辦的刊物，激發了穆斯林對伊斯蘭文化真諦的探求慾望。及至民國時期，從1911年到1949年，據不完全統計，全國各地有關伊斯蘭教的主要中文刊物就有六十多種。❼這些刊物中的

---

❼　見〈伊斯蘭教主要中文刊物一覽表〉，載《中國伊斯蘭教史參考資料選編》（下冊），頁1819–1824。

絕大部分起到擴大對伊斯蘭教的社會宣傳的作用，也有助於加強對穆斯林的自身教育。除了辦刊物外，民國時期，中國伊斯蘭教學者們還通過翻譯《古蘭經》，將中國伊斯蘭教界的學術水平推進到一個新的高度。據說早在19世紀，著名的伊斯蘭教學者馬複初及其門生就曾譯解過《古蘭經》，並給後人留下珍貴的《寶命真經直解》。1927年12月，上海的中國回教學會刊行了此書（僅存的五卷）。辛亥革命以後，中國穆斯林的譯經活動由「選譯」發展到「通譯」階段。近代最早的《古蘭經》通譯本是李鐵錚的《可蘭經》，為1927年北平版，該書可算是中國最早問世的一本漢譯《古蘭經》，譯者根據日人阪田健一的日文譯本轉譯，同時還參考了路德維爾的英文譯本。其後又有1931年上海版的《漢譯古蘭經》，該書的組織者是舊上海英籍猶太人哈同的大總管姬覺彌，姬覺彌找來李虞宸、薛子明、樊抗甫等阿訇，參照英譯本完成。但上述兩本譯著，卻因譯者或組織者是非穆斯林，故被穆斯林目為「教外人士」的作品而不受重視。教內譯經工作首先見諸成果的是王靜齋阿訇的《〈古蘭經〉譯解（甲）》，是書於1932年在北平出版。此為中國穆斯林認可的第一個《古蘭經》漢文通譯本。王靜齋後來還出版了乙本和丙本，對經書的翻譯付出了極大的心血。此外，歸國留學生馬堅也曾與哈德成、伍特公、沙善餘等人作出過同樣的努力，甚至在抗戰時期也不中輟，並基本完成通譯工作，只是這本影響可謂最大的譯著在1949年後方告付梓。民國時期的穆斯林學者們的成就還表現在《回教哲

學》、《伊斯蘭教》、《聖論詳解》、《回耶辨真》、《偉嘎業》、《中阿新字典》、《教心經》等譯著和工具書的出版發行。從規模和影響程度上講，這應是繼明末清初以王岱輿、劉智等人為代表的漢文著述活動以後，中國伊斯蘭教學術的第二次大發展。

其四，主動溝通與國外伊斯蘭教界的聯繫渠道，並向有關國家派遣留學人員。自1931年到1945年，國內的伊斯蘭教新式學校先後派出數批在「學術上都已有相當根底」的留學生五十多人，赴埃及愛資哈爾大學學習。該校向以伊斯蘭世界最高學府聞名遐邇，來自遠東的中國穆斯林學子能有機會在此深造，實屬不易。國內教界人士對此也很看重，並希冀以此來加強與國外伊斯蘭教胞的聯絡。1932年，北平成達師範學校組成中國赴埃及的第二批派遣團時，由時任代理校長的馬松亭親自護送前往。抵達埃及後，馬松亭「覲見埃王福德一世，歷陳東西文化溝通之需要，及中埃兩國應負此溝通之任，極蒙埃王嘉許，當允儘量收容中國學生，且許派教授二員來北平擔任該校教授。」 **❽** 至於身為留學異國的莘莘學子，也並非完全被動地接受外國先生的耳提面命，他們也承

---

❽ 　趙振武，〈三十年來之中國回教文化概況〉，載《中國伊斯蘭教史參考資料選編》（下冊），頁952。除了從30年代起，各地伊斯蘭教新式學校派出的幾批留學生外；民國前期已有以個人身分去國外的穆斯林學者，如王寬、哈德成、王靜齋、達浦生、馬松亭等著名阿訇，也都有走訪各伊斯蘭教國家，考察當地文化的經歷。

擔著文化使節的義務。如留學生中的佼佼者，後來成為北京
大學東語系著名教授的馬堅，除了常與同學們一起作關於中
國文化的介紹性講演外，還將《論語》譯成近代的阿拉伯語，
代表著東方賢哲孔子思想的語錄體著作在埃及刊行後，大受
歡迎。畢竟這是我國傳統文化的精品代表作第一次系統完整
地被介紹到中東國家。❾而這些留學生們學成歸國後，也多
在倡興伊斯蘭文化的熱潮中，成為主要的中堅力量而發揮作
用，其影響甚至續延至1949年以後。如馬堅矢志不渝地完成
漢譯《古蘭經》的工作，以及完成《回教哲學》、《回教真相》、
《阿拉伯通史》、《教典詮釋》、《回教與基督教》等其他譯著，
就是顯例。另如和馬堅同年（1931年）去埃及的馬金鵬、納
忠；和稍晚幾年（1934年）也到愛資哈爾大學留學的納訓，
這幾位穆斯林學者都在回國後作出很大的文化貢獻，如馬金
鵬的譯著有《伊本·白圖泰遊記》；納忠的譯著有《穆罕默德
傳》、《黎明時期的伊斯蘭文化》、《伊斯蘭教與阿拉伯文明》、
《伊斯蘭教》、《回教諸國文化史》；以及納訓的《一千零一夜》、
《古蘭經的故事》、《阿拉伯名哲學家傳》等譯著，均為上乘
精品佳作，對於國人認識與了解世界上其他國度的文明瑰寶
來說，它們所具有的積極意義是不言自明的。❿

---

❾　孫繩武，〈三十年來的中阿文化關係〉，載《中國伊斯蘭教史參考資
　　料選編》（下冊）頁1774。

❿　參見鄭勉之主編，《伊斯蘭教簡明辭典》，江蘇古籍出版社，1993年
　　6月第1版，頁177–178，213–214。

其五，積極開展捍衛伊斯蘭教信仰的運動。民國時期屢次發生的外界侮教事件，都從反面促使各地及各階層的穆斯林進一步強化民族與宗教上的凝聚力。民國時，人們尚無科學的人口統計概念和方法，時人一般粗略地將全國的穆斯林估計為五千萬，約佔全中國人口的八分之一，並雄居世界各國穆斯林人口絕對數字的第二位，僅次於印度（指「蒙巴頓分治」之前，巴基斯坦尚未從印度分離出來）。當然，這個人口數字不符合歷史的真實情況，但它卻反映了當時穆斯林的民族心態：這樣一個龐大的群體，其本身的存在就顯示了不容外界小覷的強大力量。僅強調這樣一個數字，就能振奮鼓舞穆斯林的民族豪氣。事實上，在漢人佔絕對多數的傳統社會中，回族這樣散居的少數民族較之那些相對密集聚居的少數民族而言，民族心理上的敏感度更大，尤其在民族民主革命浪潮日益高漲的近代中國，回族穆斯林的民族意識業已充分覺醒，一旦出現因民族歧視而引起的糾紛或衝突，特別是當外界有辱本民族神聖的宗教信仰事件發生，各地的回民都會人人奮起，堅持與侮教者及其社會勢力作抗爭。從民國時幾次規模較大的侮教案來看，每次都引發了各地回民及其社團組織的強烈反應。如「新亞細亞雜誌案」發生在1931年7月，當時這份由國民黨元老戴季陶主編的雜誌在二卷四期上登載題為〈南洋回人不吃豬肉的故事〉一文，作者是魏覺鍾。文中含有侮辱穆罕默德聖人的語句，並肆意汙蔑穆斯林的宗教和禮儀習俗。此文刊登後，各地教徒紛紛致函北平的穆斯林

刊物「月華」報社，敦請該報社代表回民向「新亞細亞」雜
誌社交涉此事。「月華」報社的編輯致書戴季陶，要求對方正
式聲明更正，並保證以後不再登載此類文字。最後該刊在8月
15日的覆函中，聲稱「魏君此文誠有疏忽之處，始謂敝社刊
登此文為有意誣衊，此則殊非敝社之初意；敝刊文字之不察，
既承貴社友誼之指正，當在二卷六期加以更正，以答雅意」
云云。在向穆斯林作了這番表示後，事情才告平息。❶以後
在1932年9、10兩個月，上海又接踵發生「南華文藝案」、「北
新書局案」；1933年中，在北京、南昌等地又連連發生了汙蔑
伊斯蘭教的事件，這些侮教案均極大地激怒了各地的穆斯林
群眾，如上海回民領袖哈少夫等人在「南華文藝案」發生後，
即刻前往有關報社表示抗議，並派人到杭州找當事人，要其
寫下悔過書等。但華北各地的回民集議此事後，全體否認上
海的解決方案，認為此事件絕非部分回民之事，應該聯合全
國回民共同抗爭，由於不願輕易罷休，他們還特地組織了華
北回民護教團，並向政府交涉。正是在各地回民群起聲討的
壓力下，南京政府才按回民要求，懲辦了肇事者婁子匡，並
令該報停業。而在其後的侮教案中，滬、杭、寧等地的穆斯
林也組成過赴南京請願的華南護教團；北京的穆斯林在1933
年的「世界日報案」和「公民報案」中，還有過五千多人和
三千多人的集會抗議，這些都充分地向社會顯示了穆斯林的
力量。

---

❶　傅統先，《中國回教史》，頁187-188。

二、西北回族軍閥集團的崛起及其影響

民國時期穆斯林力量在整體上的壯大和社會地位的相應提高，與崛起於中國西北角的回族軍閥統治集團有著直接的關係。所謂西北角即指甘、寧、青地區（寧夏、青海本來均屬甘肅省，1928年9月，國民政府核准馮玉祥的提議，將三地劃省設治），在近代南北軍閥混戰割據的多事之秋，由於特殊的自然地理條件，是地處在高度封閉式的社會環境中，這裡已成為馬姓回族軍閥世家控制的世襲領地，「天高皇帝遠」，歷屆中央政權也奈何不了他們。

美國作家埃德加·斯諾在其著名的《西行漫記》（又名《紅星照耀中國》）一書中，曾對在民國時期稱雄於甘、寧、青地區的回族軍閥勢力作過這樣一番描述：「幾十年來，這個邊遠之地被馬氏家族像一個中世紀的蘇丹國一樣統治著，從他們自己的阿拉真主那裡得到一些幫助。」他還特別點出「馳名中國的四匹大馬——馬鴻逵、馬鴻賓、馬步芳和馬步青」 ❷ 等

---

❷　埃德加·斯諾，《西行漫記》，紐約格拉夫出版社，1978年版，頁332。轉引自於高屹，《蔣介石與西北四馬》，警官教育出版社，1993年1月第1版，頁1。除了「西北四馬」的提法外，關於統治西北的馬姓回族軍閥，也有「西北五馬」的說法，具體指的是20世紀20年代初綏遠都統馬福祥、寧夏鎮守使馬鴻賓、西寧鎮守使馬麒、甘州鎮守使馬璘（東鄉族）、涼州鎮守使馬延勷五個軍閥。從籍貫上講，西北諸馬基本上都是甘肅河州西鄉人，彼此淵源關係甚深。而所謂的「西北四馬」，已全是西北諸馬的第三代。

人的名字。作為一個曾經踏上西北這片黃土地的外來者，斯諾先生顯然立刻感受到名頭響亮的「西北四馬」的長期經營所產生的影響力。據說連國民黨中央政府所遣派的特務當時在「西北四馬」的地盤中都無法施展手腳，原因在於「這些地方的封建勢力比任何地方強大」。❸筆者以為，這裡提到的所謂「封建勢力」，集中地體現於以共同宗教信仰和民族文化心理為天然紐帶的封建大家族式的統治基礎上，人們用「馬家軍」來冠稱西北四馬所統領的各具番號的隊伍，不啻對分別有著「寧馬」（指馬鴻逵、馬鴻賓）及「青馬」（指馬步芳、馬步青）之稱的西北馬姓回族軍閥集團經營特徵的典型概括。

　　「西北四馬」源自「河州諸馬」，他們的崛起，有其深厚的歷史根基和特殊的宗教人文背景，與西北地區的自然地理環境也有著密不可分的聯繫。清季同治、光緒年間在甘肅河州（今甘肅省臨夏市）興起的回族軍閥勢力，其發展伊始，即與當時在伊斯蘭教的精神鼓舞下高舉反抗義旗的穆斯林抗爭有著直接的內在關聯，民國時期人稱「河州三大戶」的馬安良—馬廷勷家族，馬福祥—馬鴻逵家族，以及馬麒—馬步芳家族，其父執輩都是同治年間反清回民起義的領袖人物。如馬安良的父親是馬佔鰲，原為河州花寺門宦的大阿訇。其人曾以「黑虎掏心」戰術，在著名的太子寺戰役中反敗為勝，先後擊殺清軍傅先宗、徐文秀等多員大將和無數官兵，狠挫

---

❸　顧執中、陸詒，《到青海去》，頁145，轉引自高屹，《蔣介石與西北四馬》，頁8。

了前來鎮壓起義的陝甘總督左宗棠的氣焰，故而在回民中威
望極高。馬麒之父馬海宴亦為回民軍中一員虎將，兩軍對壘
之際，他總是衝殺在前，其勇難當。清軍指揮官、記名提督
涼州鎮總兵傅先宗就是在陣前被馬海宴一槍擊中右額，貫顱
而斃的。馬千齡為馬福祿、馬福祥兩兄弟的父親，也是回民
中的頭面人物。他們三人降清後，反戈相向，曾合力驅逐因
抗清受挫而西遁河州落腳的陝西回民十八大營，為此還受到
左宗棠的厚賜。馬佔鰲的長子馬七五在趕赴安定湘軍大營乞
降時，還從左宗棠處獲得「安良」的正式名字，取「除暴安
良」之意。而馬佔鰲因有功績，得到五品頂戴花翎，官至補
用總兵，五十七歲時病死，是年為光緒十二年（西元1886年）。
馬安良承襲父職，督帶兩旗馬隊，並成為河州諸馬的新領頭
人。

　　光緒二十一年（西元1895年）「河湟事變」發生，馬安良
作為董福祥甘軍的先導，擊殺許多參加起義的穆斯林，事後
被清廷任命為花翎總兵銜副將，並賞穿黃馬褂。以後在八國
聯軍進犯北京，清朝統治集團六神無主，向西倉皇出逃之際，
慈禧太后更親自感受到西北諸馬的忠誠。當時馬安良曾奉命
招募西軍馬步十營勤王，軍中統兵的將官就有馬千齡的兩個
兒子馬福祿、馬福祥兄弟；以及馬海宴、馬麒父子等人。其
中馬福祿到北京後，在正陽門抗禦侵略軍的血戰中殉職；而
馬安良、馬海宴、馬福祥等人扈從太后、皇帝奔投西安。途
經宣化，馬海宴病死，由長子馬麒承領父職。在晉南風陵渡

渡黃河時，因風急浪大，怒濤洶湧，馬安良挺身而出，率馬福祥、馬麒等親為那拉氏、光緒掌舵扈從。❶看來，河州諸馬中的第二代比其父輩的官運更為亨通，因在「庚子之役」中的護駕賣力，他們直接得到了當權者的青睞，這種特殊的政治資本，讓諸馬在清朝最後十年中的官職升遷，以及最終形成佔據西北甘、寧、青三省的地方勢力，奠定了堅固的基石。如馬安良就官升甘肅提督，還操縱了省政。當辛亥革命爆發後，馬安良一度想聽從陝甘總督長庚、陝西巡撫升允的調遣，企圖率西軍十四營馳援陝西，來對付革命軍，再演一場勤王救主的好戲。

當時西軍東向，前鋒已抵陝西咸陽。只是後來見宣統遜位，加上同教中著名阿訇如王寬者，特地致急電給他，囑其認清共和真諦，「不為一姓盡愚忠，而拂萬兆之幸願。」王寬還稱對方「兄執西北軍機牛耳，處此潮流激蕩民情鼎沸之世，共和元勳、民族英雄、宗教偉人，只一反掌耳」；❶在教中人士曉以大義，時局已呈不可逆轉之勢的情況下，馬安良這才退兵，並通電袁世凱，承認共和。進入民國後，這些回族軍閥又搖身一變，依然是騎在回、漢民族頭上的「西北王」。馬安良本人不久即辭官回鄉，由其第三子馬廷勷繼承父業。1914

---

❶　材料引自盧世韻，〈馬佔鰲、馬海宴、馬千齡家族略述〉，文載《臨夏文史資料選輯》，第2輯，甘肅省臨夏回族自治州政協文史資料研究委員會主編，1986年8月，頁92–107。

❶　同❻。

年10月，馬廷勷專程赴京為袁世凱祝壽，並獲陸軍少將銜，
又連續擔任了袁世凱、黎元洪、馮國璋三個總統的侍從武官。
以後他又回到甘肅，擔任涼州鎮守使，其父馬安良則在1920
年亡故。

　　此時在河州諸馬中，彼此關係與勢力消長也發生了變化。
諸馬家族中已非馬安良家族一枝獨秀，而是齊頭並進，平起
平坐了。與馬廷勷同時擔任西寧鎮守使的，就有馬麒；而馬
福祿的長子馬鴻賓則擔任寧夏鎮守使；馬福祥的職銜更高於
他們，民國始建不久，他就出任寧夏護軍使兼將軍，領銜中
將。1921年時，又升任綏遠都統，於是他舉薦侄兒馬鴻賓出
任寧夏鎮守使，以長子馬鴻逵率軍守綏遠。從輩分、資歷和
官職來說，馬福祥已儼然成為諸馬中的新老大。這樣，河州
諸馬已將權勢擴充至西北甘、寧、青三地，成為名副其實的
西北諸馬。而且他們彼此間各自控制的勢力範圍也隱然形成，
馬福祥與子、侄佔據寧夏；馬麒家族則以西寧為大本營，逐
漸把握了整個青海地區。與這兩家相比，原來是群雄之首的
馬廷勷及其家族卻似乎走上了下坡路，　特別是民國十七年
（1928年），其弟馬廷賢（馬安良第四子）同馬仲英（原名馬
步英，馬麒的堂侄，曾在馬麒軍中任代理營長）掀起旨在反
對馮玉祥國民軍進佔西北的「河湟事變」，是年擔任國民軍
二十七師師長的馬廷勷（由原來的西軍改編而成）正好赴河
州大河家奔其叔父的喪，曾函請馬麒出面制阻其事，但後者
不置可否。馬廷勷遂急返涼州，避免捲入牽連，但這只是他

個人的願望，畢竟難脫關係。以致國民軍劉郁芬部進駐甘肅後，將馬廷勷誤認為「河湟事變」的幕後主使者，雙方遂結下怨仇，馬廷勷後在西寧鎮守使馬麒的支援下，果真率部眾攻打國民軍，結果失敗後經青海、廿南而逃往四川。馬廷賢在河湟事件失敗後也離開祖籍地，後雖返回西北佔領隴南，終因難敵國民軍攻勢，被迫避難天津並定居十多年。(1947年才返回原籍，在土改中被人民政府鎮壓。)離開甘肅河州大本營後，馬廷勷、馬廷賢兄弟猶如被拔去羽毛的鳳凰，再無威勢可言。1929年，馬廷勷因有意投靠蔣介石，被與蔣有隙的馮玉祥獲悉，國民軍遂派人將馬廷勷誘捕於鄭州車站，並在焦作將其殺死。❶❻經過國民軍的打擊之後，馬安良家族從此一蹶不振。與此同時，「河州三大戶」中的另外兩家則是蒸蒸日上，特別是到馬步芳統治時，實際控制了甘肅、青海二省，解放前夕被任命為西北行政長官，權勢更在有所謂「寧夏王」之稱的馬鴻逵之上。

　　從某種程度上講，清末至民初崛起於西北，以後在民國時期稱雄於甘、寧、青三省的回族軍閥，無論在政治抑或在宗教層面上，都對該地伊斯蘭教各教派、門宦的興替和發展走向產生過極大的，而且主要是負面的影響。當然，這些握持軍政大權的回族政要在某些方面對伊斯蘭教人才的培養也曾起過一定的積極扶持作用，包括採取過一些有助於伊斯蘭教適應社會進展的強制性措施。具體來看，其影響主要反映

❻　同❶❹。

在以下幾個方面：

　　首先，利用伊斯蘭教來達到鞏固其統治的目的，尤其是以伊赫瓦尼作為回族軍閥直接掌握的精神旗幟。伊赫瓦尼教派雖形成於清末，但該派在民國時期才得以迅速興起和在西北各地乃至全國傳播開來，這與馬麒、馬步芳父子在青海；馬鴻逵在寧夏的強力護持有直接的關係。該派創始人馬萬福（果園）在民國初年又重新回到河州，卻並未能馬上打開局面，在當地各門宦的反對下，1914年又轉而前往新疆尋求發展。不料在當地卻遭逢牢獄之災，民國五年（西元1916年）被新疆都督兼省長楊增新下令逮捕於哈密，理由是「新興邪教馬果園，煽惑民心，蔑視王法，罪大惡極，應依律懲辦」，❶並擬處於極刑。同時，楊還為此事徵求馬安良的意見，結果後者讓兒子馬廷勷和伊赫瓦尼教眾出面活動，用重金說動甘肅督軍張廣建，讓他電請楊增新將馬萬福解回甘肅處置。馬安良在信仰上屬於花寺門宦，以前也曾發出禁令，不准馬萬福在甘肅境內開學。這次讓馬廷勷如此安排，已屬放其一條生路。事實上，像馬萬福這樣的宗教領袖，在群雄割據的軍閥統治時期，確實有其獨特而又可以利用的價值。1918年，

---

❶　馬通，《中國伊斯蘭教派及門宦制度史略》，寧夏人民出版社，1983年1月第1版，頁135。也有論著稱馬萬福是在1917年年底被捕的。參見馬克勛，〈中國伊斯蘭教伊赫瓦尼派的倡導者——馬萬福（果園）〉，該文載甘肅省民族研究所編，《伊斯蘭教在中國》，寧夏人民出版社，1982年9月第1版，頁456。

馬萬福在被押往蘭州的途中，一群打扮成商人的強人在永登縣境內，把囚車中的馬萬福放出，直接送往西寧。這正是諸馬的安排，尤其是想在青海境內穩固其個人統治的馬麒，那幫強人其實就是他駐紮在享堂（在今青海省樂都縣東）的部下。當時已脫離西軍，自己組建了「寧海軍」的馬麒，面對轄境內門宦教派林立的狀況，亟需能幫助他擴大聲望和影響的精神力量，馬萬福之所以會從楊增新的階下囚變成馬麒、馬麟兄弟的座上賓，就在於他恰好符合了後者的需要。馬萬福也很會投桃報李，他到處吹捧寧海二馬，說「他們在伊斯倆目的道路上，品位很高，今世有光榮，阿海勒提（後世）能得脫離。」在馬麒慶祝六十歲壽辰之際，他亦用阿拉伯文在賀帳上寫下「奴路力隨尼」（意為中國的一道光）。❶由於從當政者那裡得到全力支援，民國時期的伊赫瓦尼教派以西寧東關清真大寺為中心，很快地發展至西北各地。

1922年，馬氏兄弟成立寧海回教促進會，而馬萬福則在會址所在地的東關大寺培養本派的繼承者，並以寧海回教促進會的名義，向各地的清真寺派遣伊赫瓦尼的開學阿訇，通過這種方式來強制推行伊赫瓦尼派。1931年，馬麒死後，主政的馬麟與兄長的次子馬步芳叔侄兩人為了爭權發生齟齬，結果軍權在握的馬步芳在數年後成為勝利者，雖說他和長兄馬步青之間彼此也存在矛盾，但在強制推行伊赫瓦尼方面則是兄弟同心，同樣是不遺餘力。當馬步芳接替其父軍政大權

---

❶　引自馬通，《中國伊斯蘭教派及門宦制度史略》，頁137。

的同時，也接任了寧海回教促進會會長和西寧東關清真大寺理事會理事長二職，並著手整頓全省的清真寺，乘機將各清真寺的阿訇換成伊赫瓦尼派的阿訇；馬步青更是在河州強迫其他教派群眾改遵「新新教」（即伊赫瓦尼派），以致因拆寺而造成血案。無獨有偶，佔據寧夏地區的馬鴻逵亦對伊赫瓦尼實行大力支持的政策，其目的也是為了實行軍、政、教三權的高度合一，以削弱各門宦教主對穆斯林的精神控制和影響力，來維繫本家族的統治。與「青馬」不同的是，「寧馬」在宗教上各有所屬，馬鴻賓篤信洪門門宦，這對其堂弟馬鴻逵在寧夏地區強行推行伊赫瓦尼來說，多少是種掣肘。1940年，馬鴻逵在寧夏成立中國回教救國協會寧夏分會，自任幹事長。在這塊招牌下，通過實行一系列措施，在格底目與各大門宦原本勢力雄厚的寧夏，伊赫瓦尼也堂而皇之地得到了推行和發展。

其次，在擴大伊斯蘭教不同教派間的矛盾衝突上推波助瀾，以此來加強對宗教的控制。如前文所述，清末時興起於臨潭的西道堂首任教主馬啟西原屬北莊門宦，教派上屬於花寺門宦的馬安良曾想借其號召力和影響來打擊、壓制北莊門宦的勢力，但馬啟西不買他的帳，故此銜恨於心。而西道堂在創建伊始時表現出來的興旺，也招來以馬安良為代表的地方勢力和其他教派及門宦更深的敵意。

民國成立後，和同樣是清末新興的教派伊赫瓦尼相比，西道堂遠不如前者幸運，馬果園能夠在回族軍閥的庇護下躲

過殺身之劫，馬啟西及其家人則因回族軍閥的直接授意而難逃滅門之禍。民國三年（西元1914年）閏五月十九日清晨，在馬安良的唆使下，其部屬張順元率士兵包圍了西道堂，將馬啟西及其家屬、教徒共十七人綁赴西河灘槍決。同日，馬安良又派西軍一連人到和政縣臺子街，將西道堂教徒馬英賢等八人也就地殺害。❶❾以後馬安良又屢屢向西道堂發難，或捕人下獄，或直接挑動其他教派群眾來攻殺西道堂。如當時臨潭穆斯林共有數萬人，除西道堂外，還有北莊、花寺、格底目，相對被稱為新教，又被誣為「邪教」的西道堂而言，後三者被統稱為老教。馬安良在鎮壓西道堂時就利用新老教派間的矛盾。1917年，他直接遣派東鄉族百餘名群眾圍攻和政具臺子街，當時部分西道堂教徒正在這裡給幾年前罹難的教主馬啟西等人念經祈禱。當他們試圖突圍時，丁全功等人慘遭殺害。直到馬安良死後，西道堂才獲得發展的機遇。

　　另以虎夫耶為例，北莊門宦和胡門門宦是信徒眾多的兩個支系，彼此間積有宿怨，清朝同治年間曾發生過武鬥仇殺的流血事件，由於這兩個門宦都出過擔任清朝、民國政府重要軍職的人物，如北莊的馬悟真、馬璘叔侄；胡門的馬福壽及其子孫等，都曾充任統兵將官，其中北莊門宦的馬璘在當年尾隨馬安良鎮壓光緒年間發生的河湟起義後，還與馬安良一起受到慈禧太后和光緒皇帝的召見，並領賜過黃馬褂，在北莊門宦內享有殊榮。這些政要人物在無形中也充當了本門

---

❶❾　同上，頁175。

宦的政治靠山。而在教派間衝突的背後，往往與這些權勢人物之間的較勁有關。北莊門宦第五輩教主馬紹宗的幾個堂兄弟如馬紹漢、馬紹武、馬紹文、馬紹先均在軍政界中充任職務，這也使該門宦能與馬步芳統治時期得勢的伊赫瓦尼相抗衡。反過來，這些人也因此在本門宦教派中享有極大的權威，世俗政權給予他們的社會地位，和教派內各階層信眾在與其他教派發生矛盾或衝突時對他們的依靠，成了他們控制教徒的政治資本。

　　復次，對因堅持信仰而不甘屈服的穆斯林大開殺戒，製造多次宗教迫害的慘案。馬麒、馬步芳父子統治時期皆發生過因教爭而引起的衝突，為了強制推行他們支持的伊赫瓦尼，甚至動用軍隊來鎮壓群眾。民國十二年（西元1923年）就發生過街子工血案，此地與伊赫瓦尼相對立的花寺及其他門宦，在人數上還佔據著相對的多數，背後尚有馬安良之弟馬國良（也是軍閥）的撐腰，因此和新興教械鬥長達三個月，死傷六十多人，其中死者為二十八人。結果馬麒憑藉著聽命於他的士兵，硬性壓制了青海循化地區信仰花寺門宦的撒拉族的反抗，給伊赫瓦尼在青海全境的發展鋪平了道路。及至其次子馬步芳從叔父馬麟手中奪取統治權後，動輒殺人更被視為常事，不要說普通的穆斯林了，連有教主之尊的穆斯林上層人士，都會有殺頭之虞，如穆夫提門宦的第十二輩教主馬福壽就是被馬步芳派人騙到循化後再殺害的，同時被殺的其弟馬祿壽等十一人也統統暴屍於循化大街上。似乎是嫌殺人殺

得還不過癮，馬步芳又親自去西寧南川，以該地穆夫提教眾意圖造反為由，居然又殺了百餘名穆夫提教徒。在馬步芳兄弟強力推行伊赫瓦尼時，當然也會招致其他門宦教派的殊死反抗，在這種情況下，馬氏兄弟還有意在新老兩教派中製造不和，例如他們多次挑起新老雙方講經，人為地擴大了穆斯林群眾間的對立情緒。甚至在國難當頭的抗戰時期，時任騎五軍軍長的馬步青，還以「在抗戰時期，團結一致，不應有新老之別」和「新老糾紛有礙地方治安」為名，竟在各大門宦及支派麇集的河州地區強令穆斯林改遵伊赫瓦尼。❷⓿發生於1940年的「汪百戶拆寺事件」及相應的多次屠殺慘案，即由此而引發。東鄉汪百戶集的胡門門宦教眾為反對馬步青派人來強行拆寺而改建伊赫瓦尼總寺（海乙寺），憤而將前來執行命令的臨夏專員兼保安司令馬維良和隨員用刀刺死。之後雖有朱紹良（蔣介石的嫡系官員，時任甘肅省政府主席）為首的國民黨甘肅省政府出面，將胡門中有關涉案者處以死刑，但嗜殺成性的馬步芳仍幾次派兵征剿富有反抗精神的汪百戶穆斯林，後又駐軍於此達三年之久，這裡的群眾前後有一百五十多人被馬家軍殺害。不過，他們始終沒有屈服於馬氏兄弟的淫威，胡門門宦的清真寺最終還是沒有被拆掉。

　　最後，嘗試進行所謂的改革，加強對穆斯林子弟的文化教育，在倡導和推動伊斯蘭教事業上取得一定的成效。盤踞寧夏的馬鴻逵在當上省政府主席後，就通過由他控制的回教

---

❷⓿　同❶⓼，頁139。

協會寧夏分會，在全省境內強行推行各派穆斯林聯合聚禮的
制度，但在各門宦教派傳統力量根基深厚的地區，這種作法
根本行不通。當然，為了推行他所支持的伊赫瓦尼，馬鴻逵
以其私人企業「敦厚堂」的名義，帶頭捐錢，並在各地穆斯
林中募集款項，用財力來支持寧夏伊赫瓦尼著名阿訇虎嵩山
等人倡導的伊斯蘭新式教育，獎掖穆斯林學習漢文和阿拉伯
文，先後在銀川、吳忠兩地各開辦了一所高級中阿學校，在
各地也開辦了二十所初級中阿學校，這種「中阿並重」的新
式教育較之傳統的經堂教育而言，顯然更具適應性，有利於
培養更多的與時俱進的新式宗教人才，同時對擴大伊赫瓦尼
教派的影響有著重要的意義，客觀上也有益於從整體上提高
穆斯林的文化水準。同樣是推行伊赫瓦尼教派，馬鴻逵與「青
海二馬」以武力為新興教派保駕護航的作法大相逕庭，他通
過「敦厚堂」出面，力邀各地伊赫瓦尼的知名阿訇撰寫和編
著、翻印大量有關伊斯蘭教教義、教律的專著論文，其中既
有阿文的經著，也有中文的文章。馬鴻逵還把伊赫瓦尼的知
名阿訇如虎嵩山、王子忠、李成忠、張永景、馬振東等人，
先後聘為各大清真寺的教長或充任回教協會組織的負責人
員，這種自上而下，憑依政權來控制教權；以及通過開展伊
斯蘭學術研究，設辦學校培養宗教界學子來擴大伊赫瓦尼優
勢的作法，就其效果來說，遠比「青馬」單純以武力擴教來
得高明。

三、伊斯蘭教門宦教派的繼續發展

　　儘管伊赫瓦尼在西北諸馬的強力推行下得到全面而又迅速的發展，但在1934年馬萬福去世後三年，該教派內部就發生了分裂，一派以朶蘇個哈只為首，另一派以馬得寶為首，前者屬於多數派，後者屬於少數派。朶蘇個是馬果園的得意弟子，力主堅持奉行果園哈只倡行的宗旨，而且主張在禮拜時只擡一次手，故該派又被稱為「一擡」；也因朶蘇個哈只之名而被稱為「蘇派」。馬得寶原是馬果園傳教高峰時期的得力助手，並躋身於馬步芳統治青海時期的「新十大阿訇」之列。在1936年和當時遭到侄子馬步芳排擠的青海省政府主席馬麟去麥加聖地朝覲期間，曾和其他同行者購買了一些闡述新學派的著作，歸程中遭馬麟反對，認為這些書籍帶回去會生事端，於是大多數人棄書於海，馬得寶卻仍然偷偷將書帶回，並據此撰寫《信仰問答》，主張憑經行教，該派只承認前三輩（穆罕默德、門弟子、再傳弟子）的解釋，故稱「賽來非耶」（意為「尊祖」或前三輩）。該派因為首者馬得寶係廣河黃趙家白莊人，又稱朶白莊，故此也稱「白派」，還因主張在禮拜時擡三次手，亦稱「三擡教」。但在當時，伊赫瓦尼反對者甚多，加上當權的馬步芳和長兄馬步青的禁令，朶白莊一派停止了傳播。只是到1949年，「馬家軍」被解放軍擊潰，西北政權易主，在新中國宗教信仰自由政策得到貫徹的社會環境中，該派方才重新開始傳教。

　　民國時期除了伊赫瓦尼、西道堂等新教派獲得發展之外，原來的四大門宦亦發生不同程度的變化。分支最多的虎夫耶又出現一些新的門宦，如馬靈明於清末創建的西園道堂在民國成立後不久，就因信者增多，引起當局注意，當時甘肅督軍張廣建襲用傳統的羈縻政策，意欲「以回制回」，故此出面籠絡回族中有影響的人物，借機離間他所憎懼的回族軍閥如馬安良之流，目的在於逼其退居河州，離開省城蘭州。西園道堂匾額上的「靈明堂」三字，即為張廣建所題贈，而馬靈明當時也成為張氏拉攏的對象。此後，靈明堂就成為該道堂和安葬馬靈明的西園拱北正式的名稱。該門宦在發展的過程中又形成新的分支。蘭州經營皮毛生意的商人多屬該門宦的信徒，以寧夏固原三營為傳教基地的「明月堂」，創教的「老人家」馬仁甫原是河南孟縣人，因做皮毛生意到蘭州，受同行影響，也參加了靈明堂，並成為靈明堂的熱心教徒。抗戰後遷居寧夏固原三營，開始傳教，從而形成新的門宦，只是教徒不多，約五、六百人，且多為原籍河南的回民，令該門宦帶有明顯的地域性特徵。另外如洪門門宦和通貴門宦和嘎的林耶的韮萊坪門宦於民國期間也在寧夏有較大的發展。甘肅河州地區的「保安三莊」中形成的高趙家門宦，則是在民國前期從崖頭門宦中分化出來的新門宦，教徒基本上是保安族人，使該派具有鮮明的民族性特徵。虎夫耶的另一分支門宦撒拉教也在民國時得到傳播。庫不林耶規模最小，就其教徒絕對數量來說，還比不上其他大門宦分支的規模大。但萬

餘名教徒的庫不林耶在民國時期並沒有屈服於西北諸馬的政
治淫威，還是堅持了本門宦固有的信仰。❹

　　四大門宦中信徒最多的哲赫林耶在民國時期也發生了分
化，馬元章作為清末民初的著名回民領袖，在社會上聲望甚
高，在教內同樣一呼百應。不過，他還是碰到煩心之事。當
年曾被馬元章遣人救出官府魔掌的馬進西（馬化龍之孫）就
不屈不撓地要求承續教權，雙方遂生爭執。馬進西（教徒稱
為「板橋二太爺」）遷汴梁太爺馬進成的遺骸於張家川南川，
並建拱北；馬元章也派人將馬進成的遺骸遷葬於張家川北山，
亦建拱北，並稱對方所葬是假的，自此哲派門宦分為兩派。
靈州系統的馬進西為「南川門宦」的教主，而官川系統的馬
元章（沙溝太爺）則為「北山門宦」的教主。馬元章於1920
年的大地震罹難後，其四子馬震武成為「沙溝門宦」的教主，
該門宦之名即與當年馬元章傳教之地的寧夏西吉沙溝有關。
馬元章之弟馬元超則脫離馬震武而另創門宦，仍稱「北山門
宦」。原來的「南川門宦」在1940年馬進西去世後，其十子馬
騰靄（板橋十爺）與六子馬騰霓（南川六爺）分立門戶，前
者成為金積堡「板橋門宦」的教主。這樣，哲赫林耶主要即
由北山、沙溝、南川、板橋四個分支門宦構成，主要分布在
寧夏西（吉）、海（原）、固（原）一帶，金積堡（今寧夏吳
忠地區）；甘肅省張家川一帶，平涼及首府蘭州等地；而在全

---

❹　有關材料源自馬通，《中國伊斯蘭教派及門宦制度史略》、勉維霖，
　　《寧夏伊斯蘭教派概要》等書。

國各地都有哲赫林耶的信徒，號稱十里洋場的大上海，也有該門宦的教徒。如曾被上海伊斯蘭師範學院第二批派往埃及愛資哈爾大學深造的學生金志晏，即為哲赫林耶教徒。

第二節　民國時期新疆地區的穆斯林

一、楊增新時期的伊斯蘭教政策

左宗棠在鏟滅佔據我國新疆地區的阿古柏政權的戰爭過程中，已經考慮在瘡痍滿目的戰後廢墟上改變行政設置的問題，因為18世紀以來在新疆實行的行政制度實際上已告瓦解，如果重新恢復原來那種軍府制度、伯克制等，顯然不利於中央政權在這塊幅員遼闊的邊疆地區建立起行之有效的統治權。1877年8月10日，左宗棠在給清廷的奏稿中，提出在新疆設立行省的建議；以後其愛將劉錦棠在擔任督辦新疆軍務大臣時期，也和陝甘總督譚鍾麟聯名上書，重提設省舊話，並拿出了具體的行政方案，如要求裁撤伯克制度，設立義塾，讓維吾爾族兒童學習儒家的經籍等，這些封疆大吏的提議為清政府採納。1884年，新疆正式改設為行省，劉錦棠被清廷正式任命為新疆巡撫。1887年，清政府又宣布廢除伯克制度。

至此，長期以來所形成的政教合一的封建農奴制度受到了致命的衝擊，行省的建立，也使新疆和關內各地行政體制上達到一致，後來歷史發展的實踐證明，這一舉措對於維持祖國的統一，具有十分重要的意義。由於新疆地區特殊的人文歷史原因，伊斯蘭教始終是這裡舉足輕重的社會勢力，幾乎每一次政治動盪皆有宗教勢力的參與，這也使行省甫建後的各級政府官員加強了對所在地區伊斯蘭教的控制力度，即使到辛亥革命後，老大的中華帝國壽終正寢，這種嚴控宗教的政策卻仍然在新疆得到了依循，尤其是民國前期楊增新統治新疆的十七年（1911～1928年）間，在這方面更是充分展現了其老到嫻熟的駕馭能力。

楊增新是一個諳熟伊斯蘭教情況的老官僚，他原籍是回族聚居的雲南省蒙自縣，來新疆之前的官宦生涯主要也是在伊斯蘭教派門宦的發祥地——河州度過的。他對當地教派紛爭情況非常清楚，「門宦」一詞即創自於其人，他還親自參與處理過光緒二十一年（西元1895年）的「河湟之亂」，在對待伊斯蘭教和如何統治穆斯林群眾方面，有十分豐富的統治經驗。居住於新疆的十多個民族中，主要有維吾爾、哈薩克、回、柯爾克孜、烏茲別克、塔吉克、塔塔爾等七個民族信仰伊斯蘭教。因此，與民族問題緊密相關的宗教問題，也是楊增新統治新疆必須面對的重大問題。它涉及到其統治權的鞏固，對此楊氏心知肚明。他常自詡，「本省長於回教內容研究已數十年，為維持地方起見，不得不加以慎重。」❷在穆斯林

佔人口總數十分之九以上的新疆，楊增新宗教政策的出發點，主旨就是求穩為上，嚴密控制就是為了防止信奉伊斯蘭教民族的反抗，具體的手段卻又以「撫綏」為主，儘量避免硬性壓制。特別是新疆在地理上與中亞地區直接相連，在楊增新看來，這種「地理、人種、宗教上之連帶關係，從開放主義入手，其禍尚遲而緩；從壓制主義著手，其禍更速而烈。」[23]考慮到新疆民族人口數的多寡不均，楊增新清楚地知道，「新疆漢人不過百分之一，若不取得九十九分蒙、哈、回纏之人心，而欲一分之漢人壓制九十九分之民族，我知其必敗也。」[24]這種判斷，當是其採用傳統的「羈縻」手段，以穆斯林來對付穆斯林之統治術的主要原因。[25]

　　原本是阿克蘇道尹的楊增新，在辛亥革命後頂替了袁大化的督軍位置，一朝權在手，直到他在1928年被樊耀南刺殺而死，楊增新在新疆最高軍政長官職位上能穩坐十七年之久，其統治手段之高也可想見。楊氏豐富的統治經驗主要就反映在他對伊斯蘭教問題的處理，包括對伊斯蘭教的利用和限制上。

　　所謂利用，首先就是拉攏伊斯蘭教的上層人物，利用他

---

[22]　楊增新，《補過齋文牘續編》，卷 13。

[23]　楊增新，《補過齋文牘三編》，卷2。

[24]　參見陳慧生，〈楊增新和新疆伊斯蘭教〉一文，載《伊斯蘭教在中國》，甘肅省民族研究所編，寧夏人民出版社，1982年9月第1版，頁319–368。

[25]　楊增新，《補過齋文牘》，〈辛集二〉。

們在教民中的較大影響來間接地為自己軍閥政權統治服務，楊增新對哈密王沙木胡索特長期一貫的支援，就是一個明顯的例證。他與這個獨攬新疆東部地區政教大權的上層人物互換金蘭譜，結為兄弟。同時，還直接派軍隊協助哈密王鎮壓王府屬領農民的反抗鬥爭。此外，在哈密王進京覲見總統袁世凱時，楊增新也在川資、生活等方面施以恩惠，這種感情、政治、經濟全方位的「投資」，果然收到了回報，蒙受「楊將軍」種種恩澤的沙木胡索特，成為楊在哈密的忠實爪牙。楊增新對伊斯蘭教的利用，在其有關阿訇的政策上更表現得淋漓盡致。他深知穆斯林「對於阿渾（訇），其尊信之也最篤，而服從之也亦最誠。」❷❻因此，利用阿訇在穆斯林中的威信，可把政府出面解決不了的事交由阿訇去做，這對鞏固其政權，維持統治秩序來說，無甚大礙。基於這樣的認識，楊增新在民國初年針對新疆經常發生地方官吏無故革換阿訇，引起教民極大不滿的情況，明令予以制止，要各地縣知事不得無故更換和凌辱阿訇，目的也就是通過保證阿訇的切實利益，讓他們來開導教民安守本分，協助地方官吏來維持社會秩序。甚至在1917年秋溫宿縣知事楊繼昌因大阿訇司的克受賄被控，曾想換他人來替代，此舉竟遭楊增新的指責和制止。由此可見，楊增新只要阿訇能支持與擁護他的統治，對他們是否獨攬地方詞訟和勒索受賄之事卻高抬貴手，並不予以追究。

---

❷❻ 參見包爾漢，《新疆五十年》，文史資料出版社，1984年2月第1版，頁26。

　　通過對伊斯蘭教的利用，楊增新還成功地瓦解了參加起義抗爭的穆斯林隊伍。在辛亥革命的影響下，聚居著大量維吾爾族穆斯林的哈密地區也爆發了農民起義。當時已經卸任進關的前新疆都督袁大化，在離疆途經哈密停留期間，還曾想以武力消滅義軍，並派遣護送他的團長錢廣漢帶兵進剿，孰料鎩羽而歸，袁氏只得離開哈密入關東遁。及至楊增新督新後，為採用與前任完全不同的手法，他先是讓有聖裔血統的奎保進入農民起義軍佔據的地區進行勸諭活動，未果後又幾次派遣宗教界人士馮阿吉、馬佔鰲等人進山勸降，仍未能達目的。最後他動用了自己倚仗的由穆斯林構成的軍事武器「回隊」，讓信奉伊斯蘭教的「回隊」營長李壽福攜帶楊的親筆信進山，並選派由一些著名阿訇組成的代表團襄助李壽福說降。李壽福和這些陪他同去的當地紳者，帶著禮物，並捧著神聖的《古蘭經》，以此來換取善良純樸的穆斯林信任。在雙方協定中，李還捧經盟誓，行止也全按伊斯蘭教的教義、教規，保證省府會履行協定，並將保證鐵木耳等人在受撫後的性命安全。為了增加說服力，他還無中生有地編造楊增新也信奉伊斯蘭教的謊言。這個由楊增新派來的帶有濃厚宗教意味的代表團，終於達到了省府軍在戰場上沒有取得的「戰果」，以鐵木耳為首的這支義軍，終於在1913年夏初接受招安，被楊增新改編為定邊馬隊第三營，鐵木耳任營長，他還改名為鐵正元。另一支由穆依登為首的吐魯番義軍也被楊增新以相同手段，受撫被改編為一營，穆依登擔任營長。兩人均駐

縶在迪化（今烏魯木齊市）。但楊增新並沒有履行協定，1913年9月初，鐵、穆兩人均被楊以謀叛罪名下令處死。連其部眾也被楊增新以遣返還鄉為名，在途中將他們殘殺在奇臺木壘河中間的大石頭地方。❷❼

　　楊增新還利用伊斯蘭教內不同教派的矛盾，將其政治上的敵手鏟滅，最典型的就是讓新教首領馬紹武處死「回隊」統領馬福興。1912年，楊增新為植自己的軍事勢力，曾招募五營「回隊」，其實際帶隊長官為楊增新的親信馬福興，此人是回族，而且是老教的領袖，「回隊」成員全由穆斯林構成，主要是回族和維吾爾族。不少擔任營長職務的軍官還是教派的頭頭。楊增新在以後又將「回隊」擴充至十五個營，它已成為楊增新的嫡系部隊。這支穆斯林軍隊在楊的調派下，完成了諸如鎮壓哥老會的任務。此即楊所宣稱的「新疆不能不以回隊抵制會匪。」❷❽而他所指稱的「會匪」，其實就是新疆境內帶有革命傾向的哥老會，它是反清的中堅力量，在楊的支使下，南北疆各地的哥老會許多負責人和成員都被「回隊」殘忍地殺害。短短幾年中，「回隊」秉承楊增新的旨意，製造了許多次大屠殺，基本上消滅了各地哥老會的活動。正如楊增新說的，「漢族則游民會匪，到處戕官，教猱升木，幾至不可收拾，非利用回纏，不足以維持秩序而救目前之急。」❷❾

---

❷❼　楊增新，《補過齋文牘》，〈甲集上〉，轉引自陳慧生，《楊增新和新疆伊斯蘭教》。

❷❽　同上。

楊增新以其善於羈縻的統治手段，使全由穆斯林構成的
「回隊」成為一支甘為自己統治服務的楊記「御林軍」。為此，
他也給予統領這支隊伍的馬福興很大的特權。馬福興本是其
雲南同鄉，且為親信，故被楊提拔為喀什提督，其子馬繼武
為協臺，父子倆成為南疆的土皇帝。馬福興個人專橫殘暴，
生活極度糜爛，僅正式妻妾就達十七人，還分什麼「雲南夫
人」、「浙江夫人」、「蘭州夫人」等，維吾爾族婦女被其納為
妾者也有十四人。被他奸汙的婦女更是不計其數。❸但楊增
新對下屬官員的無法無天卻可以視若無睹，前提是對他的絕
對忠誠，但隨著絕對權力的膨脹，馬福興個人的野心也大了
許多，他甚至越過省府，直接和北洋軍閥政府牽上了線，利
用他的「浙江夫人」在「賄選總統」曹錕那兒也賄買了一個
「建威將軍」的虛銜。這種企圖在以後分庭抗禮的行徑，當
然不能為正在臺上坐鎮的「楊將軍」所容忍。而楊增新在1924
年除去馬福興，就是巧妙地利用了伊斯蘭教內新老教派水火
難容的矛盾，他用急電將哲赫林耶已故第七輩教主馬元章的
侄子，當時「沙溝門宦」教主馬震武的堂兄，新疆回族穆斯
林中的新教首領馬紹武召至省城迪化，經密謀策劃後，讓其
率部隊馬不停蹄地趕到喀什，先後處死了馬福興、馬繼武父
子。新舊教派之間的尖銳矛盾竟被楊增新用來消滅異己力量，
也與楊增新十分熟悉伊斯蘭教內部教爭激烈的狀況有關。就

❷　陳慧生，《楊增新和新疆伊斯蘭教》。

❸　楊增新，《補過齋文牘》，〈辛集三〉。

完成剪除馬福興的任務而言，馬紹武確屬最佳人選，只有他才會最堅強徹底地執行這一特殊任務。馬紹武也借此機會，從肉體上消滅了敵對教派的領袖人物。

楊增新對伊斯蘭教的政策不僅在於利用，還反映在他對伊斯蘭教的種種限制上。因為，新疆地接中亞，同屬伊斯蘭教文化覆蓋區域，外來勢力如十月革命前的帝俄，以及英國等列強均想通過這種宗教上的特殊渠道來滲入新疆，「孤懸邊陲」的新疆在當時中原逐鹿，軍閥群雄爭戰方酣之際，時刻面臨著被列強瓜分、顛覆，甚至由祖國分裂出去的危境。為維持統治計，楊增新的宗教政策著眼點主要放在限制上，客觀上含有維護國家統一局面和反對外來干涉的因素，值得肯定。

所謂限制，在宗教活動方面，表現在不准穆斯林私設道堂（罕尼卡），不准在家聚徒念經。因為往往新設道堂內混雜有本地人之外的不速之客，即英、俄、土耳其等國的僑民，楊增新非常擔心這會危及他的統治。他宣布：「嗣後無論回民、纏民，凡阿洪（訇）、一麻木（伊瑪目）以及教內人等，只准到禮拜寺念經，亦只准念謨（穆）罕默德天經，不准私開道堂，晝伏夜動，並在堂或在家聚眾念經。如係本人在自己家內禮拜，只准一家之人團聚，不准廣招外人。」❸❶從楊增新的有關規定來看，他還禁止穆斯林念《古蘭經》、《聖訓》以外的經典，其目的在於預防有人「擅傳邪教」，並由此在教內引

---

❸❶ 同上。

起門戶之見，不利於治安的維持。為杜絕教爭引發的地方不靖，楊增新還在有關政令中禁止阿訇、毛拉在不同地區間進行傳經佈道的活動，實際上就是將宗教教職人員的活動範圍局限於本地，不許他們到別的地區去傳教。為了保證這些禁令能得到貫徹，他還規定各地官吏不得給到別處宣講的阿訇們頒發「諭貼」，以此禁阻他們借官府來擴展自己的宗教勢力。為此，楊增新明令阿訇須由所在地教民自行選擇，地方官吏如有私行委派驗放者，查明後必定嚴懲不貸。

　　楊增新明確表示反對甘寧青地區的阿訇出關到新疆來傳教，同樣也不准私聘外國人來充當中國阿訇，包括私聘外國人到新疆的學校充當教習。在他看來，這些外國阿訇或教習，「難保不為釀亂之媒介。」❷不讓外國人借宗教或教學名義滲透進來，當然還不能完全阻斷新疆地區的穆斯林與外部世界的溝通和聯絡，於是，對穆斯林去麥加聖地的朝覲進行限制，也成為其宗教政策的當然內容。由於新疆去麥加朝覲者數量遠高於內地，「歲不下數萬人」，❸對此楊增新顯然放心不下。隨著1914年第一次世界大戰爆發，楊增新政權加大了這方面的限制力度，一是藉口「歐戰」而一律停發護照；二是對於堅持到麥加朝覲之人，讓他們在申請領取護照時，除付護照費外，另加捐款喀票銀六百兩，其中三百兩作為領護照者「原籍地方禮拜寺之用」，由地方官轉發禮拜寺具領收存，另三百

---

❷　楊增新，《補過齋文牘》，〈癸集八〉。

❸　陳慧生，《楊增新和新疆伊斯蘭教》。

兩則作為領護照人原籍地方學校之用。這筆數目在當時的新疆，如同巨款，這種經濟上的巨額限制，面對省政府的這種規定，許多穆斯林只得打消念頭，等待以後的機會了。❸而地方上的各級官吏也唯恐丟掉頭上的烏紗帽而不敢擅發護照。

　　楊增新的宗教政策中還明確地表示了不准穆斯林另立教派或私立門戶的態度。當時維吾爾族中白山派、黑山派的歷史紛爭早已消弭，而回族中的教派之爭卻十分激烈。曾在河州教派門宦麇集之地為官多年的楊增新，深知教爭發展到最後，必會影響地方治安，因而他對各種另立教派的要求都予以堅決地指斥，他認為「前清甘肅地方回民，往往因爭教釀成大禍」，並把甘肅教爭視為「殷鑒」，以此為由，他在1920年4月駁回綏來縣回族楊逢春等二十多戶穆斯林欲行「馬元章所傳之教」（哲赫林耶沙溝門宦）的請求。❸

　　楊增新規定，如「向來未有之回民禮拜寺，不准擅行添修」；倘若某地原來就有清真寺，「亦不准再修新寺」。按他的說法，因內地回民出關，「每添一寺，即會有分門別類之性質，不能不預防流弊。……故禁止回民添修新寺一層，實為正本清源之第一辦法，不可遷就。」「若使內地門宦之教，概行傳至新疆，則爭教之事概不能免」。❸在汲取了教爭易引發民變

---

❸　楊增新，《補過齋文牘續編》卷12。

❸　楊增新，《補過齋文牘續編》卷13。

❸　馬明達、王繼光，〈略述楊增新督新期間的伊斯蘭教政策〉，文載《伊

之歷史教訓的基礎上，楊增新在禁斷添修新寺的同時，對從
各種渠道進入新疆的新興教派更是保持著高度的警惕。民國
初年，伊赫瓦尼教派創始人馬萬福出關入新，就被楊增新下
令拘押，後被其解送出境，並要求甘肅方面「不可輕釋」馬
萬福。虎夫耶分支靈明堂門宦的播道者到新疆哈密等地傳教，
也被楊增新逮捕，監禁達數年之久。❸❼雖說楊增新這些限制
的措施，給伊斯蘭教在新疆的發展設置了種種障礙，但類似
甘肅河湟地區教爭不斷的局面，在楊氏統治新疆十七年中並
沒有出現，相對穩定的社會秩序得以維持下來，國外別有用
心的勢力通過宗教渠道的滲透受到遏阻，都表明這種頗帶專
制性的宗教政策還是收到了較為明顯的效果，也具有一定的
歷史合理性。

二、動盪時局中的穆斯林

　　以「羈縻」政策專家自負的楊增新，並沒能成功地「羈
縻」住每個官員的心，最擔心統治不穩和有人造反的他，終
究在1928年死於起來造反的軍務廳長樊耀南之手。但政變的
結果，卻落入號稱與楊有門生之誼的民政廳長金樹仁手中，
金樹仁依靠甘肅籍軍人，將樊耀南一夥人盡行處死，自己登
上了新疆最高行政長官的寶座。楊增新時期的相對穩定已一
去不返。在金樹仁為期五年的任內（1928～1933年），他並沒

斯蘭教在中國》，頁369–395。

❸❼　同❷❻，頁117。

做出什麼政績，倒是民變蜂起，而且關內還有馬仲英率領的回族軍隊殺入，新疆地區又陷入兵燹戰亂之中。與楊增新時期倚賴「回隊」的作法相比，金樹仁（甘肅臨夏人）及其周圍的甘肅籍政要對回族穆斯林抱有頑固的成見，認為他們難於統治。❸他上臺後，為穩固自己統治起見，曾大力抓兵擴軍，有意在軍旅中加重甘肅省籍漢族人的比重，尤其看中河州人，當時流行「早上學會河州話，晚上便把洋刀挎」的民謠，與此同時，又先後淘汰了一大部分回族官兵。

金樹仁統治期間，對維吾爾族穆斯林也實行民族壓迫的政策，在其統治的最後一年，他在哈密實行改土歸流，將原來的王公制度廢除，所收回的王府領地，仍准許維吾爾族農民承耕，但須在交納當年田賦之外，另補交上一年的田賦，不願續耕者，其田作為荒地准許漢族農民領照「開墾」（其實是熟地），並享受免交二年田賦的優待。甚至乾脆直接奪取維吾爾族農民的熟地，轉給甘肅逃難至此地的難民耕作，而且也是免交二年的田賦。這種赤裸裸的對維吾爾族穆斯林的經濟掠奪和不平等的民族歧視政策，當然激起當地維吾爾族穆斯林的極大憤怒。金樹仁統治遠不如楊增新時期穩固，與其失敗的民族宗教政策也不無關係。各地中最早反對他的是「哈密民變」，它由1931年的「小堡事件」為導火線，這裡是一個位於哈密以東二百多里外的小山村，絕大多數是維吾爾族穆斯林。在小堡鎮上有省府駐軍一個連，連長張國琥也正是金

---

❸　同❷，頁244。

樹仁時期走紅的甘肅臨夏人，由於他是個非穆斯林，並倚仗
權勢，硬要強娶當地維吾爾族農民的女兒，有悖伊斯蘭教教
規，引起當地穆斯林公憤。1931年2月27日，張國琥在完婚當
天被女家灌醉和殺死，連隨同他來的數十名士兵也統統作了
刀下鬼。小堡維吾爾族穆斯林當夜便正式舉起反抗旗幟，全
疆隨即進入動亂不定的時期。是年夏天，人稱「尕司令」的
馬仲英（原名馬步英，馬海宴之孫，馬寶之子，是馬步芳的
堂兄弟），因組建甘寧青聯軍，並以騎兵三十六師師長身分在
河西一帶擴充實力，遭到甘、寧、青三省早已搶佔了地盤的
諸馬聯合討伐，失敗後走投無路，正好遇上新疆反金力量遣
人相邀，遂以「解救伊斯蘭教弟兄」的名義舉兵入新，竟然
所向披靡，但因受傷，又退回甘肅境內。直到1933年1月，他
才率軍第二次入新，並佔據了庫車、輪臺、拜城、阿克蘇等
地區。當時反金力量已湧現於全疆各地。1933年4月12日，金
樹仁在軍事政變中下臺，野心勃勃的盛世才取而代之，成為
督辦，開始了他長達十一年（1933～1944年）的新軍閥統治。

　　就在這年11月12日，由英帝國主義支持的南疆分裂政權
「東土耳其斯坦伊斯蘭共和國」也被炮製出來，但這個違逆
歷史潮流的所謂「共和國」卻是一個短命的政權。僅在次年
2月，即被馬仲英屬下的穆斯林部隊摧毀，沙比提大毛拉等民
族分裂主義分子所宣揚的泛土耳其主義和泛伊斯蘭主義的分
裂謬論，也因此遭到沉重的打擊。1934年7月10日，馬仲英個
人在軍事失敗後被迫離新赴蘇，所屬三十六師餘部交由其姐

夫馬虎山統領。1934年10月下旬，該部在入駐和闐時，又消滅了以滿素爾為帕夏的「伊斯蘭教王國」。

1935年，盛世才在新疆基本統一的形勢下，召開第二次全省民眾代表大會，公開宣布了要在維護封建特權的基礎上實施信教自由。包爾漢與郁文彬提出的「維吾爾」也在這次大會上得到確認，取代了以往歷史上的「纏回」、「纏頭」等蔑稱。另外像柯爾克孜、塔塔爾，在會上亦得到確認，取代了原來新疆漢人口中的「黑黑子」、「腦蓋依」的稱呼，塔吉克族的名稱也在該次大會上得以確定。此次會上還明確了所謂「塔蘭其」稱號，其實「塔蘭其」是維語，意為「種麥人」，他們是在清乾隆年間由南疆移居到伊犁的，實際上仍屬於維吾爾族，這個沿用多年的錯誤稱呼直到1949年後才被取消。❸❾

盛世才在新疆的十一年統治是非常黑暗的，儘管他曾宣布所謂反帝、親蘇、民平、清廉、和平、建設「六大政策」，又偽裝進步，借助前蘇聯紅軍外力掃除和闐的馬虎山、喀什的麻木提等軍事勢力，並和中共建立抗日民族統一戰線等，在自己的統治得到鞏固後，他終於向人民露出了猙獰的殘暴面目，盛世才利用特務統治殺人無數，以此來維持自己的專制政權。1944年，在其被迫辭職，離開新疆去重慶擔任農林部長閒職後，國民黨中央政府終於正式接管了新疆政權。與此同時，伊犁、塔城、阿勒泰三個專區先後爆發了武裝衝突，1949年後，將之稱為「三區革命」，這場革命其實也是因為盛

---

❸❾　同❷❻，頁282–283。

世才統治時期的倒行逆施所激起。1944年11月12日，名為「東土耳其斯坦人民共和國臨時政府」在伊犁成立，值得一提的是，其冠稱的「東土耳其斯坦」之名，和十一年前同一天出籠的南疆偽政權相同，這表明，在當時反對國民黨統治的隊伍中間，也湧動著民族分裂主義傾向的暗流，這點在當時就已經被傾向革命的維吾爾族人士所察覺。根據包爾漢在其著《新疆五十年》中的回憶，當時參加臨時政府成員有三種成分，一是具有革命意識和初步共產主義思想的人，二是持資產階級觀點的，三是封建宗教階層的，這個臨時政府主流為推翻國民黨統治，但也有脫離祖國、仇殺漢族的錯誤。不過，在其後的歷史發展進程中，以阿合買提江、阿巴索夫等人為代表的第一種成分，逐漸左右了臨時政府的領導核心。隨著三區的代表和國民黨政府代表張治中之間和平談判的舉行，「東土耳其斯坦」的旗號也被逐漸廢棄。

　　與此形成鮮明對照的是，1947年5月19日，南京政權又任命原新疆監察使麥斯武德為省政府主席，並將張治中調離該兼職，前者卻是一個徹頭徹尾的泛土耳其主義者，早在楊增新督新時期，麥斯武德就糾集了一幫鼓吹泛土耳其主義謬論的人成立組織，以辦學校、唱土耳其歌等來傳播泛土耳其主義的思想。該組織被一個叫雅可甫的阿訇告發，向來對此控制甚嚴的楊增新將麥斯武德拘押，後又逐出新疆，但此人卻在入關後受到國民黨政府的重用。盛世才離開新疆後，他也隨著國民黨勢力重回故地，並從監察使升任省主席。國民黨

政府此番換馬，意在抑壓三區方面的力量，而麥斯武德本人因年老多病，權力操持在副主席伊敏、祕書長艾沙等人手中，這些人也都是和麥斯武德一個鼻孔出氣的，根據包爾漢的回憶，伊敏曾被麥斯武德委派為新疆學院的維吾爾歷史教授，他在講課時曾說：「東土耳其斯坦（指新疆）一萬年來就是維吾爾族人的故鄉。所以在東土耳其斯坦只有維吾爾族人才有作主人的權利，其他各民族都是客居民族，他們沒有作主人的權利……」，針對伊敏的這番言詞，時任新疆學院（新疆大學的前身）院長的包爾漢在學院全體師生大會上指出，「新疆兩千多年以來就是中國的一個組成部分。新疆不是一個民族的新疆，而是各民族的新疆。正如中國不是一個民族的中國，而是各民族的中國一樣。如果說新疆只有維吾爾族一個民族的話，在新疆範圍來說就是犯了大民族主義的錯誤；在全國範圍來說，就犯了地方民族主義即狹隘民族主義的錯誤……」。❹⓿

1948年底，國民黨又將麥斯武德和艾沙調離新疆，改任新疆政壇的資深人物包爾漢為省政府主席。❹❶隨著中國革命形勢的飛速進展，新疆的國民黨軍政雙方在1949年9月25日、

---

❹⓿　同❷⓺，頁329–330。

❹❶　包爾漢這位國民政府的最後一個新疆省主席，在1949年以後，被中央人民政府主席毛澤東任命為新中國的第一任新疆省主席。　包爾漢、達浦生、馬堅等穆斯林知名人士發起籌備，並於1953年5月在中國伊斯蘭教第一次全國代表會議上宣告成立了新中國各族穆斯林全國性的宗教團體——中國伊斯蘭教協會，並由包爾漢擔任該協會的第一任主任。

宗教文庫叢書

「人類如何去信仰」與「人類信仰什麼」是同樣重要的問題……

從「媽祖回娘家」的三牲五果，到伊斯蘭的齋月禁食；
從釋迦牟尼的菩提悟道，到耶穌基督的流血救贖；
多元的宗教是人類精神信仰的豐富展現，卻也是人類爭
戰不息的原因。
然而，真正的多元化是建立在社會群眾彼此寬容及相互
理解的基礎之上，
「宗教文庫」的企圖，
就是提供各種宗教的基本知識，以做為個人或群體認識
各個宗教的管道。
畢竟，「人類如何去信仰」與「人類信仰什麼」是同樣
重要的問題，
藉由這套叢書多樣的內容，
我們期望大眾能接觸多元的宗教知識，從而培養理性的
態度及正確的信仰。

頓悟之道——勝鬘經講記　　謝大寧／著

你不是去信一尊外在的佛
而是去信你自己的心

如果眾生皆有無明住地的煩惱，是否有殊勝的法門可以對治呢？本書以「真常唯心」系最重要的經典——《勝鬘經》來顯發大乘教義，剖析人間社會的結構性煩惱，並具體指出眾生皆有如來藏心；而唯有護持這顆清淨心，才能真正斷滅人世煩惱，頓悟解脫。

唯識思想入門　　橫山紘一／著　　許洋主／譯

從自己存在的根源除去污穢
而成為充滿安樂的新自己

疏離的時代，人類失去了自己本來的主體性，並正被異化、量化為巨大組織中的一小部分，而如果罹患了疏離感的現代人不做出主動且積極的努力，則永遠不得痊癒。唯識思想的歷史是向人類內心世界探究的歷史，而它的目的就在於：使人類既充滿污穢又異化的心，恢復清淨及正常的本質。

改變歷史的佛教高僧 于凌波／著

大法東來，經典流布
佛門龍象，延佛慧命

佛教的種子傳入中國之後，所以能在中國的土壤紮根生長，實在是因為佛門高僧輩出。他們藉由佛經的翻譯及法義的傳播來開拓佛法，使佛教蓬勃發展。當我們追懷魏晉南北朝時代的佛教及那個時代的高僧時，也盼古代佛門龍象那種旺盛的開拓精神可以再現，為佛法注入新的生命。

伊斯蘭教與中國社會 葛壯／著

堅定信仰真主的力量
成為優越奮發的穆斯林

曾經有一個虔誠的穆斯林說：「如果我信仰真主，當然是我優越，如果我不信仰真主，這條狗就比我優越。」就因為穆斯林們的堅定信仰，使得阿拉伯的伊斯蘭文化不斷地在中國各地傳播，並與中國各朝代的商業、政治、文化及社會產生了密切的互動。且讓我們走進歷史的事蹟裡，一探穆斯林在中國社會中的信仰點滴。

從印度佛教到泰國佛教　宋立道／著

一尊獨一無二的翡翠玉佛
一段古老而深遠的佛教傳播

南傳佛教歷經兩千餘年的發展，堅定地在東南亞大陸站穩腳跟，成為當地傳統文化的主流，不僅支配人們的道德觀念、影響人們的生活情趣，更成為泰國政治意識型態的一部分。藉由玉佛的故事，且看一代聖教如何滲透到東南亞社會的政治、歷史與文化各方面，以及宗教在人類創造活動中的偉大作用。

印度教導論　摩訶提瓦／著　林煌洲／譯

若可實踐正確之身心鍛鍊
則真實之洞見將隨之而生

由正當的語言、思想及行為著手，積極地提升自己的內在精神，寬容並尊重各種多元的思想，進而使智慧開顯豁達，體悟真理的奧祕，這就是印度教。印度教強調以各種方法去經驗實在及實踐愛，而這正是本書力求把印度教介紹給世人的寫作動力。藉由詳盡的闡釋，本書已提供了一條通往永恒及良善生活方式的線索。

白馬湖畔話弘一　　陳 星／著

一處清涼無染的白馬湖畔
一生魅力無窮的弘一大師

碧水瀲灩的白馬湖有著桃花源般的寧靜，它以超凡的秉性成為千丈紅塵中的清涼世界；而弘一大師就像引起湖面漣漪的一股清流，他與白馬湖作家群交錯成一幕魅力無窮的人文風景。本書娓娓道出弘一大師在白馬湖居留期間的事跡，讓您沈浸在大師的文心、藝術與佛緣裡。

圓通證道——印光的淨土啟化　　陳劍鍠／著

啟化眾生正信
開闢人間希望淨土

佛教自清朝雍正皇帝以降，因未能防止無賴之徒剃度為僧，故僧流猥雜，使得佛法面臨滅法的劫難。在這種逆流的環境下，印光大師續佛慧命，啟化佛教信徒要能慎思明辨、確立正信；他並提倡他力往生的淨土思想，建立求生西方極樂的堅定信念，為人世間開闢了一片希望的淨土。

華嚴宗入門　劉貴傑／著

心能變現一切
修行即是修心

傳說印度龍樹菩薩承大乘行願，發心潛入龍宮的藏經閣閱讀經，後從龍宮攜出《華嚴經》下本，才得流傳世間。華嚴宗依《華嚴經》而立，以法界圓融無礙為宗旨，宣揚一心含攝無量，並直指唯有修心才能成佛。本書提契華嚴宗的基本概念及主要義理，讓你步入華麗莊嚴的佛法殿堂。

大乘佛教思想　上田義文／著　陳一標／譯

開演大乘佛教思想
耳聞佛法良善知識

大乘佛法的義理精闢艱深，諸如「色即是空」及「生死即涅槃」等看似矛盾的命題，更為一般人所無法清楚地理解；而如果我們不先將這些基本概念釐清，則勢必求法無門。本書以清晰的思路帶領大眾思考大乘佛教的基本概念，並對佛學研究方法提出指引，使佛法初學者與研究者皆能從中獲取助益。

國家圖書館出版品預行編目資料

伊斯蘭教與中國社會／葛壯著.－－初版一刷.－－
臺北市；東大，民91
　　面；　　公分－－(宗教文庫)

ISBN 957-19-2691-4　(平裝)

1.回教－中國－歷史

258.2　　　　　　　　　　　　　91006911

網路書店位址　http：//www.sanmin.com.tw

© 　伊斯蘭教與中國社會

著作人　葛　　壯
發行人　劉仲文
著作財
產權人　東大圖書股份有限公司
　　　　臺北市復興北路三八六號
發行所　東大圖書股份有限公司
　　　　地址／臺北市復興北路三八六號
　　　　電話／二五〇〇六六〇〇
　　　　郵撥／〇一〇七一七五――〇號
印刷所　東大圖書股份有限公司
門市部　復北店／臺北市復興北路三八六號
　　　　重南店／臺北市重慶南路一段六十一號
初版一刷　中華民國九十一年六月
　編　號　E 25001
　基本定價　肆元貳角
行政院新聞局登記證局版臺業字第〇一九七號

ISBN　957-19-2691-4　(平裝)